Jacques Spon

Aphorismoi neoteroi. Aphorismi noui, ex Hippocratis operibus nunc primum collecti

Jacques Spon

Aphorismoi neoteroi. Aphorismi noui, ex Hippocratis operibus nunc primum collecti

ISBN/EAN: 9783742801081

Manufactured in Europe, USA, Canada, Australia, Japa

Cover: Foto ©Andreas Hilbeck / pixelio.de

Manufactured and distributed by brebook publishing software (www.brebook.com)

Jacques Spon

Aphorismoi neoteroi. Aphorismi noui, ex Hippocratis operibus nunc primum collecti

ÆGIDIO MENAGIO
VIRO CLARISSIMO,
Literatorum Coryphæo.
S. P.

*VAMVIS* diu
ad exemplum apis
sedulæ per florida
Divini Hippocratis Tempe circumvolitarim, vix
subiisset cogitatio, novum ex
iis mellificium sub titulo Novorum Aphorismorum passim decerpendi, ac in certa quasi alvearia digerendi, nisi moli-

ã ij

men istud à te, Vir Clarissime, mihi ante triennium inspiratum esset, & ut tali sarcinæ humeros subjicerem serio persuasum. Parui, processitque institutum è voto, Deo bene juvante.

Hunc ergo novitium longéque posthumum Magni illius Medicinæ parentis Embryonem sub felicibus inclyti Tui Nominis auspiciis meritò in apricum venire patior, certò persuasus, si non alio, ast eo saltem nomine, cordatiorum plerisque arrisurum, ubi rescire dabitur, abs Te tam perspicacis ingenij, támque solidi judicij Viro quantulumcunque cœptulum hocce nostrum, tum haud perfunctoriè commendatum, tum etiam masculè promotum fuisse. Quapropter siqua Philiatris aliisve exinde sit imposterum emersura utilitas, volo ut hanc totam Tuo unius muneri, Tuæque humanitati ex asse acceptam referant, utpote qui cotis vice erga me functus, ad tam grave pensum suscipiendum exantlandúmque me animaveris, cui primitùs vel delibando, ex propriæ infirmitatis conscientia, me sentiebam tum imparatum, tum vehementer imparem. Amico verò ac officioso incentivo tuo altiùs forsan debito assurrexi, & periculum virium facere non pertimui. Quo successu viderint æqui rerum æstimatores. Si tamen aliquid aut gloriolæ aut beneficij ex isto mustaceo alicunde Auctori censeatur arrogandum, id omne Tuis tholis libenter meritóque appensum me velle ingenuè profiteor, ut omni ex parte apud te constare possit, quantâ cum sinceritate esse laborem,

Inclyti Tui Nominis Fervidissimus omnium Cultor,
JACOBUS SPONIUS.

PRÆFATIO,

In qua de Hippocratis operibus ex quibus excerpti sunt isti Aphorismi discurritur.

ETERUM & vulgarium Aphorismorum toties ab omnibus Philiatris decantata laus est, ut aureum, divinum, ac *humanum*, ut ait Suidas, *superans capium*, opus audierit; in iisque explicandis & commentandis ferè ducenti insudarint Veteres & Recentiores Autores. Sic Democritus Hippocratis coævus hanc docendi brevium præceptorum ope Methodum miratus, conatus est, teste Oribasio, Selectarum sententiarum librum similiter scribere, sed rem totam perficiendi desperatione abjecit.

Hujus ergo opellæ utilitatem nemo, opinor inficiabitur, qui atten-

PRÆFATIO.

tè perpenderit, quàm multæ apud Hippocratem extent aureæ sententiæ in memoriam inculcari dignæ, at hinc inde dispersæ, & quia plerisque operibus suis manum ultimam non admovit, obscuris, impolitis & subinde repetitis ratiociniis obrutæ. Hinc Galenus miratur nonnullas sententias, quas in suis Commentariis explicat, ab Hippocrate in Aphorismos non fuisse relatas. Harum similiúmque sententiarum delectum sub *Aphorismorum Novorum* nomine edere cogitavi. Cùm enim permulta in Divini Senis operibus latitent axiomata in antiquis Aphorismis omissa, & vulgares Aphorismi ferè omnes ad Prognosim, Semeioticénque pertineant, neglectis aut saltem raró insertis, quæ Physiologiam, Pathologiam, Diæteticam & Therapeuticam spectant: illa colligere operæ pretium duxi, atque in ordinem, qui memoriæ sublevandæ inservire posset redigere, partito scilicet in quinque Sectiones, juxta nunc receptas Medicinæ partes opere: ita ut qui antiquos &

PRÆFATIO.

novos Aphorismos simul cum eximio Prognosticôn libro, apprime calluerit, is totam ferè Hippocraticam Doctrinam possidere censendus sit. Opus itaque, ni fallor, futurum. Tyronibus perinde ac Eruditis utile, illis quidem ad acuendum ingenium, istis autem ad refricandam memoriam, utrobique in Artis commendationem & Artificum delectationem.

Novi autem Aphorismi jure merito vocari possunt, non solùm ut aliis ab antiquitate receptis opponantur, ab iisque distinguantur; sed etiam quia nova vulgò putata Medicinæ inventa ferè omnia exhibent, quæ Novatores, quibus tamen debitæ laudis nihil detrahi velim, vel ex ipsomet Hippocrate expiscati sunt, vel inscij mentem ejus sequentes, illa excogitarunt & Orbi erudito communicarunt. Ita lactis ex Chylo generationem, fœtus per os nutritionem, circulationem, venas lacteas, cerebri glandulas, cor musculum, in Sectione prima Physiologica reperies: Febrium ex acido & amaro cau-

PRÆFATIO.

fam, non autem ex solo calore, vasa pinguifera, hydropis ex hydatidibus, anginæ ex sanguine coagulato generationem in Sectione Pathologica: Scorbutum, Rachitidem, qui novi putabantur morbi in Semeiotica: Febrifuga, potiones vulnerarias, aliáque id genus in Therapeutica. Unde colligere licet qualis quantáque fuerit magni eruditio Hippocratis, quem nihil ignorasse ex Veteribus aliqui dixere. Unde inter tot hujus ætatis Autores, qui Veterum dogmata mordaci exagitarunt calamo, nemo ferè est qui Hippocratem, quasi Medicinæ parentem non veneretur: ita Helmontius & Tachenius aliàs κειμώταζοι, Veterum ignaviam ac ignorantiam ubique carpentes, divinum Senem suspicere & ad partes suas trahere non erubescunt.

Potuisset autem in majorem molem hoc opus accrescere, cùm tam multæ sint in Coacis Prænotionibus, Prorrheticis & Epidemiis aphoristicæ sententiæ: sed consultò omittere visum est obscura, impolita, incerta, & inutilia permulta, quibus

PRÆFATIO.

memoria potiùs fatigaretur, quàm excoleretur animus. Et quid quæsò tot prognosticis opus est, plerumque admodum dubiis, cùm ex una aut altera observatione aliquando collecta fuerint? Quid præsidiis hisce ultimis sæculis planè abolitis, aut fastiditis, capitis purgationibus per sternutatoria, ejusdem lotionibus, totiúsque corporis frequentibus balneis, lactis copiâ affatim ingestâ, aliísque ejusdem farinæ? Utilibus potiùs quàm raris ac inusitatis immorari visum est.

Verùm insusurrabit aliquis: rectè ista quidem; at fortè pro Hippocraticis Axiomatis, nobis sublestæ fidei aut falsa obtrudis, utpote ex libris falsò aut dubitanter Hippocrati tributis. Ad quæ responsum habe, me ex libris qui manifestè spurij sunt nihil decerpsisse, ex iis qui suspecti videntur, & ejus discipulis tributi, vel ab ipsis interpolati, cautè, & quæ optima videbantur selegisse, at ferè semper ex legitimis & à doctioribus Scriptoribus admissis. A doctioribus dico antiquis

PRÆFATIO.

& recentioribus, Erotiano, Galeno, Foësio, Zuingero, Heurnio, ut excludam morosos, criticósque permultos, qui ferè pro arbitrio certos Hippocratis libros expungunt & contemnunt. Ita Mercuriali viro aliàs eruditissimo, sed conjecturis suis nimiùm tribuenti, placuit Hippocratis opera in quatuor Classes redigere, quarum prima sit librorum Hippocratis phrasim & dogmata verè continentium, ab eóque editorum ac perpolitorum, quales sunt, *liber de natura humana, Aphorismi, Prognostica, de alimento, de humoribus, Epidemia,* & *Chirurgica.* Secunda eorum qui ab ipso memoriæ causâ sunt conscripti, verùm minimè castigati, ab ejus discipulis editi, quales esse vult, *de locis, de flatibus, de septimestri, & de octimestri partu,* atque *de ossibus.* Tertia eorum qui nec editi nec conscripti ab Hippocrate; sed à discipulis ex ejus dogmatibus & aliis adulterinis conflati, nempe libri *de carnibus, de genitura, de natura pueri, de affectionibus,*

PRÆFATIO.

bus, de morbis, de mulierum & virginum morbis, de sacro morbo, de fistulis, de hæmorrhoïdibus, de liquidorum usu, de diæta, de crisibus, de insomniis, & Coacæ prænotiones. Quarta tandem eorum qui ab Hippocratis doctrina planè alieni & spurij sub ejus nomine publicati sunt, videlicet *Iusjurandum*, *præceptiones*, *de lege*, *de arte*, *de Medico*, *de veteri Medicina*, *de decoro*, *de exsectione fœtus*, *de anatome*, *de corde*, *de glandulis*, *de dentitione*, *de visu*, *Epistola*, *de purgantibus*, *& de hominis structura*.

At sanè quàm audacter & confidenter contra tot Eruditorum sententiam hæc statuerit, nunc paucis videamus, incipiendo ab ultimis, quos planè spurios asserit: nec id tam criticæ prurigine, quàm veri indagatione agamus.

Occurrit primò *Iusjurandum*, quod inquit Mercurialis, à Galeno non memoratur, & viro gravi indignum videtur, at fortè ore tenus discipulis propositum. Verùm si Hippocratis gravitate indignum fuit quod scriberetur, annon & indignum quod pro-

PRÆFATIO.

poneretur. Adde quòd ex ipsius Jurisjurandi verbis, exscriptum & non tantùm ore tenus propositum fuisse convincamur: *Deos, Deásque omnes testor, me quantùm viribus & judicio valuero, quod nunc juro & exscripto spondeo planè observaturum.* Illud itaque pro genuino admittere non dubitarunt Erotianus, Scribonius, Oribasius, Suidas, Divus Hieronymus, Gregorius Nazianzenus, & omnes ferè recentiores. *Lex* & liber *de Arte* pariter ab Erotiano & Galeno pro Hippocraticis recensentur, cúmque nulla à Mercuriali exclusionis ratio afferatur, pro legitimis habendos censemus.

Librum *de veteri Medicina* interest penitius examinare, quem etsi ab Erotiano & Galeno receptum explodere voluit Mercurialis, ob unicam hanc rationem, quòd multùm detrahat primis qualitatibus, quas alibi maximi facit. Egregia sanè ratio: pari enim forte libros aliquos Hippocratis expungere possem, quòd multùm tribuant primis qualitatibus; quas in hoc libro minimi facit. At

PRÆFATIO.

quidem primas qualitates non planè rejicit, sed eas potissimùm vim suam exerere ait, humoribus acidis, amaris, salsísve sociatas. Nec sanè hæc doctrina solius hujusce libri est, ut aliena ab Hippocrate judicetur; sed in aliis quoque resperfa. Ita libro de natura hominis, qui ab omnibus pro legitimo habetur, de purgantibus differens, eorum quodque trahere ait, *quod natura sua magis affine est, sicut semina ex terra, ubi & acidũ, & amarum, & dulce & salsum, & cujusque modi.* Et libro de carnibus. *Irrigata alimento singula incrementũ accipiunt, calidum, frigidum, glutinosum, pingue, dulce, amarum, & ossa, & reliqua omnia qua in corpore insunt.*

Libros *de Medico*, *de decoro*, *& Preceptiones* rejicit pariter Criticus noster, eo quòd, inquit, styli sint ab Hippocrate diversi, nugisque consperfi. At numquámne unus idémque Author stylum habuit diversum, aut aliqua minoris eruditionis profatus est? Miranda sanè in hisce libris virtutis, modestiæque exempla, Christianos ipsos pudore

ẽ ij

PRÆFATIO.

suffundentia ; qualia sunt quædam inter nostros Aphorismos, initio Sectionis I. collocata.

Libellum *de Corde*, quamvis Galenus ab eo quædam mutuatus sit, rejiciunt nonnulli hoc sub prætextu, quòd animam & nervorum originem in corde statuat. Verùm quòd ad primum spectat, videtur animæ nomine, immediatum ejus instrumentum calidum nativum intellexisse, flammulam illam vitalem quæ ex puriori sanguinis parte nutritur. Quòd ad secundum, non quidem cor nervorum originem esse ait, sed duntaxat cordis valvulas esse visceris hujus nervos & aortæ principia, quod verum est. Præterea liber hic eximiè cordis Anatomen docet, verúmque esse musculum, quod magni Hippocratis fœtum esse indicat.

Tractatum *de Glandulis*, quanquam à Galeno rejectum, quidni pro genuino habeamus, cùm ab ipsomet Hippocrate libro de Articulis indubitato ipsius fœtu, citetur ? *Verùm*, inquit, *integra glandularum natura aliàs tractabitur ; quódque existant,*

PRÆFATIO.

& quæ in quoque indicent, quámque vim habeant: quæ sanè apprimè excutus est in eo tractatu, ubi & cerebrum & renes juxta accuratas recentiorum anatomicas disquisitiones, glandulas esse docuit.

Nec minorem fidem merentur, siquidem in contrarium ferè nil adducitur, libri *de dentitione, de visione* qui videtur initium esse illius quem libro de affectionibus pollicetur, & *Epistolæ* quæ jam Plutarchi tempore Hippocrati tributæ fuerunt.

Quos in tertiam Classem reponit, non difficiliùs erit plerisque suum honorem reddere. Librum *de natura pueri* citat ipsemet Hippocrates libro de morbis Mulierum: *Lac autem quomodo gignatur à nobis dicitur in libro de natura pueri.* Sicuti pariter libro de natura pueri, suum *de morbis mulierum* citat, & uterque pro germano ab Erotiano agnoscitur.

De illis qui *de Affectionibus* & *de internis Affectionibus* inscripti sunt dubitat Galenus, sintne Hippocratis vel Polybi ejus generi, priori ta-

PRÆFATIO.

men opinioni favere videtur, ultimúmque putat eundem esse quem antiqui librum *Majorem de morbis,* & nonnulli *de Empyis* inscribebant, quíque ab Hippocr. libro de articulis citatur : *Verùm* , inquit, *de his dicetur in diuturnis pulmonum morbis, ubi pulcherrima eventorum prognostica de iis fiunt.* Et libro de Affectionibus : *At ij quidem sunt morbi qui circa ventrem oriuntur , præter eos qui pus pectore colligunt & tabem inferunt , & qui Mulieribus contingunt : de iis enim seorsim scribetur.* Libros de formatione *fœtus, de sacro morbo , de sterilibus , de usu liquidorum , de crisibus , de insomniis , de fistulis , & de hæmorrhoidibus* , jejunis admodum rationibus convellit , ideóque cum antiquis eos pro legitimis habere non defistendum.

Tres tandem *de diæta* immeritò expungit. Primum quidem ænigmaticum obscurúmque Hippocrate indignum judicavit Galenus. Verùm pace tanti viri dixerim , is forte ob eam rationem in dubium librum

PRÆFATIO.

huncce vocavit, quòd videret non bene convenire cum vulgari de mixtorum compositione sententia ex quatuor elementis, siquidem statuit ex igne & aqua hominem & alia animantia constare. Quod enim ad obscuritatem attinet, ea est Hippocrati familiaris. Cæterùm tantâ eruditione, artiúmque cognitione, tótque egregiis sententiis refertus est, ut divino Sene dignissimus sit. Sic quis non miretur isthæc? *Divina mens edocuit homines sua opera imitari, cognoscentes quæ faciunt, & ignorantes quæ imitantur:* Et ista, *Naturam verò Dij omnes certo ordine constituerunt. Quæ igitur homines statuerunt, ea nunquam eodem modo se habent, sive recta, sive non recta sint. Quæ verò Dij statuerunt, ea semper rectè habent.*

Prædictis ergo si annumeremus libros à Mercuriali in prima & secunda Classe constitutos, habebimus omnes legitimos Hippocratis fœtus, nempe *sex priores Aphorismorum Sectiones*; aureum Prognosticorum opus, quo Divini cognomen Hip-

PRÆFATIO.

pocrates affecutus est ; *de aëre, locis & aquis*, quem post varias peregrinationes edidit ; *de natura humana*, saltem usque ad mediam partem, cui subjuncta sunt multa diversi styli & inerudita ; *sex primos Epidemiôn; de alimento, de humoribus, de locis in homine, de flatibus*, qui à Galeno & Erotiano pro legitimis habentur, *de septimestri & de octimestri partu*, librósque omnes *Chirurgicos*, qui verè Hippocratis in Chirurgia exercitatissimi genium redolent.

Pro suspectis aut interpolatis tandem habebimus *Prorrhetica*, quæ Erotianus Hippocratis non esse affirmat, & Galenus Thessali, vel Polybi, vel Euryphontis esse vult : *Coacas* ab Erotiano omissas, quæ videntur ex Aphorismis, Prognosticis, aliisque Hippocratis operibus consarcinatæ ab ejus discipulis : libros *de superfœtatione, de salubri diæta*, quem Galenus modò Aristioni, modò Polybo, Philistioni aut Euryphonti tribuit : libros *de morbis*, qui judice Galeno Thessali, Polybi, Draconis, vel Medicorum Cnidiorum

PRÆFATIO.

rum fœtus funt. At quia in iis multa funt præclara ex Hippocratis doctrina mutuata, in Sectione noftra Therapeutica plura feligere non dubitavimus, præfertim ea quæ cum hodierna praxi confpirant, eámque illuftrare valent.

His adjungendi liber *de natura muliebri*, qui ferè totus ex iis qui de morbis mulierum infcribuntur decerptus eft; *feptimus Epidemiôn*, qui Erotiano inter ἐπίμικτα feu interpolata collocatur; *Oratio ad aram*, *Theffali oratio*, & *de ftructura hominis*, & pauca alia quæ fub Hippocratis nomine circumferuntur.

Præter omnia ifta opera, quædam funt deperdita, unde non mirum fi multa ad Medicinam fpectantia defiderentur. Citatur apud ipfummet Hippocratem liber de venis & arteriis, cujus pars fortè eft, quæ libro de offibus annectitur: *Venarum*, inquit lib. de Articul. *& arteriarum communicationes, quótque & quales fint, & unde initium ducant, quámque in quibus vim habeant, alio in libro declarabimus.* Rufus Ephefius

PRÆFATIO.

venas quasdam ab Hippocr. Dracontides vocari asserit, quod in iis quæ extant non legitur: ergo forte in libro de venis. *Pharmacitidis* liber ab ipsomet Hippocr. sæpè citatur. Memorat Galenus librum *de Septimanis*, quem pro spurio habet. At quis ille *Hexecontabiblos*, sive sexaginta libri à Suida citati, totam Medicinæ scientiam complectentes: Quatuor enim facit ordines librorum Hippocratis. 1. Jusjurandum. 2. Libros prognosticos. 3. Aphorismos. 4. Hexecontabiblon, ἡ πολυτρύλληθ@ καὶ πολυθαύμας@ ἑξεκονίάβιϐλ@. In eo insudarunt viri docti. Dicam quid putem, donec alius certiora. Detrahe *Jusjurandum*, *Aphorismos*, & *libros Prognosticos*, nempe Prognosticum, Prorrheticum & Coacas, tres priores classes constituentia; supersunt circiter sexaginta libri, qui verisimiliter Suidæ tempore in unum volumen redacti fuere sub titulo, *Hexecontabiblos*. Hæc habebam præfanda. Nunc audiendus Præceptor ipse.

ΑΦΟΡΙΣΜΟΙ
ΝΕΩΤΕΡΟΙ.
APHORISMI
NOVI,

Ex *Hippocratis operibus nunc primùm collecti, & in suas quique classes reducti.*

SECTIO I.

Prolegomena & Physiologica continens.

I.

Τὰ ἱερὰ ἰόντα πρήγματα ἱεροῖσιν   Hipp.
ἀνθρώποισι δείκνυται· βεβήλοισι   Lex.
δ᾿ οὐ θέμις, πρὶν ἢ τελεσθῶσιν
ὀργίοισιν ἐπιστήμης.

Sacra sacris hominibus communicanda: profanis verò nefas, priusquàm scientiæ mysteriis initiati sint.

Sententia desumpta à Deorum Mysteriis & præcipuè Cereris, quibus Atheniensium Senatusconsulto initiatus fuit Hippocrates. Religiosè enim vetitum erat aliquid ex his mysteriis, profanis aut quibuscúnque non initiatis revelare : unde Præco ante Mysteriorum celebrationem pronunciabat, Ἑκὰς ἔστε βέβηλοι, *Procul este profani.* Ita Medicinæ non initiatos sapienter excludit Hippocrates à Mysteriorum revelatione, ne ab eorum imperitia infamentur remedia, quæ aliis πολύχρηστα, hoc est, summè utilia fuerunt.

II.

[Ibid.] Οἱ ἰητροὶ φήμῃ μὲν πολλοὶ, ἔργῳ ᾗ πάγχυ βαιοί.

Medici nomine quidem multi: re ipsâ verò perpauci.

Rationem subjungit divinus Senex: *qui enim*, inquit, *Medicina*

Sect. I. Physiologica.

scientiam sibi verè comparare volet, necesse est ut naturam nactus sit doctrinæ recipiendæ aptam, quâ repugnante irrita sunt omnia, tum etiam locum studiis commodum, institutionem à puero, industriam & tempus; quæ omnia rarò in uno homine reperiri possunt: unde etiamnum hodie, etsi multa ad studendum adminicula habeamus Antiquis denegata, putà Typographiam, Academiásque, multi tamen sunt nomine & gradu Doctores, at reverâ Docti perpauci.

III.

Ἡ ἀπειρία κακὸς θησαυρὸς δειλίης κ̀ Ibid. θρασύτητος τιθήνη· δειλίη γὰρ ἀδυναμίην σημαίνει· θρασύτης δ' ἀτεχνίην.

Imperitia malus thesaurus timiditatis & audaciæ nutrix: timiditas enim impotentiam, audacia verò ignorantiam arguit.

Cùm indagare vera pigeat, ignorantiæ pudore mentiri non piget, inquit Plinius hist. nat. lib. 5. Menda-

4 *Aphorismi novi.*
cium enim & audacia aliquomodo
ignorantiam tegunt.

IV.

De de- Ἐν ἰητρικῇ ἀφιλαργυρίη, ἐντροπὴ, κα-
cent.ha- ταστολὴ, κρίσις, ἡσυχίη, ἀπάντησις, κα-
bitu. θαριότης, γνωμολογίη, ἀδεισιδαιμονίη,
ὑπεροχὴ θεῖα.

In Medico effe debet pecuniæ contemptus, pudor, modeſtia in veſtitu, judicium, lenitas, urbanitas, mundicies, recta elocutio, ſuperſtitionis averſatio, & præſtantia ſumma.

Mira ſanè & Hippocratis gravitate digniſſima ſententia, quæ ſola huncce librum genuinum divini ſenis fœtum eſſe mihi perſuadet. Ita pudorem commendat in jurejurando, & maximè circa rerum venerearum cupiditatem.

V.

Præcept. Οὐδέποτε ἰητρῷ λογισμὸς φθονήσειεν ἂν ἑτέρῳ: ἀκιδνὸς γὰρ ἂν φανείη.

Medicus ratione utens, nun-

Sectio I. Physiologica.

quam alterum invidiosè calumniabitur : sic enim animi impotentiam prodet.

Solis Artium ignaris, inquit Senex noster, lib. de Arte, *hoc opus competit, qui ambitiosiùs contendunt, neque tamen improbitate suâ ullomodo præstare possunt, ut aliorum opera vel recta calumnientur, vel non recta reprehendant.* Hos autem Medicastros, qui ex aliorum calumnia quæstum quæritant, ἐκ ἰατρικίω ἐμποροδυόμενος, quasi Artem nundinantes vocat : quemadmodum animas nostras negotiari Medicos imperitos argutè dixit Plinius : cap. 1. l. 29.

VI.

Ἣν κ̓ ἕνεκα ὁμίλω θέλης ἀκρόασιν Ibid.
ποιήσαϑζ, ἰὰ ἀγακλεῶς ἐπιθυμέεις : μὴ
μέντοιγε μ̃ μαρτυρίης ποιητικῆς.

Si vulgi favorem tibi conciliare velis, non admodum tibi gloriosum erit : at ne saltem id cum ostentatione poëtica fiat.

A iij

Id est, si coram vulgo disceptare aut de morbo coram Idiotis & plebeculâ disserere velis, id non magnam tibi gloriam conciliabit : si tamen id vitare nequiveris, cave saltem ne cum affectatione fiat.

VII.

Epid. 6. Μηδὲν εἰκῆ, μηδὲν ὑπεροϱᾶν.

Nihil temerè credendum, nihílque negligendum.

Interpretari etiam liceret, *nihil temerè agendum, nec tamen quicquam negligendum.*

VIII.

Præcept. Σφαλεϱὴ κỳ εὐπ]αιςος ἡ μετ' ἀδολισχίης ἰσχύϱησις.

Fallax & ad errorem proclivis est asseveratio cum garrulitate conjuncta.

Nec asseverare oportet, subdit paulò infrà, *quòd unum aliquod exhibitum remedium profuturum sit. Morbi enim omnes ob varias circumstantias,*

Sectio I. Physiologica.

mutationésque diuturniore sepè morâ
ægrum obsident.

IX.

Τῆς ἰητρικῆς τὰ μὲ φλαῦρα, χαλεπὸν de Flat.
γνῶναι, τὰ δ᾽ σπυδαῖα, ῥηΐδιον.

Artis Medicæ vilia quidem
nosse difficile, seria verò facilius.

Fortè quia seria magis perpenduntur : *at vilia quidem*, subjungit Hippocrates, *ipsis Medicis, plebi verò minimè sunt cognita*, cùm mentis, non corporis opera existant, non secus ac alia majoris momenti.

X.

Περὶ τῶν ἀφανιστάτων καὶ χαλεποτά- Ibid.
των νοσημάτων δόξῃ μᾶλλον ἢ τέχνῃ
κρίνεται· διαφέρει δ᾽ ἐν αὐτοῖσι πλεῖστον
ἡ πείρη τῆς ἀπειρίης.

De obscurissimis & difficillimis morbis opinio magis quàm ars judicat : etsi in his peritia multùm imperitiæ prævaleat.

Idiotæ verò non admodum co-

Aphorismi novi.

gnoscunt Medicos illos qui præ aliis præstant. *Hipp. de diæta in acut.*

XI.

Præcept. Ἢν παρῇ φιλανθρωπίη, πάρεστι καὶ φιλοτεχνίη.

Qui se humanum erga ægrotos præbuerit, is artis amore teneri censetur.

Multi námque ægri, subjungit Hipp. cùm sciant se periculoso morbo affligi, etiam Medici probitate sanitati restitutos esse celebrari gaudent.

XII.

Præcept. Ἢν δὲ καιρὸς εἴη χορηγίης ξένῳ τε ἐόντι ἢ ἀπορέοντι, μάλιστα ἐπαρκέειν τοιουτέοισι.

Quòd si occasio ferendæ opis peregrino & egeno se obtulerit, iis maximè succurrendum.

Sententia non solùm omni viro bono, sed & Christiano digna, quæ Medicos immisericordes pudore suffundere debet.

Sectio I. Physiologica.
XIII.

Ἰητρικὴ ἔστι πρόσθεσις κỳ ἀφαίρεσις: ἀφαίρεσις μ᾿ τῶν ὑπερβαλλόντων, πρόσθε- De Flat. σις ὃ τ῀ ἐλλειπόντων.

Medicina est additio & subtractio: subtractio quidem superfluorum, additio vero deficientium.

Hunc locum adducit Galenus in Isagoge & Method. medend. ubi legit ἀφαίρεσις τῶν πλεοναζόντων, quod idem sonat. Et idem declarat Hipp. lib. de natura hominis; *Curationem aggredi oportet, nunc quidem detrahendo, nunc vero addendo, ita ut, quemadmodum jamdudum dixi, ad singulas ætates & anni tempora & naturas & morbos, contrariam tum medicamentorum, tum victus rationem adhibeas.* Hic autem Aphor. referri potuisset ad Therapeuticam: sed quia est veluti quædam Medicinæ definitio, ideo ipsum hîc præfigere voluimus.

XIV.

Φύσις πάντων ἀδίδακτοι. De Alim.

Omnium rerum naturæ à nullo edoctæ sunt.

Natura variè sumitur. 1. pro materia prima. 2. pro Deo seu vi divinâ toti mundo insitâ. 3. pro universa substantia temperiéque. 4. pro quavis innata vi corpora regente, quæ aliis calidum innatum vocatur: qua notione hîc sumi videtur ab Hippocrate: sicut & in alia ipsius sententia, φύσις ἐξαρκίει πάντα πᾶσιν, *Natura omnibus sufficiens est*. Definitur à Platone, spiritus calidus ex sese motus hominem generans, perficiens & conservans. Plura si velis consule Foësij œconomiam Hippocratis.

XV.

De diæt. L. 1. ξυνίςα) τὰ ζῷα, τά τε ἄλλα πάντα κỳ ὁ ἄνθρωπος ἀπὸ δυοῖν, διαφόροις μ῀ τίω δύναμιν, συμφόροις δ῀ τ῀ χρῆσιν, πυρὸς λέγω κỳ ὕδατος.

Animantia aliáque omnia, & homo ipse ex duobus constant facultate quidem diversis, usu verò consentientibus, igne scilicet & aquâ.

Sectio I. Physiologica. 11

Axioma tantoperè à Tachenio æstimatum, ut ex eo basim suo libro fecerit, cui titulus est *Hippocrates Chymicus:* idémque esse ait ac si asserat omnia ex Acido & Alcali constare. Ignem enim acidum, Aquam Alcali esse. Quæ duo, inquit, naturæ instrumenta primaria sub variis occultarunt nominibus. Lullius *Entia realia*, Basilius Valentinus *Asa* & *Phalaia*, & aliquando *Gladiatores* appellat. Alij ficto sub nomine *Re-Bis*, quæ tandem in Galenicorum Calidum & humidum coincidere videntur.

XVI.

Τὸ π̃ δυύαται πάντα διὰ παντὸς κινῆσαι, τὸ ᵹ ὕδωρ πάντα διὰ πάντος τρέφει. Ibid.

Ignis quidem omnia semper movere: aqua verò omnia semper nutrire potest.

Ideóque, ait, *hæc ambo sufficientia sunt, tum aliis omnibus, tum mutuò sibi ipsis: utrúmque verò seorsim neque sibi ipsi, neque ulli alteri sufficiens est.* Quæ Chymicis magna videntur mysteria obumbrare.

XVII.

De nat. puer. Πᾶν τὸ θερμὸν τῷ ψυχρῷ τρέφεται τῷ μετρίῳ.

Omne calidum frigido nutritur moderato.

Quæcumque enim incalescunt spirituum emittunt, & alium vicissim frigidum, quo nutriantur attrahunt. Ita ignis focarius nisi continuo aëris pabulo foveatur, extinguitur; & insitus viventium omnium calor, nisi moderato aëris & spiritus nitroaërij appulsu recreetur & veluti nutriatur, subitò deficit.

XVIII.

Epid. 6. Ἔκπνοον ἢ εἴσπνοον ζῆν ὅλον τὸ σῶμα.

Corpus totum tam foras quàm intro perspirabile est.

Hinc insensilis morbificorum humorum per totum corpus transpiratio, quâ cessant morbi. Hinc translatio humorum à cavitate ad aliam per semitas sensibus incognitas, veluti puris Empyicorum ad renes & vesicam,

Sectio I. Physiologica.

vesicam, naturâ moliente vias, Medicis inexpertas & intentatas.

XIX.

Εὔρροια μία, ξύμπνοια μία, ξυμπάθεα πάντα. *De Alim.*

Confluxus unus, conspiratio una, consentientia omnia.

Hanc aphoristicam sententiam sæpè usurpat Galenus, iisdem ferè verbis. Ita lib.1.de usu partium : κατὰ μ᾽ ὃ λομελίω πάντα ξυμπαθία, κ̃ ϑ̃ τὰ μέρια, ᾧ μέρος ἑκάςυ πρὸς τὸ ἔργον. Et lib.2. de caus. puls. πάντα πᾶσι συμπαθέα, φύσις κοινή. *Omnia omnibus consentiunt*, iisque *natura communis*.

XX.

Ἀρχὴ μ᾽ ἐδεμία ἔςι τ̃ σώματος : ἀλλὰ πάντα ὁμοίως ἀρχὴ ᾗ τελευτή. *De locis in hom.*

Nullum quidem corporis est principium : sed omnes partes æquè principium & finis sunt.

Descripto enim, inquit, *circulo principium non invenitur.* Sic de vena ca-

va loquens ; libro de ossium natura ;
*Atque hæc una unde exordium sumat,
& ubi desinat, non satis mihi compertum est, circulo enim facto principium
non invenias.*

XXI.

De Morb. l. 4.

Τῷ σίματι ἡ καρδίη πηγή ἐστι, τῷ δ᾽
φλέγματι ἡ κεφαλὴ, τῷ δ᾽ ὕδατι ὁ σπλήν,
τῇ δ᾽ χολῇ τὸ χωρίον τὸ ἐπὶ τῷ ἥπατι.

Sanguinis fons est cor, pituitæ caput, aquæ, *sive melancholiæ*, lien, bilis verò locus qui ad hepar est.

Cordis motum usúmque legitimum indigitat hoc Aphor. Etenim ex ipso tanquam ex fonte saliente sanguinem in universas corporis partes protrudi insinuat, dum cor sanguinis fontem appellat, ubi notandum quòd non dicat fieri sanguinem in corde, & meritò quidem, non enim cor, sed sanguis sanguinis author est, dum scilicet ipsum suo colore tingit, variis deinde circulationibus perfectiorem futurum. Non

Sectio I. Physiologica.

sunt igitur jam ab Hipp. alieni Neoterici, qui cor non sanguinis officinam, sed ipsius fontem & principium à quo movetur appellant. Pater quoque Hippocratem non secus ac Neotericos existimasse bilis secretioni destinatum esse hepar, melancholiæ lienem, pituitæ cerebrum, quod ideo frigidi & glutinosi metropolim vocat. Circa cordis usum idem censet Plato in Timæo: *Cor verò simul & venarum fontem, sanguinísque qui omnes corporis partes per alveos suos dimanat, inter stipatorum sedem Dij collocarunt.* Et Arist. 3. de hist. animal. c. 19. ait, *in corde primùm sanguinem generari, antequam corpus ipsum formetur.*

XXII.

Ῥίζωσις φλεβῶν, ἧπαρ; ἀρτηρίων καρδίη: ἐκ τύτων ἀποϐλανᾶται ἐς πάντα αἷμα κỳ πνεῦμα, κỳ θερμασίη δỳα τύτων φοιτᾷ.   De Alim.

Venarum radicatio hepar est, arteriarum cor: ex his per omnia sanguis & spiritus pervagatur, calórque per hæc permeat.

Foësius interpretatur ita, Venarum origo tanquam radix hepar est, quæ interpretatio Moëbio non placet asserenti Hippocratem nuspiam dixisse in hepate gigni sanguinem. Conringius & Vanderlinden negant etiam ullibi patére quæ fuerit Hippocratis de jecore sententia : liber enim de structura hominis, ubi legitur, *Iecur autem ipsum alimentum triplici digestione in succum redigit*, Hippocratis fœtus non est legitimus. Ait quidem lib. de nat. mul. *hepar gratiosi succi fontem esse*: unde videtur ambiguus fuisse in sanguinis generatione, quæ ignotis tunc temporis Chyliferis vasis, obscurè duntaxat ab antiquis dignoscebatur.

XXIII.

De ossium nat. Τὰ ὄστα τῷ σώματι στάσιν ὰ ὀρθότητα ἀ εἶδος παρίχον.

Ossa corpori firmitatem, rectitudinem ac formam præbent.

Hic Aphorismus explicatione non indiget, cùm per se intellectu sit facillimus.

XXIV.

Τὰ ϟ νῦρα κάμψιν ϗ ξυώτασιν ϗὴ Ibid.
ἔκτασιν.

Nervi verò flexionem, contractionem & extensionem.

Musculi propriè flexionem, contractionem & extensionem faciunt, sed ope quidem nervorum qui spiritus animales in illos à capite deferunt. Adde quòd Hippocrati nervi vocari videntur musculorum tendines. Ita libro de locis in homine, Τὰ ϟ νῦρα ξηρά τί ὅϟ ϗ ἀκοίλια ϗ πρὸς τῷ ὀςέῳ πεφύκασιν, &c. Hoc est, *nervi verò sicci sunt, & cavitatibus carent & ossi adherescunt, maximámque partem ab osse nutriuntur, etsi quoque ex carnibus alimentum habent, colorémque & robur inter os & carnem medium naturâ sortiti sunt.* Et paulo infrà: *Nervi autem articulos constringunt, per totum corpus distenti, potissimúmque validi & semper maximè crassi sunt, in his corporis partibus, in quibus paucissima carnes sunt.*

XXV.

Epid. 6. Τὰ ἴσχοντα, ἢ ὁρμῶντα, ἢ ἐπισχό-μενα σκεπτέα.

Continentia, impetum facientia & contenta sunt consideranda.

Celebris est ista sententia, quâ triplicem corporis nostri substantiam complectitur Hippocrates, solidas partes, spiritus, & humores, quæ ab Aretæo στερεὰ, πνεύματα ᾗ ὑγρά vocantur. Ut autem, inquit Galenus, eam ex qua corpus nostrū constituitur naturam probè Medico cognitam esse vult Hipp. ita certè in ejus triplicis substantiæ cujusque proba & temperata commoderatione & ordine sitam esse sanitatem indicat. Ideóque uniuscujusque immoderationem aut vitium, quáinque immutationem faciat considerandum esse hæc sententia monet.

XXVI.

De aëre loc. & aq. Τὴν φύσιν τῆς χώρης ἐπὶ τὸ πλῆθος ἀκολύθει τὰ εἴδεα τῶν ἀνθρώπων ᾗ οἱ τρόποι.

Sect. I. Physiologica.

Formæ & mores hominum magnâ ex parte naturam regionis sequuntur.

Ita Asiatici ex Hippocrate Europæis minùs bellicosi sunt, sed lenioribus moribus, ob soli cælique clementiam, quæ nec animū nec corpus vehementer percellit. Ita Phasis fluvij accolæ ob aëris humiditatem proceri, crassi, pallidi, effœminati. Ita Bœoti stupidi audiebant, quia *vervecum in patria, crassóque sub aëre nati:* Athenienses è contra acuti, eloquentes, quia siccum solum, purúsque aër iis erat. *Ligures*, inquit Cicero, Orat. contra Rullum, *montani*, duri, agrestes. Campani semper superbi bonitate agrorum & fructuum, magnitudine Urbis, salubritate & pulchritudine.

XXVII.

ὁ ἐγκέφαλος ἐστι μητρόπολις τ̄ ψυ- *De Car-*
χοῦ κȷ τ̄ κολλώδεος.   *nib.*

Cerebrum metropolis est frigidi & glutinosi.

Non quidem cerebrum ipsum, sed ventriculi ipsius cerebri. Etenim cerebri substantia quæ circumsepta est sanguineis vasis, & animalibus turgida spiritibus profectò non adeò friget: sed cùm sanguis qui ad corticalem cerebri substantiam appulsurus est, partem sui serosam deponat in ventriculos, quò purior & spiritibus animalibus cudendis aptior fieret, ideò magna fit in hisce ventriculis serosa, frigida, glutinosáque colluvies.

XXVIII.

De Gland. Ἡ κεφαλὴ τὰς ἀδένας ἔχει, τῷ ἐγκέφαλον ἵκελον ἀδένι.

Caput glandulas habet, cerebrum nempe glandulæ simile.

Istud quasi novum proferre gestiunt recentiores Anatomici, sed, inquit Plautus, *nihil est jam dictum quod non dictum sit priùs*; Lynceúmque nostrum Senem pauca sanè effugerunt.

XXIX.

Ἔχουσι ὃ κ̀ οἱ νεφροὶ ἀδένας, ⊙ ꝑ Ibid.
ὅτοι κορίσκον) πολλῆς ὑγρασίης.

Sed & renes glandulas habent, hi siquidem multa humiditate redundant.

Et istud Bellini aliorúmque recentiorum Anatomicorum placitis consonum est, qui hac de re consulendi.

XXX.

Ὑγιεινότεροι εἰσὶ τὴν κεφαλὴν, οἱ τὰς   De loc.
πλέονας ῥαφὰς ἔχοντες.   in hom.

Qui plures suturas habent, ij capite meliùs valent.

Iis enim meliùs caput transpirat, indéque minùs doloribus & fluxionibus obnoxij sunt, quæ à vaporum retentione & condensatione oriuntur.

XXXI.

Τῶν ἡλικιῶν ὑγρότατοι οἱ παῖδες,   De diæt.
δεύτεροι νεανίσκοι, ξηρότατοι ὃ αἱ πρεσ-   l. I.
βύταται κ̀ οἱ ἔγγιστα.

Inter ætates pueri maximè sani sunt, deinde adolescentes, morbosissimi verò senes, & qui proximè ad eos accedunt.

Senes, ut pote debiliores, omnibus injuriis ab aëre & alimentis magis expositi sunt, unde iis frequentiores morbi accidunt. Pueri verò vitæ principiis proximiores, & corpus transpirabilius habentes, tum etiam ab omnibus animi pathematis ferè liberi, omnium maximè sani esse debent.

XXXII.

De corde. Ἡ καρδίη μῦς ὅτι κάρτα ἰσχυρὸς, ὐ τῷ νεύρῳ, ἀλλὰ πιλήματι σαρκός.

Cor musculus est validus admodum, non quidem nervo, sed carnis densitate.

Galenus negavit cor musculum esse, quia musculus est motus voluntarij instrumentum, nec istud Hippocraticum effatum verum esse, nisi intelligatur cor esse muscu-

Sectio I. Physiologica.

motus naturalis: adde quòd habeat, inquit, omnis generis fibras, at musculus unius tantùm generis, cùm nam tantùm perficiat actionem. Alij concedunt quidem musculum esse, sed a sua specie, diversum ab aliis, veluti & diaphragma. At Stenonius & Louverus eximij hujus ætatis Anatomici solidis probarunt rationibus cor verum esse musculum: 1. quia eadem habet, quæ in aliis observantur musculis, fibras, nervos, venas, arteriásque: 2. quia ejus fibræ, ut cæterorum musculorum, in medio carnosæ sunt, in extremitate tendinosæ. 3. Quia fibrarum uniformis est processus, omnes enim in arcum intortæ desinunt in coni stellarem figuram, ut ex schematis quæ ab ipsis exhibentur videre est. Ita ut cordis motus, nihil à cæterorum musculorum motu differat, nisi causæ efficientis ratione, cùm istorum sit planè voluntarius, illius verò involuntarius ob sanguinem circulationis ope nobis incogitantibus perpetuò influentem. Quam sese movendi Diastoles & Systoles ope miram facilitatem, arguunt injecti liquores in animalium & hominum ipsorum defunctorum corda, quibus, modò nuper fato functa fuerint, motus restituitur, quasi revivifcerent & refurgerent, ut docuit in Parergis suis Anatomicis eruditissimus Payerus. Doctrina igitur ista musculum esse Cor, non est nova, sed ab Hippocrate mutuata & renovata, qui quidem validum esse ait, non ob nervi sive tendinis fortitudinem, sed ob carnis musculosæ fibrarúmque in ea multitudinem, densitatémque. Tantùm ergo abest ut propter hoc dogma, sicut aliquibus Criticis placet, expungi debeat hic libellus de corde, ex genuinis Hippocratis fœtibus, ut potius ex hoc verissimo axiomate colligam, non alterius esse Autoris præterquam divini senis fœtum. Nec regerat aliquis Hippocratem solitum esse musculos carnium nomine duntaxat donare, quod quidem verum esse fateor, sed tamen & musculi nomen ab ipso etiam alibi usurpatum est, veluti in alia sententia, quam in Aphorismos sectionis Semeïoticæ referemus, ubi

ait,

Sectio I. Physiologica.

ait, *Musculos cæteris partibus citius colliquescere, exceptis nervo & osse.* Et libro de alimento, *Morborum differentiæ in alimento, in spiritu, in calore, in sanguine, in pituita, in bile, in humoribus, in carne, in pinguedine, in vena, in arteria, in nervo, musculo, membrana,* &c.

XXXIII.

Πνεύμων ἐναντίῳ σώματι τροφὴν ἕλκει.   De Alim.

Pulmo contrarium corpori alimentum trahit.

Pulmo sanguine tenui & bilioso, cæterum verò corpus crasso & sanguineo propriè dicto humore nutritur. Nullum enim parenchyma habent pulmones, quod sanguinem crassum ad sui nutritionem requireret, sed ex meris constant vesiculis, dilatatisque vasis, quæ ut flexibilitatem suam ad jugem motum retineant, tenui alimento nutriri convenit. Hinc pulmones frequenter inflammatione & Erysipelate afficiuntur, quæ à sanguine bilioso præfervido oriuntur. Inde lac est veluti pulmonum balsamum, acrimoniam scilicet & tenuitatem nimiam humorum temperando & incrassando.

XXXIV.

De carnib. & de nat. puer. Τὸ παιδίον ἐν τῇ γαστρὶ συνέχον τὰ χείλεα μύζει ἐκ τῆς μητρέων; ἕλκει τέ τε τροφέω κὴ τὸ πνεῦμα τῇ καρδίῃ εἴσω· ἕλκει μὲ ἀπὸ τ̃ αἵματος τὸ γλυκύτατον, ἅμα ὂ ἀπὸ τ̃ γάλακτος ἐπαυρίσκεται ὀλίγον.

Puer dum in utero est, ex utero alimentum sugit compressis labris, tum etiam spiritum in cor attrahit: & quidem trahit ex sanguine quod dulcissimum est, simúlque aliquantulâ lactis portione fruitur.

Rationes subjungit Hipp. *Quòd si quis roget, unde hoc quis noscit, quòd puer in utero trahat & sugat, hoc illi respondere licet. Pueri cùm in lucem prodeunt fæces habere in intestinis conspiciuntur, & simul ac in lucem*

Sect. I. Physiologica.

...untur tum homines tum pecora, ...e per alvum secedunt. Atqui neque ...es haberet, nisi in utero sugeret, ...que statim ac puer natus esset, ube- ...sugere nosset, nisi in utero suxisset. ...onfirmat Galenus libro de forma- ...one fœtus, cap. 15. *Nemo*, inquit, ...jiciat ideò fœtum ore ali non posse, ...ia amnium membranam sibi oppositam habet. Natura enim idonea est, ...a per foramina facultatem viámque ...id quod convenit, aptam præbeat.* ...octrinam autem hancce Hippocra- ...am ferè sepultam restituerunt Re- ...ntiores. Harvæus de generat. Ani- ...l. in fœtus ventriculo materiam ...ueam reperiri asserit, sed turbidio- ...n, quale lac est cùm primùm præ- ...antibus mulieribus circa quartum ...nsem è papillis emulgetur, & in ...estinis superioribus chylum ex ea- ...n materia cocta. Bartholinus lib. ...vase Thorac. *In chorio membra- liquor flavescens, urinæ haud ab- ...ilis, in amnio candidior: ipsi ca- li aqua huic innatant ore aperto & ...guis nonnihil exertis. In ventri- lo catellorum humor illi similis, qui*

C ij

Aphorismi novi.

in amnio concludebatur. Et Olaus Rudbeckius affirmat etiam, dissectis catellis se persimilem in ore & ventriculo mucilaginem reperisse, quæ intra amnium erat. At per os tantùm & semper nutriri fœtum, ut Epicurus & Democritus putabant, meritò negat Aristoteles : nam primis gestationis mensibus, os efformatum non est, ideóque nutritioni inservire nequit. Verisimilius itaque perfectis omnibus organis sensim aboleri nutritionem per abdomen, ubi scilicet fœtus circa quartum mensem moveri incipit, quia tunc plus alimenti requirit, succedere verò nutritionem per os.

XXXV.

De nat. puer.

Γίνεται ὃ τὸ γάλα, ὁκόταν αἱ μήτραι ὀγκηραὶ ἐῦσαι πιέζωσι τ̀ κοιλίω τ̃ γυναικός, κ̀ ἀποσπενδᾷ τὸ πιόταϊον ἀπό τε τῶ̀ βρωτῶν καὶ τ̃ ποτῶν ἔξω, ἐς τὸ ἐπίπλοον, κ̀ τὼ σάρκα, ᾧ ἐς τὺς μαζ ύς.

Gignitur autem lac, ubi uterus fœtu intumescens mulieris

Sectio I. Physiologica.

entrem comprimit, & quod
[in] cibo & potu pinguissimum
[e]st foràs in omentum, & car-
[n]em, & mammas prosilit.

Unde videtur existimare immedia[te]
[ex] chylo lac generati, quæ mul[to]-
[ru]m Recentiorum opinio est. Aiunt
[en]im chylum per lacteas venas &
[th]oracicum ductum ascendentem, in
[ve]nam cavam & cor, inde san[gui]-
[ni] permistum ad mammas per ar-
[te]rias deferri, in quibus à copiosis-
[s]i existentibus glandulis filtratur &
[à] sanguine segregatur, qui per ve-
[na]s solus resorbetur & ad cor remeat.
[U]nde lac assumptorum alimentorum
[&] medicamentorum odorem, ac
[sapo]rem retinet, & subitò ferè à pastu
[im]plentur mammæ. Eandem autem
[fer]am de lactis generatione senten[ti]-
[a]m repetit Hippocrates lib. 1. de
[m]orbis mulierum. *Quod enim ex ci-*
[bi]s ac potibus in sanguine est dulcissi-
[m]um ad mammas vertitur & velut
[s]ugendo trahitur: reliquúmque cor-
[pu]s magis vacuari, minúsque san-
[gu]ine redundare necesse est. Ergo

C iij

non ex sanguine propriè generatur lac, sed ex eo quod in sanguine dulcissimum est, hoc est ex chylo ei permixto, qui compressis ab utero vasis Chyliferis ad superiora repit.

XXXVI.

Ibid.

Ὅταν ἄκρα τ̅ σώματος τ̅ παιδίν ὀζωθῇ ἔξω, τότε κ̀ κινεῖ) : κ̀ ὁ χρόνος ἐς τᾶτο, τῷ μ̅ ἄρσενι τρεῖς μῆνες, τῇ δ᾽ θηλείῃ τέσαρες.

Cùm extremæ fœtus partes ramos emiserint, tunc etiam movetur; necessariúmque ad hoc tempus est masculo quidem tres menses, fœminæ quatuor.

Moveri nequit fœtus nisi extrema, ubi desinunt nerveæ tendinosæque partes, motus organa, fuerint formata & cute retecta, quod paulo ante medium gestationis tempus accidit: maribus scilicet circa tertium mensem absolutum, citiúsque quàm fœminis, eo quòd illis ob tempe-

...m calidiorem & ficciorem, fpiri-
...s fint vivaciores & mufculi fir-
iores.

XXXVII.

Ὁκόταν κινηθῇ τὸ ἔμβρυον οἱ μαζοὶ Ibid.
...ου), κỳ αἱ θηλαὶ ἐργῶσι, τὸ ἢ γάλα
χωρέει.

Quo tempore fœtus move-
...r, mammæ etiam attolluntur,
papillæ turgefcunt, nec ta-
...en lac prodit.

Tunc enim prægnantibus appeti-
...s viget, qui primis geftationis men-
...us fuerat dejectus; unde ex copio-
...ri ingefto cibo major chyli & la-
...is fit copia : tùm etiam major fan-
...inis quantitas requiritur, quæ ini-
...o ad placentæ & fœtus fubitam
...cretionem, uterîque dilatationem
...at neceffaria. Qui quidem fanguis
...corpore mulieris redundans, in
...ammas fimul cum chylo regurgi-
...t, nec tamen prodit lac, quia non
...lmodum abundat, neque fuctio
...eft, ficuti dum enixæ puerum la-
...ant.

C iiij

XXXVIII.

De Sept. & de octim. partu.

Ἀδύνατον περιγίνεσθαι παιδίον ἐν ὀγδόῳ τῷ μηνὶ ἐς τὸ μφαιτες ἐλθόν.

Impossibile est vitalem esse puerum, octavo mense natum.

Fœtus namque septimo mense exitum molientes ex utero, alterationem patiuntur ac fatigantur; membranæ enim distenduntur, umbilicus vellicatur, dolores matris accedunt, fœtúsque pristino vinculo exoluti graviores evadunt: unde per quadraginta dies plùs aut minùs in utero post hunc laborem ægrotant: quòd si hisce superatis laboribus in lucem aliqua ex occasione prodire contingat octavo mense, eos tamen ob prædictas affectiones debiliores factos vivaces non esse docet Præceptor. Eandem sententiam expressis verbis inculcat libro de carnibus, ὀκτάμηνον γενόμενον οὐδὲν βιοῖ πώποτε, *Octavo mense natus nullus unquam vixit.* Idem asserit Galenus libro definitionum Medicarum, ubi rationem affert, quòd numerus octavus

Sect. I. Physiologica.

n sit criticus, sicuti septimus, par- autem sit crisos species. Estque :iquissima & receptissima opinio. nsorinus enim, libro de die natali, omnes ferme negasse *mense nasci vaces octavo.* Notarunt tamen istoteles & alij Autores in Ægy- o sæpe vivaces esse octimestres, iod tribuendum est soli, cælique ius clementiæ, quæ eorum imma- ritatem emendat. Non desunt qui alibi vivaces asserunt, exemplis- ie confirmant. Ita Plinius Cæso- am Caligulæ uxorem octavo men- natam refert. Ita Vincentium Pi- llum virum eruditione celebrem à cum sorore, octavo etiam natum e aiunt. Nec etiam affirmationis tiones desunt, quas eleganter olim posuit Carolus Drelincurtius in ita Quæstione, *An partus octi- estris vitalis*, ubi sponte nascitu- m octimestrem vitalem fore con- udit, sed quidem minùs frequen- r ac nonimestrem, sicuti & sanci- t Aristoteles Hist. Animal. 7. cap. 4. τὶ γὰρ τὰ ὀκτάμηνα ζῆ μέν, ἧττον δέ : tenim *octimestres quidem vivunt*, d rariùs.

XXXIX.

De sept. Τῶν ἱπταμίνων πιεχγίνον) ἐκ πολ-
partu. λῶν, ὀλίγα.

Ex septimestribus supersunt quidam inter multos.

Rationem subjungit, *propterea quòd ratio & tempus quo enutriti sunt in utero, effecit ut ea omnia consequantur, quorum etiam perfectissimi & qui maximè superstites evadunt, compotes fiunt, tum etiam quòd permutationem senserunt, priùs à matre emissi, quàm octavo mense ægrotarent.* Idem lib. 1. de Diæta: *Eodem etiam modo vitales nascuntur quidam citiùs, septimo mense perfectè; quidam tardiùs nono mense perfectè in lucem prodeunt.*

XL.

De nat. Ἐπὶ τὸ πλεῖςον ξυμβαίνει ἀγαλάκ-
puer. τως ἐῇ τὰς γυναῖκας τὰς ὀλίγα τὰ καταμήνια μεθιείσας.

Ut plurimùm contingit quæ pauca menstrua habeant sine lacte esse.

Sect. I. Physiologica.

Sicciores enim sunt, & densiore
poris habitu. Hipp. ibid. E contra
r copiosa habent καταμήνια, sunt
guineo temperamento, cúmque
iis non sit sanguinis penuria, fa-
iùs in lac convertitur Chylus. Un-
mirari quis potest cur in antiquis
hor. 39. Sect. V. dixerit Hippo-
tes, *si Mulier quæ neque gravi-
est, neque peperit, lac habet, ei
strua defecerunt.* Si enim men-
iorum suppressio morbosa lac ge-
et; quidni connaturalis retentio
etiam suppeditet. At dici potest
n esse verum lac, sed serum potiùs
 lac nonnihil accedens, quod à
pressis mensibus gignitur: nec pa-
n esse rationem in eorum naturali
ectu aut imminutione, cùm istud
cam indicet temperiem materiam
sumentem, ab aliis verò causis τῶ
μηνίων suppressio accidat.

XLI.

Ἢν μὴ ἀποκινέω) τ̄ αἵματος ἡ γυνὴ, Ibid.
λαμβάνει ἐν γαστρὶ.

Si mulier menstruâ careat

purgatione, utero non concipit.

Partes enim muliebres conceptioni deſtinatæ, humore dulci, roridóque non irrigatæ ſicceſcunt & detumeſcunt, ſeminíque maſculino recipiendo ineptæ fiunt : veluti terra viventium aliàs fœcunda parens, ſolitis imbribus privata, iners, ſterilíſque gleba fit. Huc referend. Aphoriſm. veter. Sect. 5. *Quæ frigidos & denſos habent uteros non concipiunt, neque quæ præhumidos habent, ſiquidem in iis ſemen extinguitur. Et quæ plus æquo ſiccas & adurentes, alimenti námque inopiâ ſemen corrumpitur.*

XLII.

Ibid. Τὰ μ᾽ ἐλάσσω τροφὴν ἐν τοῖσιν ἐμβρύοισιν ἔχοντα, θᾶσσον τίκτει : τὰ ὃ πλείω ὕστερον.

Quæ animantia minus alimoniæ fœtui ſuppeditant, celeriùs pariunt : quæ verò plus tardiùs.

Ita animalia quæ pauco abundant ſanguine,

[...]nguine, veluti volatilium genus, [...]pores, cuniculi, & similia cele-
[...]er pariunt: & è contra vaccæ, equæ
[...] alia voracia animantia, tardiùs.
[...]nde concludere licet fœminas πο-
αίμυς, celeriter parere & sæpè abor-
[...]re, nisi venæ sectione præcaveatur.
[...]ec obest Hippocratis nostri & alio-
[...]um veterum præjudicium, quo *mu-*
[...]rem gravidam venâ sectâ abortire
[...]nsebant: vel enim de venæ sectio-
[...] largâ manu, quæ tunc in usu erat,
[...]quuntur, vel de ea quæ primis fit
[...]ensibus, aut plethoræ signis non
[...]parentibus. In his enim omnino
[...]quiritur Medici judicium.

XLIII.

Τῆσι πυκνοσάρκοισιν ὕςερον τὸ γάλα Ibid.
ἰσημαίνει ἢ ἔρχεθ: τῆσι δὲ ἀραιο-
σκοισι πρόσθεν.

Mulieribus quæ denso sunt
[co]rpore, tardiùs apparet gigni-
[tu]rque lac; iis verò quæ rarum
[co]rporis habitum habent, citiùs.
Si enim raro habitu fuerit mulier,

exudationem quæ ex omenti & stomachi compressione fit faciliùs recipit, cùm sint vasa latiora & minùs à circumstantibus partibus compressa. Idem confirmat lib. 1. de morb. Mulier. *Sunt autem quædam quæ naturâ lac non habent, eásque lac ante tempus deficit. Eaq́; à natura solidam & densam carnem habent, ideóque cùm via densa sit, ex ventre ad mammas satis humoris deferri nequit.*

XLIV.

Ibid. Ἐκ τῶν τικτουσῶν μάλιςα πονέυσιν αἱ πρωτότοκοι.

Ex puerperis præcipuè laborant primiparæ.

Eo quòd doloribus non assueverint, nec viæ adhuc dilatatæ fuerint. Major autem labor est si nondum viro maturæ, aut ætate provectiores sint.

XLV.

De nat. puer. Τὸ παιδίον ἐν γαςρὶ τῷτε ςόμαῖι καὶ τῇ ῥινὶ τλὼ πνδίω ποιεῖ).

Sectio I. Physiologica.

Fœtus in utero ore & naribus spiritum trahit.

Plerique existimarunt fœtum in utero non respirare. At affirmativam docet Hippocrates in hac sententia, quam confirmat Galenus, libro, An animal sit quod in utero continetur, cap. 3. Ad quam Eruditissimi Boylæi aptanda venit annotatio in experimentis Physico-mechanicis. *Nec vacat nobis*, inquit, *Paradoxam istam Hippocratis in examen proferre sententiam, quam docti aliquot Medici non ita pridem reanimarunt, scilicet fœtum in utero respirare. Ex alia tamen parte non facile quis imaginabitur, quomodo aër matris corpus transmeare valeat, & tegumenta quibus fœtus involvitur. Et cùm natura, in infantulis recèns natis peculiaria & temporaria vasa excogitaverit, ut sanguis per alios transitus circulare possit, quàm solet in aliis individuis, cùm liberiorem habent Pulmonum usum, non est verisimile infantes in utero propriè respirare. Cùm tamen ex nostris pateat experimentis* omne propemodum liquorum genus, interspersis aëris corpusculis, perinde ac aquâ abundare; non videtur absurdum si quis dixerit, grandescentem fœtum, præsertim cùm superior involventis Amnij pars liquore destituta sit, & halituosâ tantùm substantiâ compleatur, obscuram quandam respirationem exercere: præcipuè cùm non sit vana, ut multi iique scientes viri putant, fabula, infantulos in uteris matrum auditos fuisse vagientes. Etenim raro quantumvis accidat, aliquando tamen observatum fuit. Et ipse Dominam quandam novi cujus Amici, cùm ea paucis abhinc annis prægnaret, apud me conquesti fuerunt, illam vagitu infantuli sui plurimùm multoties terrefactam. Idipsum ex simili comprobat, quòd nempe pulli audiantur sæpe pipientes in ovo, nondum perrupto putamine. Inde concludendum videtur cum Bartholino, fœtum in utero saltem ultimis mensibus, cùm maturitati & partui proximus est, sine magno tamen musculorum thoracicorum conatu respirare.

XLVI.

Τὸ σπέρμα οἷς κηρίον ἑκατέρωθεν τῆς ϛίος.   De off. nat.

Semen velut favus, ab utráue veſicæ parte fertur.

Malè igitur multi Herophilum veſicarum ſeminalium primum indagatorem ſtatuunt, cùm hic honos melis Hippocrati debeatur. Quis enim on videt Hippocratem hoc Aphoſmo veſiculas indigitaſſe ſeminaas, adeóque quæcunque jam fuſè neotericis de his partibus ſcribuntr, non tam nova eſſe quàm renoita?

XLVII.

Ὥσπερ τοῖσι δένδροισιν ἡ γῆ, ὅτω τοῖ- De Huζώοισιν ἡ γαϛὴρ, καὶ τρέφει καὶ θερμαίνει, mor. ψύχει: ψύχει μὲ κενυμένη, θερμαίνει πληρυμένη.

Ut ſe habet terra in arborius, ita in animantibus venter: lit, calefacit, & refrigerat: efrigerat quidem dum vacuatur, calefacit verò cum impletur.

Non secus ac, inquit, *stercorata terra hyeme calida est, ita etiam ventriculus.* Superveniens enim alimentum occasio est fermentationi quæ in ventriculo fit, à qua calor accedit.

XLVIII.

De nat. hom.

Εἰσὶ δὲ κ̀ αἱ ἀπὸ τ̃ κοιλίης φλέβες ἀνὰ τὸ σῶμα παμπολλαί τε κ̀ παντοῖαι, δι' ὧν ἡ τροφὴ ἐν τῷ σώματι ἔρχεται.

Sunt autem ex ventre permultæ & variæ venæ, per quas in corpus alimentum defertur.

Ita libro de carnib. *Venæ quæ per ventrem & intestina feruntur, in quibus cibi & potus coacervantur, ubi hi incaluerint, id quod est tenuissimum & humidissimum attrahunt.* Quibus existimant lacteas venas Hippocrati cognitas fuisse. Certiùs tamen eas noverat Erasistratus antiquissimus Autor, quas lacteas arterias in mesenterio vocabat, quásque

hœdis nuper natis concedit Gale-
[n]s, lib. *an sang. contin. in arteriis*
[e]t Aristot. 4. de part. animal. refe-
[re]nte Barbato. *Sicut stirpes radicibus*
[te]rra innixæ cibum inde hauriunt,
[in] animantibus venter & intestino-
[ru]m vires pro terra sunt, à quibus
[pe]r venas lacti inditas accipiunt ali-
[me]ntum. Non ergo planè antiquis
cognitæ erant lacteæ venæ.

XLIX.

Μυελὸς τροφὴ ὀστέω.   De Alim.

Medulla ossis alimentum.

Aristotelici medullam ossis excre-
[m]entum esse censent: at veriùs Hipp.
[&] Gal. proximam ejus nutritionis materiam esse opinantur: quæ sententia
[ho]ce argumento confirmari potest,
[qu]òd ossa per diuturnam elixatio-
[ne]m in gelatinam quandam medul-
[læ] liquatæ similem tota ferè resol-
[v]untur.

L.

Ὑγρασίη τροφῆς ὄχημα.   Ibid.

Humiditas alimenti vehiculum
[e]st.

Aphorismi novi.

Non humiditas quæcunque, sed ea quæ serum & lympha à recentioribus vocitatur, cujus præcipuum officium est, chylum & sanguinem fluidiores reddere, ut faciliùs in partes omnes penetrent, & in nutritionem facessant.

LI.

Ἡ τροφὴ ἐς τρίχας, κὴ ἐς ὄνυχας, κὴ ἐς τὴν ἐσχάτην ἐπιφανείην ἔνδοθεν ἀφικνέεται : ἔξωθεν τροφὴ ἐκ τῆς ἐσχάτης ἐπιφανέης ἐνδοτάτω.

Alimentum in pilos & ungues, extimámque superficiem ab internis partibus pervenit: rursúsque ab externis partibus extimáque superficie ad interna redit.

Circulationem sanguinis hoc sæculo ab Harvæo detectam non latuisse magnum Hippocratem textus hic evincere videtur. Quomodo enim alimentum, quo nomine sanguinem intelligit, in extimas usque corporis partes fertur, & ab externis ad

Sectio I. Physiologica. 45

terna redit, sine circulari sanguinis motu? At si sequentes aphorismos & 20. Sect. 2. addideris, ij nul quasi demonstrationem efficient: quanquam sanè non ita distinctè ab eo edocta fuerit, ut scilicet sanguinis impulsum per arterias, reditum verò per venas explicuerit: nemini mirum videbitur qui perpenderit multa Hippocratis opera periisse, præsertim verò librum de venis & arteriis, quem citat ipsemet libro de Articulis: *Venarum*, quit, *& arteriarum communicationes, quotque & quales sint & unde initium ducant, quámque in quibus cum habeant alio in libro declarabimus.* Hujus fortè libri reliquiæ interpolatæ supersunt libro de ossium natura & libro de natura hominis: in quo ultimo hæc verba leguntur, quæ & lacteas & lymphaticas venas adumbrare videntur,& omnium cum venis arteriísque communicationem; venæ enim nomine venam & arteriam intelligit. *Existunt etiam ex venæ permulta & varij generis venæ, per quas in corpus alimentum defer-*

tur. Ferunt & alimentum à crassis venis in ventrem & reliquum corpus & ab extra. & ab intra, sibique mutuò subministrant interna vena externis, vicissímque externa internis. Et libro de locis in hom. *Hæ omnes venæ inter se communicant & fluentem humorem mutuò recipiunt: aliæ enim sibi invicem concurrunt, aliæ per venulas à majoribus venis exortas.*

LII.

Ibid. Ἀρχὴ μεγάλη εἰς ἔσχατον μέρος ἀφικνεῖ): ἐξ ἐσχάτου μέρεος εἰς ἀρχὴν μεγάλην ἀφικνεῖ).

Principium magnum ad extremam partem pervenit : ex parte extrema ad magnum principium redit.

In priori sententiæ parte Principium magnum sanguis proculdubio est, principium scilicet nutritionis præcipuum. In secunda verò est cor, principium scilicet vitæ & primum vivens ultimúmque moriens, ad quod ab externis partibus sanguis refluit.

Sectio I. Physiologica. 47
LIII.

Περίοδοι ἐς πολλὰ σύμφωνοι, ἐς ἔμ- Ibid.
υον ᾗ ἐς τὴν τότε τροφήν: αὖθις
ἄνω ῥεῖ ἐς γάλα, ᾗ ἐς τροφὴν ᾗ ἐς
ἔφος.

Circulationes ad multa con-
runt, ad fœtum & ad illius
imentum *deferendum*: rurſúſ-
ιe ſurſum repit in lac, & in
imentum lactantis pueri.

Sive circuitus ſive circulationes
erpreteris, perinde eſt: at ſanè fir-
ι manét res ipſa: quo pacto enim
ιguis & lac vitæ & nutricioni fœ-
ɪ deſtinata feruntur, & ab utero
:ſum in mammas, ſine circulari
ɔtu? Unde quia lac, ſanguis & ſpi-
us, hoſce orbiculares motus abſol-
nt, circulationes plurali numero
:citat. De lacte & ſanguine teſtis
: hic Aphor. & præcedens. De ſpi-
ιι hæc ſententia lib. 1. de diæta,
irius intro & foras permeat: &
ιιlò infra ubi ſtoliditatis rationem
fert, eam accidere ait, quia *ignis*,

hoc est spiritùs, *tardior est circuitus, unde paulatim animi sensationes collabuntur.* De utrisque autem hoc divini senis effatum eodem lib. de diæta, *Qui nectunt aut texunt, fila in orbem ducendo plicant, à principio in principium desinunt, quod est circuitus in corpore, unde incipit eodem desinat:* Nec solùm circulationes agnoscit Hippocrates in humorum motu locali, sed & in alterationibus, ut citato libro: *Qui figlinam exercent, rotam versant, quæ neque antrorsum neque retrorsum procedit, sed utrámque in partem simul ad universi imitationem in orbem fertur. In ea autem cujusvis generis opera, neque inter se similia circumagendo perficiunt. Ex iisdem eadem hominibus eveniunt, reliquáque animantia eodem circumactu omnia operantur, ex iisdem nihil simile, iisdem instrumentis, ex iisdem sicca & ex siccis humida efficiendo.*

LIV.

De carnib.

Ἐπήμερος ὁ αἰών.

Vita hominis septem diebus circumscribitur.

Id

Sectio I. Physiologica.

Id est, ultra septem dies sine alimento vivere nequit homo, septimóque ad summum moritur : imò subjungit Hipp. si quis post septem dies sine alimento transactos superstes fortè sit, túncque comedere velit, eum nihilominus moriturum, jejuno scilicet intestino, ex nimia illa media subsidente ac veluti conglutinato, sícque viâ alimento denegatâ.

L V.

Οὐκ ἐλάχιστον μέρος συμβάλλει) Ἀστρονομίη ἐς ἰητρικήν.   De aëre loc. & aq.

Non parùm ad artem Mediam confert Astronomia.

Astronomiæ cognitionem Medico utilem quidem esse vult, non verò, ut multi nugantur Astronomi, omninò necessariam. Id autem suadet effectuum multorum combinatio, qui ab Astris moventur, verbi gratiâ ventorum, tempestatum, & terræ fugum, ex quorum variis alterationibus varij emergunt morbi. Ita Hippocrates filio suo Thessalo Geo-

E

metriæ & Arithmeticæ studium commendat, quibus acutiorem mentem & splendidiorem ad fructum eorum omnium, quæ in arte Medica usui sunt, acquirat. At nemo exinde putarit hasce scientias Medicis omnino necessarias esse.

LVI.

Ibid. Δεῖ, γὰρ ϰ̀ τῶν Ἄςρων τὰς ἐπιϐολὰς φυλάσσεϑαι ϰ̀ μάλιςα τ̀ κυνὸς: ἔπειτα Ἀρκτούρου, ὲ ἐπὶ πλῃάδων δύσ{.

Syderum enim ortus Medico observandi sunt, præcipuè Caniculæ, deinde Arcturi, tum etiam Vergiliarum occasus.

Quinetiam, inquit, lib. 1. de diæta, *syderum ortus & occasus noscendi sunt, ut & ciborum & potionum excessus, ventorum & totius mundi mutationes, ex quibus sanè morbi hominibus perveniunt, observare debet Medicus.*

LVII.

Ibid. Ἐπικινδυνότατα) ἡλίȣ τροπαὶ ἀμφότεραι, ϰ̀ μᾶλλον ϑεριναὶ, ὲ ἰσημε-

Sect. I. Physiologica.

:ιναὶ νομιζόμεναι ἔ] ἀμφότεραι, μᾶλ-
.ον ἢ αἱ μετοπωριναί.

Periculosissima sunt ambo
olstitia, præcipuéque æstivum :
ιec non ambo æquinoctia, ma-
:imè verò autumnale.

Circa enim hosce tempestatum
Cardines, magnæ fiunt tum in ma-
rocosmo, tum consequenter in mi-
rocosmo, mutationes : unde sæpiùs
πorbis longis afflicti & præser-
ιm tabidi circa Æquinoctium au-
ιmnale fato funguntur.

LVIII.

Χρυσίον ἐργάζον], κόπ]εσι, πλιώεσι,   De diæt.
ήκεσι πυρὶ μαλακῷ, ἰσχυρῷ ὃ ε'   l.l.
ωίςα], ἀπειργασάμενοι πρὸς πάντα
ξῶνται.

Qui aurum ad opus adhibent,
ιndunt, lavant, blando igne
quant, neque enim vehementi
oit : quod ubi elaboraverunt
d omnia utuntur.

Hunc Aphorismum magnæ famæ

Chymici citant, ut probent Hippocratem auri potabilis conficiendi modum delineasse, nec non ignis gradum in opere, quem ignis ordinem magni æstimavit Galenus: *Ignis*, inquit, *non differt ab igne nisi majore vi ac minore : infirmissimus qui ex paleis, quare ad flandum aurum accommodatum est, eo quòd absumatur & diffluat si validiorem flammam sentiat.* Gal. cap. 5. in Lycum. Artem autem hanc χρυσοποιητικὴν perantiquam esse non dubito, cùm φιλαργυρία seu avaritia jamdudum in hominum cordibus radices egerit, & auri sacra fames varios excogitarit modos quibus satiari posset. Hinc putant ab Ægyptiis per modum cabalæ, & hieroglyphicorum ope, transmissam in posteros hanc artem, & ab iis in Græcos & alias nationes derivatam. Unde supersunt adhuc in Manuscriptis Græcis varij tractatus περὶ ἱερᾶς τέχνης *de sacra arte*, quo nomine Chymiam illam donarunt, sæpius citati in Glossario mediæ & infimæ Græcitatis, nunc sub prælo versanti.

APHORISMI NOVI.

SECTIO II.
Pathologica.

I.

ὅλος ἄνθρωπος ἐκ γενετῆς νοσός ἐστι. Epist. ad Damag.

Totus homo à natura morbus est.

Videnda in hunc Aphor. Erudita & Elegans Thesis, à Guidone Patio olim Professore Regio Parisiensi, propugnata.

II.

Εἰ ἐν ἦν ὁ ἄνθρωπος, οὐδέποτ' ἂν ἤλγει. De nat. hom.

Si homo unum esset, neutiquam doleret.

Hoc est, si homo ex unico constaret elemento, vel humore, non esset ullum internum morbi principium, cùm oriatur morbus ex partium sive continentium sive contentarum luctâ, vel excessu: *Siquidem multa insunt in corpore quæ cùm mutuò inter se præter naturam calescunt & refrigerantur, siccantur & humectantur, morbos pariunt.* Ibid.

III.

De diæt. Οὐκ εὐθέως αἱ νοῦσοι τοῖσιν ἀνθρώποισι
Lr. προσγίνονται: ἀλλὰ κατὰ μικρὸν συλλεγόμενα ἀθρόως ἐκφαίνονται.

Morbi derepente non accidunt hominibus: sed paulatim collectâ materiâ morbificâ subitò se produnt.

Nec enim à causis saltem internis, tam citò animalis œconomia perverti potest, ut in statum contra naturam subita mutatio fiat. Sic Apo-

Sect. II. Pathologica.

...lexia quæ derepente hominibus accidit, non fieret nisi sensim colligerer serosa colluvies, vel quæcunque ...ia hujusce affectus causa esse post: ipsáque ad certam mensuram, ...iam regere amplius nequit natura, ...rveniret.

IV.

Αἱ νοῦσοι γίνονται ᾗ μ̄ ἀπὸ τῶν διαι- De nat;
μάτων, αἱ τὶ ἀπὸ τ πνεύματος, ὁ hom.
ἐχόμενοι ζῶμεν.

Morbi oriuntur tum à victus ...tione, tum à spiritu cujus in...iratione vivimus.

Generalissimas & frequentissimas ...orborum causas hîc proponit, non ...iòd alia externa reperiri non pos...it præter illa, morbis occasionem ...æbentia, veluti ictus, lapsus, plu...a, objecta animi pathemata proovenientia, sed illa in communi ho...inum vita, hisce duobus quæ nul...s vitare mortalis potest, infrequen...ora sunt.

V.

De Humor.

Αἱ μεταβολαὶ μάλιστα τίκτουσι νοσήματα, κỳ ἐν τῆσιν ὥρησιν αἱ μεγάλαι μεταλλαγαὶ, κỳ ἐν τοῖσιν ἄλλοισι.

Mutationes potissimum morbos pariunt, tum quæcunque magnæ sunt mutationes in anni temporibus, tum in aliis rebus.

Hic Aphorismus præcedentis consectaneus est. Si enim à victus ratione & externo aëre quem respiramus oriantur morbi, necesse est ut subitæ mutationes circa alimenta aut aërem, alterationes magnas in naturali œconomia pariant, fundendo subitò quæ compacta erant, compingendo quæ fusa, refrigerando quæ calefacta, calefaciendo plùs nimio quæ refrigerata. Idem autem ferè docet Aphor. antiq. 1. Sect. 3.

VI.

De vet. med.

Τὸ τ̄ λίμου μέρος δύναται ἰσχυρῶς ἐν τῇ φύσει τ̄ ἀνθρώπου, κỳ ὑγιῶσαι, καὶ ἀσθενέα ποιῆσαι, ὢ ἀποκτεῖναι.

Fames plurimùm potest in [h]ominum natura, tum ad sani[ta]tem & imbecillitatem, tum ad [m]ortem inferendam.

Alimentis reparatur substantia ro[li]da & spirituosa corporis: unde non [m]irum si iis deficientibus, magnum [in]terfit sanitatis & vitæ periculum. [M]oderatus verò eorum appetitus [no]n parum ad conservandam vel [re]cuperandam valetudinem confert: [ni]ciborum enim copia gravatur sto[m]achus, venæ crudis replentur suc[ci]s, viscera onerantur & obstruun[tu]r.

VII.

Τῶν ἀνθρωπίνων νοσημάτων ῥίζα ὅτι   Epist. ad
κεφαλή.   Demetr.

Humanorum morborum ra[di]x est caput, ex eóque maximi [pro]veniunt morbi.

Hæc est sententia clarissimi Vvil[lisii], qui plures morbos ab aliis ute[ro], hypochondriísque tributos, [ce]rebro nervorúmque principio assignat. Caput enim, ut inquit noster Author lib. 4. de morbis, tanquam cucurbitula corpori superposita facilè pituitosos humores attrahit.

VIII.

De morb. Ἡ κεφαλὴ κỳ ὁ σπλὴν, μάλιςα ἐπίνοσά ἐςι.

Caput & lien maximè sunt morbis obnoxia.

Caput quia nobilissimum, quia delicatioris texturæ, quia cæteris partibus tanquam cucurbitula superpositum est, quia vasis permultis penetratum, quia aëris injuriis expositissimum est, varios etiam patitur morbos. Lien verò non minùs iis obnoxius, quia instar spongiæ varios excipit pravos humores, infinitis vasis præcipuè arteriolis irrigatus, nec emunctorium quo expurgetur patens & sensibile habet.

IX.

De vet. Med. Ψυχρότητα κỳ θερμότητα πασῶν ἥκιςα τ͂ δυναμίων νομίζω δυναςεύειν ἐν τῷ σώματι.

Frigiditatem & calorem in[t]er omnes qualitates, minimùm [i]n corpore posse existimo.

Non ergo jejuna illa ætiologia [m]orborum intemperies perpetuò acusans, placuit divino seni. Sunt [e]nim caliditas & frigiditas comites [p]otiùs aut soboles salsuginis, ama[r]itiei, aciditatisve, quàm revera [m]orborum causæ. Ita vacuatâ ama[r]â bile quæ nonnunquam magnas in [c]orpore turbas excitat, cessat calor [p]ræter naturam & viscerum intem[p]eries. Nullâ enim propriè intempe[r]ie laborant partes solidæ, sed soli [h]umores eas permeantes, quibus [c]orrectis restituuntur & viscerum [fu]nctiones.

X.

Ἔνι ἀνθρώπῳ κ̀ πικρὸν κ̀ ἁλμυρὸν [καὶ] γλυκὺ, κ̀ ὀξὺ, κ̀ στρυφνὸν, ἐ πλαδαρὸν: ὅταν ἢ τι τούτων ἀποκριθῇ κ̀ αὐτὸ ἐφ᾽ ἑωυτοῦ γένηται τότε κ̀ φανερόν ἐστι, καὶ ὑπέει. *Ibid.*

In homine inest amarum, &

salsum, & dulce, & acidum, & acerbum, & insipidum: ubi verò horum quidpiam separatum fuerit, & dominium obtinuerit, tunc conspicuum fit & molestiâ afficit.

Doctrinam hanc ferè sepultam & Aristotelicorum, Galenicorúmve placitis obrutam, nostrâ ætate restituere conati sunt Helmontius, Sylvius de le Boe, Tachenius & Helvetius. Idem repetit Hippocrates noster in locis antehac in Præfatione nostra citatis.

XI.

Ibid. Οὐ διὰ τὸ θερμὸν ἁπλῶς πυρεταίνουσιν οἱ ἄνθρωποι, ἀλλ' ἔστι καὶ πικρὸν καὶ θερμὸν τὸ αὐτὸ, καὶ θερμὸν καὶ ὀξὺ, καὶ ἁλμυρὸν καὶ θερμὸν καὶ ἄλλα μυρία.

Calidum solum non est febris causa, sed ea est calidum & amarum simul, calidum & acidum, calidum & salsum, aliáque innumera.

Sic

Sectio II. Pathologica. 61

Sic piper, allium similiáque edulia tsi calidissima minùs febrem excitant quàm fructus horarij aut lactinia: Unde hoc, nisi quia ista facilè in stomacho corrumpuntur & acescant, sicque ab acido illo crudóve humore in sanguinem introducto, fit febrilis fermentatio? Idem de salsis amarísque dicendum, sive in corpore genitis, sive assumptis. Ea enim massam sanguineam acriorem, &, ut ita dicam, nimis Alcalisatam efficiunt, ita ut deinde à levi chyli aut lymphæ aciditate fermentetur. Sic Arthritis & rheumatismi causa, serum est salsum & acre per renes non satis expurgatum, & ad articulos aut musculos explosum. Quid hîc calor aut frigus agunt? Quamminimùm sanè, non tamen omnino nihil; si enim serum illud bilem secum duxerit, dolor augetur & febris, si pituitosos frigidósque humores, gravitas & tumor in parte affecta accedunt.

XII.

Ἆρα ὀξὺς χυμὸς ἀνεπιτήδειος τῶν λοι- Ibid.
πῶν μάλιστα ἐστι: ὥσπερ ὁ γλυκύς γε
αὐτῶν ἐπιτηδειότατος.

F

Certè omnium humorum acidus maximè incommodus est: siquidem dulcis omnium maximè accommodatus existit.

Is enim est frequentissima febrium causa: siquidem ex commixtione Chyli, puris aut aliorum quorumvis humorum putrescentium & acescentium cum sanguinis massa, quæ alcali abundat, effervescentia quædam quæ febris dicitur excitari solet, quemadmodum ex spiritus vitrioli aut cujusvis acidi cum oleo Tartari aliove Alcali permixtione, fermentatio ebullitióque sensibilis excitatur. Cujus phænomeni rationes videsis apud Tachenium in Hipp. Chymico, & tractatum Gallicum de Acido & Alcali.

XIII.

De diæt. in acut. Ἀι ἀπὸ ὀξέος ὀξύτητες πικροχόλοισι μᾶλλον ἢ μελαγχολικοῖσι ξυμφέρουσι: τὰ μὲν γὰρ πικρὰ διαλύεται κỳ ἐκφλεγματοῦται μετεωριζόμενα ὑπ' αὐτέου, τὰ ἢ μέλανα ξυμβυται, κỳ μετεωρίζεται, ὃ πολλαπλασιοῦται.

Sectio II. Pathologica.

Aceti aciditas biliosis magis quàm melancholicis confert: amara enim dissolvuntur & in pituitam vertuntur ab ipso sublimata : melancholica verò ab eo fermentantur, sublimantur & multiplicantur.

Acetum & alia acida, bili amaræ permixta, eam temperant & dulciorem reddunt, ita ut in pituitam fatescat: dulcis enim quicunque humor corporis, pituitæ seu phlegmatis nomine ab Hippocrate designatur. Acidum verò & amarum sunt sapores ex diametro oppositi, ex quorum mutua dissolutione & combinatione dulce sub***itur. Melancholia autem cùm sit acida ab aceto acidior fit, fermentatur & multiplicatur.

XIV.

Γυναιξὶ ᾗ τὸ ἐπίπαν πολεμιώτατον, Ibid. ἀνδράσιν ὄξος : ὑστεραλγὴς γάρ ἐστι.

Mulieribus autem acetum longè magis adversum est quàm

viris : uterum enim dolore afficit.

Quòd Acetum suapte natura nervos offendat experientia & ratio demonstrant. Sunt enim exangues & frigidi, facileq́, ab iis quæ refrigerant simul & tenues habent partes, afficiuntur medicamentis, quale acetum est. Uterum autem Anatomici ferè omnes nervosum esse dicunt. Galenus in hunc locum.

XV.

Epid.6.   Ὕδωρ βορὸν κỳ ἀγρυπνίη βορόν.

Aqua, *sive melancholia*, vorax & vigilia vorax.

Melancholici etiam sunt voraces, eo quòd melancholiâ in corpore abundante acescant omnia, & ventriculi fermentum acidius redditum famem intensiorem creet, tum quia citò ab acido dissolvuntur alimenta, tum quia ab acidi vi pungente & corrosiva, vellicationis suctionísve sensus in stomacho excitatur major. Vigilia etiam voraces homines facit, eo

...iòd ab ea spiritus & alimentum
...pensiùs dissipetur, sícque majori
...paratione corpus egeat. Galenus
...men Aquæ nomine non melancho-
...ım, sed aquam propriè intellexit,
...iasi voluerit Hipp. Aquæ potores
...aces esse, quod etiam verum est.

XVI.

Νοσήματα ἔχουσι τραυλὰς, ἢ φαλα- Epid. 2.
ϰ, ἢ ἰσχνόφωνος, ἢ δασὺς, ἰσχυρῶς Sect. 5.
λαγχολικά.

Balbus, & calvus, & exili
...ce præditus,& hirsutus, mor-
s .conflictantur valdè melan-
...olicis.

Quia balbus, calvus, exili voce præ-
...us & hirsutus melancholici sunt: si-
t autem biliosi in biliosos morbos
...ilè incurrunt, ita melancholici in
...lancholicos. Addidit autem Hipp.
...ldè, quia cùm melancholici re-
...dia respuant vel negligant, hinc
...gentur ipsorum morbi & validio-
. fiunt.

F iij

XVII.

De loc. in hom. Τοῖσιν αὐτοῖσιν ὅτε σπλὴν θάλλει κ̀ τὸ σῶμα φθίνει.

Iisdem de causis & eodem tempore lien intumescit & corpus contabescit.

Ideo lien Principis fisco comparatur. Fisco enim repleto populi opes minuuntur. Lien autem à sanguine tartareo impuróque tumet, unde sanguinis massa per lienem transcolari & depurari nequit, tartareúsque & impurus remanet nutritioníque ineptus, sícque dulci & amico alimento defraudatum corpus exsiccatur & contabescit.

XVIII.

De loc. in hom. Ὅταν τὸ σῶμα λεπτὸν ᾖ & ὁ σπλὴν θάλλῃ, κ̀ τὸ ἐπίπλοον ἅμα τῷ σώματι λεπτυνθῇ, ἡ πιμελὴ ἡ ἐν τῷ ἐπιπλόῳ ἐκτήκεται.

Cùm corpus extenuatur & lien turgescit, & unà cum cor-

...ore omentum extenuatum fue-
...it, ejus pinguedo colliquescit.

Ubi verò, addit, *partes istæ pinguedine vacua fuerint, & ex liene
urgescente in omentum defluxerit,*
quod cùm nimirum valde vicinum
existat & vasa vacua habeat, id excipit: inde species quædam hydropis
oritur ex liene & omenti pinguedine
colliquefacta, de qua consule Mal-
pighium in Epist. ubi de vasis pin-
guiferis, quæ Hippocrati cognita
fuisse ex hoc loco asserit.

XIX.

Ἡ ἱερὰ νόσος ἐκ τῶν φλεγματίησιν, De mor-
τοῖσι δὲ χολώδεσιν ού.   bo sacr.

Sacer morbus pituitosis quidem contingit, minimè verò
biliosis.

Ab humore quocunque dulci, viscido, quem antiqui phlegma vocarunt, fiunt obstructiones in venis,
à quibus oriri Epilepsiam sequenti
Aphorismo asserit. Id confirmat rara

F iiij

observatio anno 1682. Lugduni facta, circa Epileptici cadaver apertum, præsentibus D. Falconet Collegij Medicorum Lugdunensium Decano, & D. Marquis eidem Collegio Aggregato. Repertæ sunt in variis Jugularium venarum ramis, obstructiones à muco viscido, & tartareo, ita ut gypso infarcti viderétur: à quo impeditâ circulatione, lympha primò in cerebrum regurgitabat, & eum somnolentũ efficiebat, mox ubi acrior aut copiosior, insultu epileptico tentabat: tandémque auctis illis obstructionibus, sanguis ipsemet in ventriculos cerebri extravasatus majorem insultum peperit, & è vivis sustulit, ut aperto cranio manifestum fuit.

XX.

De Flat. Ἡ ἱερὰ νῦσος ᾖς, ὅταν πολλὰ ἐμφράγματα γίνον( ) πολλαχῇ ἀνὰ τὰς φλέβας ἢ κωλύε( ) τὸ αἷμα διεξιέναι: τῇ μ̃ ἕςηκε, τῇ δ̃ νωθρῶς διεξέρχε( ), τῇ δ̃ θᾶσον.

Sacer morbus fit cùm obstructiones multæ multis modis

circa venas contingunt, & sanguinis motus prohibetur; atque hîc quidem sistitur, ibi tardiùs permeat, alibi autem citiùs.

Ex qua, subdit, *sanguinis per corpus transitus inaequalitate, variae etiam inaequalitates contingunt.* Hîc autem sanguinis motum, & quidem ubi sanum est corpus, aequalem agnoscit. Obstructiones verò Epilepsiae causas esse saltem remotas indicio sunt in mulieribus menstrua retenta aut imminuta, in viris haemorrhoïdes suppressae, in utrisque pallor, flatus, temperamentum pituitosum. Ex quibus obstructionibus sanguis non difflatus nitrosulphureus evadit, ejusdem naturae spiritus creans: qui spiritus inflammati & nervos vellicantes insultus Epilepticos gignunt.

XXI.

Αἱ ἀποπληξίαι γίνονται ἢ αὗται διὰ Ibid. τὰς φύσας.

Apoplexiæ oriuntur interdum à flatibus.

Ab humore glutinoso oriuntur flatus, qui dum vasa coarctant aut obstruunt, sanguinis & spirituum motum intercipiunt, unde motus & sensuum, qui horum ope functiones suas exercent, impedimentum & cessatio fit, quæ apoplexia vocatur.

XXII.

De morbis l. 2. Γίνονται ἢ ὅταν τὸ αἷμα ψυχθῇ, ἐ πήγνυται, ἢ κινηθῆναι ὑ δύναται.

Fit etiam *Apoplexia* ubi sanguis refrigeratur, coagulatur ac moveri nequit.

Hujus autem refrigerij sanguinis ac coagulationis causam ibidem asserit esse atram bilem in capite agitatam, fluentémque ad cervicem & pectus. Quod cum grano salis ad Neotericorum mentem explicare licet, ubi scilicet sanguis adustus, acidus, viscidúsque caput impetens, quem atræ bilis nomine donare posfumus, coagulatur in venis jugularibus, spirituúmque à corde ad cerebrum transitum denegans, ἄφωνος & apoplecticus decidit homo: quæ vera apoplexia ab Antiquis *Ictus sanguinis* vocatur. Si autem ipsummet sanguinem atræ bilis nomine insignire nolueris, intellige si lubet quemcunque humorem acidum sive à liene subministratum, sive à crudis, verminosis, acescentibúsque in primis viis Chyli reliquiis, inde massæ sanguineæ admixtis & ad caput delatis, à quibus nullus dubito quin sæpius istæ suboriantur apoplexiæ. Proprium autem acidi est coagulare, & coagulando spiritus irretire ac refrigerare, ut norunt omnes Chymiatri. *Quòd si superior evadat*, inquit Hippocrates, *adeo ut sanguis incalescat, sive ab his quæ offeruntur, sive ex sese, sublimatur, fluidior redditur ac movetur, atque ita respiratione restitutâ, despumatur atque bilis illa atra excutitur, convalescitq́, æger.* Mox addit; *Quòd si ex ebrietate sic afficiatur, id enim ex ea contingere solet, moritur æger.* Ebrietas autem sanguinem & crudum simul chylum, ad caput sapientiæ sedem, nimio sanè impetu mittere ac elevare solet, rarò autem atram bilem propriè dictam.

XXIII.

De loc. in hom.
Ῥόοι γίνονται ἐκ διαψυχομένης τῆ σαρκὸς λίαν, καὶ διαθερμαινομένης, ἐ ὑπερφλεγμαινύσης.

Fluxiones contingunt tum perfrigeratâ carne, tum excalefactâ, tum supertumefactâ.

Perfrigeratis externis partibus supprimitur transpiratio, quæ summi est in vita momenti, unde qui transpirare debebat humor, in varias partes refluit, veluti cerebrum aut pulmones. Excalefactis autem supra modum quibuscunque partibus, sive externis, sive internis funduntur humores, & in rarefacta à calore loca depluunt: idémque tumefactâ sive inflammatâ parte accidit.

XXIV.

De glandul.
Ῥόοι ἀπὸ κεφαλῆς ἑπτὰ, δι' ὤτων, δι' ὀφθαλμῶν

ὀφθαλμῶν, διὰ ῥινῶν, δι' ὑπερώης ἐς φάρυγγα, ἐς ςόμαχον, διὰ φλεβῶν ἐπὶ νωτιαῖον, ἐς τὸ αἷμα.

Fluxiones ex capite septé sunt, per aures, per oculos, per nares, per palatum in fauces, in stomachum, per vasa in spinalem medullam, atque in sanguinem.

Exponit hic Hipp. vias quibus contentus in capite humor superfluus expellitur. De quinque primis nulla difficultas : sed forsan non adeo pronum est concipere quomodo fluxio fiat à capite per venas arteriásve, quas nomine φλεβῶν intelligit, in spinalem medullam & in sanguinem : nullæ enim venæ nec arteriæ sanguinem vehunt à cerebro in spinalé medullam, sed solùm nervi eò pertingūt. At fluxionem in sanguinem quod attinet, videtur hoc cum neotericorum invento consentire, quo constat contentum in glandula pituitaria serum non delabi in palatú, sed abire in vasa quædam lymphatica, à quibus mox in jugulares venas deducitur : sícque fluxio fit à capite in sanguinem. Libro de locis in homine itidem fluxiones septem à capite enumerat, *in aures, in oculos, in nares, in thoracem, in medullam, in vertebras & in carnes*, omisso illic stomacho.

XXV.

De diæt. in acut. Κυνάγχος γ͞ρ ὅταν ἐκ τ͞ κεφαλῆς ῥεῦμα πολὺ κ̀ κολλῶδες ἐς τὰς σφαγίτιδας φλέβας ἐπιῤῥυῆ κ̀ ἐμφράξῃ, τότε πνεύματος τὰς διεξόδες κ̀ τ͞ αἵματος ἀποφράσσον, τῦτον πήγνυσι κ̀ ἀκίνητον ποιεῖ.

Angina fit cùm multa & viscida fluxio ex capite ad jugulares venas defluxerit, quæ spiritus sanguinísque vias occludens huncce coagulat & immobilem reddit.

Anginæ nomen aliquando pro Laryngis tantùm inflammatione sumit, ut Epidem. 6. Sect. 7. text. 1. *Quibusdam verò Pharyngis seu faucium inflammationes aderant, aliis anginæ.* Recentiores omnem Laryngis & Pharyngis inflammationem Anginam apellant. Aliqui nimis curiosè eam diſtinguunt, Κυνάγχω vocantes ſi interiores Laryngis, συνάγχω ſi Pharyngis internos muſculos occupet, παρακυνάγχω ſi externos Laryngis, παρασυνάγχω ſi externos Pharyngis muſculos obſideat. Legitimam præterea vocant quæ febrem comitem habet, ſpuriam quæ eâ caret : cujus ſpeciem eſſe Riverius exiſtimat iſtam quæ ab Hippocrate memoratur, viſcidorum humorum venas jugulares obſtruentium ſoboles. Verùm etſi ab humore frigido ſæpius oriri poſſit, nihilominus ob accerſitam inflammationem & febrem, ſolet omnino in legitimam verti. Eandem cauſam affert lib. 2. de morbis : *Oritur autem Angina, cùm pituita in capite agitata, deorſum confertim fluxerit & in maxillis ac circa cervicem conſtiterit.* Libro verò de locis in homine : *Angina à ſanguine oritur, cùm ſanguis in venis quæ in collo ſunt concreſcit :* Ubi obſervandum non tantùm à pituita venas obſtruente fieri voluiſſe Angi-

G ij

nam, sed etiam à sanguine viscido affatim ad has oras apellente. Coagulationem ergo sanguinis, quæ ut & nimia ejus dissolutio, maximi est ad morbos momenti, probè ab Hippocrate cognitam fuisse patet, neque eum solis qualitatibus primis, quæ sæpe sunt nuda duntaxat nomina, morborum causas tribuisse. Sanguinis autem coagulatio inflammationem & febrem accersit, inflammationem quidem ratione moræ suæ in parte, impeditæ difflationis, & conceptæ putredinis ; Febrem verò quia qui coagulantur, saltem non omnimodè, liquores, etiam ex parte dissolvuntur, párfque illa sanguinis dissoluta & glutinosæ partis vinculo libera, fluidior, ferocior, calidiórque evadit : sicuti à coagulato lacte serum fluidius & nitrosius ipsamet lactis massâ, secernitur.

XXVI.

Ibid. Ὁκόταν ἐν θερινῇ ἢ μετοπωρινῇ ὥρῃ ἐκ κεφαλῆς θερμὸν τὸ ῥεῦμα καταῤῥυῇ, ᾖ νιτρῶδες, δάκνει, ἑλκοῖ κὴ πνεύματος ἐμπίμπλησι κὴ ὀρθόπνοια παραγίνεται.

Cùm æstate vel autumno ex capite calida & nitrosa fluxio deciderit, mordet, exulcerat, spiritu implet & orthopnœam parit.

Alteram Anginæ speciem æstate & autumno maximè accidentem proponit, cùm superior hyeme & vere, ut ait, contingat. Fit autem ab humore acri & calido cui acuendo æstas & autumnus operam dederunt, à quo trachea *arteria*, subjungit Hippocrates, *exulceratur, pulmo incenditur, neque externum aërem admittere queunt*, quod orthopnœam sive respirationem erecta cervice parit ; *quibus nisi sponte ad exteriores cervicis partes deferatur, gravior & inevitabilior fit affectio, tum ob anni tempus, tum quòd à calidis & acribus fit humoribus.* Idem confirmare videtur lib. 3. de morbis, ubi in curatione Anginæ dicit venam esse secandam sub mamma, ut scilicet pulmoni spiritu & sanguine simul cum Larynge turgido, succurratur:

78 *Aphorismi novi.*
hac enim, inquit, *spiritus de pulmone calidus sequitur.* Ibidémque venæsectionem ex venis sub lingua & ex cubitis, si vires valeant, commendat.

XXVII.

Epid.6.
Sect.3.
Ἡ δέρματος ἀραιότης, ἡ κοιλίης πυκνότης: ἡ δέρματος ξυνίδεσις, ἡ σαρκῶν αὔξησις: ἡ κοιλίης νάρκωσις, ἡ τῶν ἄλλων ξύγχυσις, ἡ τ ἀγγείων ἀκαθαρσίη.

Cutis raritas alvi constipationem efficit; cutis coarctatio, carnium auctionem, ventris torpor omnium conturbationem & vasorum impuritatem.

Qui rarioris sunt texturæ iis multa fit humorum transpiratio, quâ auctâ necesse est alvum magis constipatam esse, absumptâ scilicet humiditate, & tenuiori excrementorum parte per poros exhalante: cutis verò coarctatio alimentum per poros abripi non sinit, roridámque substantiam retinet, unde corpus in majorem augetur molem. Ventris tandem torpor cruditates & impuritates in primis viis congerit, unde appetitus dejectio, Chyli impuritas, humorum omnium agitatio & conturbatio; & vasorum infarctus ac impuritates, morborum quamplurium parentes.

XXVIII.

Ἐμφραχθείσης τ῀ κάτω κοιλίης εἰς ὅλον τὸ σῶμα διέδραμον αἱ φύσαι. De Flat.

Obstructo inferiore ventre in universum corpus flatus discurrunt.

Constipatâ alvo necessariò refluunt flatus in varias corporis partes: ut & obstructis à viscida materia visceribus, à qua excitantur flatus, quorum præpedito exitu, necesse est ut in corpus universum discurrant.

XXIX.

Οἱ ἱδρῶτες γίνον(ται) ὅταν τήκι(ται) πυρεύμενον τὸ αἷμα κ̀ τῆς πνεῦμα κ̀ συνιστάμενον ἐς ὕδωρ ἔρχε(ται) διὰ τῶ῀ πόρων διεξελθὸν, ἔξω περαιῦται, τ῀ αὐτὸν τρόπον Ibid.

ὥσπερ ἀπὸ τ̃ ἑψομένων ὑδάτων ὁ ἀτμὰς ἐπανιὼν, ἰὼ ἔχῃ στερέωμα πρὸς ὅ, τι ἂν προσπίπτειν, πυκνοῦται.

Sudores oriuntur ubi sanguis incensus liquatur, oritúrque vapor qui condensatus in aquam mutatur, pérque poros subiens extra prorumpit: eodem modo quo à ferventibus aquis sublatus vapor, si ad solidum quid impingat condensatur.

Hunc Aphorismum citant Caneparius aliíque Authores, quo probent Hippocratem in Chymicis exercitatum fuisse, quippe qui distillationis modum hîc doceat. Sed sanè etsi non negarim distillationes quasdam, & alias Chymicas præparationes veteribus cognitas fuisse; Ita non putem illos in artem Chymiam redegisse, sed cum Pharmaceutice conjunxisse. Confer & Aphor. novum 58. sectionis primæ.

XXX.

De vet. Med.

Τὰ κοῖλα κỳ ἐκπεπτωμένα ἐπιρρυῆσαν

μ᾽, ὑγρότητα δέξαιτο πάντων : ὑποσπάσαιτο δ᾽ ἂν οὐχ ὁμοίως.

Quæ cava sunt & expansa ea affluentem quidem humorem omnium maximè recipiunt : verùm non perinde attrahunt.

Ita ventriculus & intestina, totius corporis pravos humores veluti cloaca, recipiunt : verùm cùm cava sint & laxa, non exsugunt, vel attrahunt. Quod Medicè dictum velim pro motu quodam fibrarum in ipsis partibus, quo humor in eas accedere cogitur : cùm physicè loquendo, quæ attrahi putantur, per veram impulsionem moveri sit verisimile.

XXXI.

Τὰ ὃ στερεὰ ᾗ στρογγύλα, οὔτ᾽ ἂν Ibid.
ὑποσπάσαιτο, οὔτ᾽ ἂν ἐπιρρυεῖσαν δέξαιτο.

At solida & rotunda nec attrahunt, nec humorem affluentem recipiunt.

Sic ossa, tendines, cartilagines, neque à partibus vicinis trahunt, nec nisi ægrè humorem affluentem recipiunt. Sic quo magis musculi solidi & rotundi, eo minùs humorum affluxum patiuntur.

XXXII.

Σπογγοειδία ᾖ κỳ ἀραιὰ οἷ σπλὼ, πνεύμων & μαζοὶ, προσκαθιζόμενα μάλιςα ἀναπίοι, καὶ σκληρυνθείη, κỳ αὐξηθείη ὑγρότητος προσηυομένης.

Spongiosa autem & rara velut lien, pulmo, & mammæ, propè admota maximè exsugunt, eáque accedente humore indurescunt & tumefiunt.

Spongiosa vasis sunt pervia, fibrásque omnis generis habent, ut pravos ex vicinis partibus succos recipere & exsugere queant: quibus tumefactis, & proinde vasorum & pellicularum flexibilitate ab impacto humore destructâ, indurescere necesse est.

XXXIII.

Ἐκπίπτει γνάθος ὀλιγάκις, σχᾶται μέντοι πολλάκις ἐν χάσμασιν.   De Artic.

Maxilla raró excidit, luxatur tamen plerúmque hiando.

Violentis motibus non est obnoxia maxilla, ideóque raró excidit: verùm quia levi articulatione capiti connectitur hiando aliquando luxatur: quam luxationem nisi statim reponatur, lethalem esse alibi pronunciat, convulso crotaphite musculo, qui sursum maxillam movet.

XXXIV.

Αἱ φθοραὶ τῶν τόκων χαλεπώτεραι εἰσιν· οὐ γάρ ἔστι τὸ βιαίως φθαρῆναι τὸ ἔμβρυον ἢ φαρμάκῳ, ἢ ποτῷ, ἢ βρωτῷ, ἢ ἄλλῳ τινί.   De morb. mul. l. 1.

Abortus partu periculosior est: nec enim sine violentia abortus contingit, sive medicamento, sive potione, vel cibo, vel alia re quapiam.

Aphorismi novi.

Sententiam & ejus rationem continet: quæcunque enim contra naturam & magna vi fiunt, non possunt quin periculosiora sint, quàm quæ secundum naturæ legem. Ita fructus maturus ex arbore per se decidit, immaturus verò si abripiatur, frangitur rami pars cui adhærescit.

XXXV.

Epid.7. Τὰ πλεῖςα τῶ ὑςερικῶν αἱ φύσαι, σημεῖον οἱ ἐρεύγμοὶ, ἢ οἱ περὶ γαςέρα ψόφοι, καὶ ἐπάρματα ὀσφύος, ἃ περὶ νεφρὺς ἀλγήματα ἢ ἰσχία.

Uteri affectus magna ex parte à flatibus oriuntur. Indicio sunt ructus, ventris strepitus, lumborum tumores, renum coxendicúmque dolores.

Ex his verbis colligere licet divinum Senem alienum fuisse ab opinione vulgi & gregariorum Medicorum, qui omnes fœminarum affectus uterò quà utero adscribunt; cùm interim horum plurimi ab aliis causis

causis viris perinde ac mulieribus propriis, flatibus verbi gratiâ, oriantur. Et revera ineptum est existimare uterum tam validis ligatum vinculis posse ad partes superas dum incandescit ascendere, hepar & diaphragma comprimere, & hac compressione spiritui vias præcludere.

XXXVI.

Γυναικεῖα τῇσιν ὑδατώδεσιν ὑπου-   Epid. 6.
λὺ παραμίνει: ὅταν δ μὴ ταχὺ ἴῃ, ὑποι-   Sect. 1.
δίει.

Menstrua aquosis mulieribus diu perserverant : quòd si celeriter non prodeant tumoribus conflictantur.

Ὑδατώδεας aquosas mulieres quæ tenuem & aquosum sanguinem gignunt, vocat, quibus si menstrua suppressa fuerint, tumores & hydropem accidere metus est.

XXXVII.

Ἐπιμήνια μὴ ἐξερχόμενα, ῥίγεα κỳ   De morpuretòs ποιέει.   bis mul.
                                        l. 1.

Menstrua cùm non prodeunt, rigores & febres excitant.

Necessitatem, exactúmque menstruæ purgationis ordinem fusè docet Hippocrates libris de morbis mulierum : quâ suppressâ non solùm febres putridæ oriuntur, retento & putrescente superfluo humore, qui vacuari debebat, sed & sexcentæ aliæ ærumnæ.

XXXVIII.

Epid. 7. Οἱ διαλείποντες πυρετοὶ ὅτε κακοήθεις γίνον], ἢ ἐς νοσήματα ὀξέα καθίςαν].

Intermittentes febres aliquando malignæ evadunt, & in morbos acutos transeunt.

Translatâ scilicet materiâ à primis viis ad venosum genus, & majorem putredinem concipiente. Malignum autem apud antiquos idem est ac mali moris, pravísque comitatum symptomatis. Febres enim malignæ propriè dictæ rarò ab iis memorantur.

XXXIX.

Αἱ βῆχες χειμῶνος, μάλιϛα δ᾽ ἐν νοτίοισιν. Epid. 5. Sect. 7.

Tusses hyeme vigent, præcipuè verò austrinâ tempestate.

Frigus constipando corporis poros retinet superfluos humores, qui per eos transpirare debebant, unde accedente austro qui calidus est & humidus, funduntur & multiplicantur humores, qui in pectus frigore debilitatum delabentes tussim excitant: Sic in antiquis Aphorismis, *Frigida pectori inimica.*

XL.

Ἡ ἐν πλεύμονι φλεγμονὴ γίνεται μά-λιϛα ἀπὸ οἰνοφλυγίης κ̀ γαϛριμαργίης, ὁκόταν τὸ φλέγμα μιγῆ τῷ αἵματι ἐπιρρυῇ ἐπὶ τ̀ πλεύμονα. De int. affect.

Inflammatio in pulmone oritur maximè ex vini ingurgitatione & alimentorum ingluvie, ubi scilicet pituita sanguini permixta ad pulmonem affluit.

H ij

Inter prava alimenta quæ nimiâ copiâ assumpta pulmonis inflammationem accersunt, notat hoc in loco Hippocrates præcipuè Capitones pisces & anguillas, quæ pituitosa sunt & pinguedinem naturæ infensam habent: subjungit & nimium carnis esum, κρεοφαγίαν. Huic nimiùm indulgentes Parisini, frequenter peripneumoniâ capiuntur, cui curandæ aut præcavendæ, in febribus assiduis, venæ sectionem toties iterare coguntur Medici. Sed utrùm in ea excessus non fiat dubitant permulti. Videsis in Sectione 5. Therapeutica, quæ ad hunc morbum Hippocrates præscribat.

XLI.

Epid. 7. Τὰ χολερικὰ ἐκ κρεηφαγίης, κỳ μέθης εὐώδεως παλαιȢ, καὶ ἡλιώσιος, ℭ λαχανοφαγίης, κỳ ὀπώρης, κỳ σικύη πέπωνος, κỳ μελιτωμάτων, μᾶλλον ἢ ἐν θέρει.

Cholera morbus gignitur ex carnis nimio esu, item ex vini odorati veteris ebrietate, insolatione, herbarum, fructuum horariorum, melopeponum & dulciariorum esu, maximè autem æstate.

Ex his omnibus crudi, acres, & biliosi humores generantur, qui ventriculum & intestina onerando & irritando, choleram morbum excitant, quæ est acrium & biliosorum humorum per superiora & inferiora expulsio : quam sæpe dolores, cardialgia, singultus & convulsio comitantur.

XLII.

Αἱ Ἀδένες δ᾽ κάρτα πονέυσιν, ἀλλὰ τῷ ἄλλῳ σώματι ξυμπονέυσι : ὑπὸ ἰδίων νόσων, φύματα γίνονται, χοιράδες ἀναπηδῶσιν, ἢ πῦρ ἔχει τὸ σῶμα.

De Gland.

Glandulæ non admodum ægrotant : sed cum reliquo corpore patiuntur : cùm autem proprio laborant morbo, tubercula gignuntur, strumæ subsiliunt, febrísque corpus detinet.

Glandulæ rarò ægrotant quia sunt partes parum sensibiles, & ignobiles: verùm cum reliquo corpore patiuntur, quia sunt corporis emunctoria. Quia autem ad eas deferuntur vasa lymphatica, aliquando plùs nimio Lymphâ viscidâ replentur & obstruuntur, unde strumæ suboriuntur, glandularum propriè morbus, tum & alij tumores, sanguine illuc appellente & remeare non valente, febribus continuis & erraticis comitati.

XLIII.

De internis Affect.
Ὕδερος γίγνεται καὶ ἢν φύματα ἐν τῷ πλεύμονι ἐμφυῇ, ἅπερ ἔχουσιν ὕδωρ καὶ ῥαγῇ ἐς τὰ στήθεα.

Hydrops sæpè gignitur ubi tubercula in pulmone exoriuntur aquam continentia, quæ in pectus effunditur.

Rationem ab exemplo subjungit: *Hydropem à tuberculis oriri mihi argumento sunt boves, oves & sues. In his enim ferè quadrupedibus pul-*

Sectio II. Pathologica.
monis tubercula oriuntur, quæ aquam continent. Sectione namque factâ id cognoveris, siquidem aqua effluet. Talia autem multò magis etiam in homine quàm pecoribus fieri videntur, quanto morbosâ magis etiam diætâ utimur. Hæc tubercula Recentiores Hydatidas vocant, quæ nihil aliud sunt quàm Lymphaticorum vasorum varices seu dilatationes, à Lymphæ in corpore restagnantis copia productæ: quæ non solùm in pulmone, sed & in hepate Hydropicorum observantur.

XLIV.

Ὁ ἀπὸ τ̅ ἥπατος ὕδρος ᾗς, ὁκόταν ἐς τὸ ἧπαρ φλέγμα ὑπιστῇ), κ̓ ἀναλάβῃ τὸ ἧπαρ κ̓ ὑγρανθῇ.   De intern. Affect.

Hydrops ab hepate oritur, cùm ad hepar pituita accesserit, eámque hepar acceperit & humectatum fuerit.

Ab humore pituitoso, ut pote viscido & lento, hepar obstruitur, & ab obstructione hepatis hydropem oriri necesse est: siquidem hepatis officium est bilem secernere, quæ deinde per cholidocha vasa transmissa in duodenum, ibi succo pancreatico occurrens ebullit, chylúmque fermentatione depurativâ exaltat & volatilisat. Obstructo itáque hepate cùm non amplius secernatur bilis, nec ad duodenum perveniat, chylus crudus ac semicoctus remanet: cúmque primæ coctionis vitia, in secunda non emendentur, à crudo chylo crudus sanguis. Hinc tanta in glandulis conglobatis lymphæ fit secretio & in vasis lymphaticis tanta ejus collectio, ut cùm huic retinendæ vasa hæc sint imparia, rumpi aut aperiri necesse est, ex qua lymphæ in abdomen effusione hydrops oritur. Hepar itaque hydropem inducit, ubi ad illum accedit pituita, non propter frigidam intemperiem, quâ propriè laborare non potest cùm vasis sanguineis abundet, sed propter obstructionem, germanam prædictorum malorum parentem.

XLV.

Τὸ φλέγμα δριμέσι χυμοῖσι μεμιγ- De Flat.
μένον, ὅποι ἂν προσπέσῃ ἐς ἀήθεας τόπους ἑλκοῖ.

Pituita acribus humoribus permixta, ubi in loca minimè affueta irruperit, ea exulcerat.

Pituita per se insipida est, sed ubi secum advehit acres, salsos, & corrosivos humores, necessariò partes illas ad quas adpellit, corrodit & exulcerat, præcipuè si in loca non assueta irruperit : etenim in ore & faucibus sæpe depluit salsa pituita acris & salsa, quæ tamen ibi ulcera non excitat, nisi acredine admodum auctâ, quia loca illa huic depluvio sunt assueta. Ita vesicam urina admodum salsa non lædit, quæ alias partes exulceraret.

XLVI.

Λέπρη, κνησμὸς, ψώρη, λειχῆνες, ἀλφὸς, De Affect.

καὶ ἀλώπεκες ὑπὸ φλέγματος γίνον): ἔςι ἢ τὰ τοιαῦτα αἶχος μᾶλλον ἢ νοσήματα.

Lepra *Græcorum*, prurigo, scabies, impetigines, vitiligo, & alopeciæ ex pituita oriuntur. Sunt autem ista potiùs fœditas quàm morbi.

Oriuntur isti morbi non ex pituita simplici, sed ex pituita acri, de qua suprà dicebat, eam ulcera generare, quorum species & rudimenta sunt scabies, vitiligines, prurigo, impetigines & alopeciæ. Quia autem multi ex recentioribus pituitæ voce offenduntur, ut cum iis bellum non excitem, pituitæ nomine si velint, intelligant lympham, serum, aliumve quem voluerint humorem non sanguineum, aliqua coctione aut excrementi cujuspiam permixtione incrassatum.

XLVII.

Epid. 6. Ἕλκεα ἐκφύυσιν ἰῷ ἀκάθαρτος ἰὼν
Sect. 7. πονήση.

Sectio II. Pathologica.

Ulcera erumpunt ubi quis impurgatus labori se dederit.

In laboribus, hoc est exercitationibus, calorem auctum ex profundo ad cutem succos evocare alibi docuimus. Quando igitur priùs in corpore vitiosa materia cumulata est, acrimoniâ cutem erodit, atque ulcera efficit: quemadmodum cùm crassi, glutinosique humores sunt, hepar, renésque obstruunt, in cute autem affectus cum tumore excitant. Galen. in hunc loc. Adde quòd à salsis humoribus, acidis, erodentibúsque ulcera oriantur, ut conjicere est ex remediis causticis, cathæreticísque externis, quæ ex salibus lixiviosis, acribus, acidísque parantur. Sicut autem Sales isti caustici, si multâ diluantur humiditate, aut salibus volatilibus alcalicæ naturæ combinentur, vim suam exerere nequeunt, sed evaporatâ illâ humiditate, & ab alcalium conjugio liberi, cutem profundè ulcerant: ita salsus sanguinis serique latex, dum sufficienti diluitur aqueâ humiditate, dúmque volatilium, sulphurearúmque sanguineæ massæ partium nexu irretitur, nullam parit molestiam: verùm superveniente labore, qui plùs nimio aqueum illum laticem auctâ transpiratione dissipat, volatilésque ac sulphureas particulas eliminat, necesse est serum nimis salsum inde fieri, ac consequenter ulcera varij generis, in partibus præcipuè externis, motu ipsius à centro ad circumferentiam exercitationis ope adjuto.

APHORISMI NOVI.

SECTIO III.
Semeiotica.

I.

Ῥὶς ὀξεῖα, ὀφθαλμοὶ κοῖλοι, κρόταφοι ξυμπεπτωκότες, ὦτα ψυχρὰ καὶ ξυνεσταλμένα, ϰ δέρμα τὸ περὶ τὸ μέτωπον σκληρὸν & περιτεταμένον καὶ καρφαλέον ἐὸν, καὶ τὸ χρῶμα ϯ ξύμπαντος προσώπου χλωρὸν ἢ ϰ μέλαν ἐὸν, καὶ πελιὸν, θανατῶδες. — Progn.

Nasus acutus, oculi concavi, collapsa tempora, aures frigidæ & contractæ, cutis circa frontem dura, intenta & resiccata, totiúsque faciei color

I

subviridis , niger aut lividus , lethale.

Hæc est illa facies Hippocratica vulgò dicta, ob traditam ab Hippocrate descriptionem , quæ humidi calidíque nativi consumptionem , adeóque mox affuturam mortem indicat.

II.

Epid. 6. Ἀνθρώποις ὁ ἐν τοῖσιν ὠσὶ ῥύπος, ὁ μὲν γλυκὺς, θανάσιμος: ὁ δὲ πικρὸς, ἃ

Aurium sordes hominibus, dulcis quidem lethalis , amara verò minimè.

Dulcis Aurium sordes magnam œconomiæ naturalis alterationem notat , cùm amara esse soleat, præsentiámque vel abscessus in cerebro, aliúdve magnum vitium functionum principum cerebri indicare videtur.

III.

Epid. 2. Ἢν κεφαλὴ μεγάλη καὶ οἱ ὀφθαλμοὶ
sect. 6. σμικροὶ, τραυλοὶ, ὀξύθυμοι.

Sectio III. Semeiotica.

Quibus caput magnum, oculi parvi, & balbutiens lingua, iracundi sunt.

Temperies corporis calida sicca, biliosáque, iracundos homines facit, quos inter alia hisce quatuor signis noveris ; capite magno, calor enim dilatat ; oculis parvis, quia tales humore superfluo non abundant ; balbutiente linguâ, à spirituum tenuitate ac mobilitate, cogitationúmque promptitudine.

IV.

Μεγάλη κεφαλὴ, ὀφθαλμοὶ μέλανες κỳ μεγάλοι, ῥῖνα παχεῖαν καὶ σιμὴν, ἐσθλοί.   Epid. 2. sect. 6.

Quibus caput magnum, oculi nigri & magni, nares crassæ & simæ, ij boni sunt. *

Qui capite sunt magno, cum magnis oculis & naribus crassis, sunt temperamento pituitoso, à quo dilatantur caput, oculi & nares, cùm cerebrum frigidi & glutinosi sedes fit, & humiditas non secus ac calor dilatet. Unde talibus retundentur animi affectus, & ipsos bonis moribus esse continget. Oculi magni pigritiam & ingenium tardum sæpe denotant; at de grandioribus oculis dissentientes opiniones videsis apud Portam lib. 3. Physiogn. Nigri oculi Physiognomicis mansuetudinem notant. Polemon enim & Adamantius cicura animalia nigrorum esse oculorum aiunt & mansuetiora, silvestria esse glaucorum oculorum & agrestium morum.

V.

Epid. 1. sect. 5. Ὁκόσοι πυρροὶ, ὀξύειπες, ὀφθαλμοὶ σμικροὶ, πονηροί. Ὁκόσοι ἢ πυρροὶ, σιμοὶ, ὀφθαλμοὶ μεγάλοι, ἐσθλοί.

Qui fulvi sunt, aduncis naribus & parvis oculis, mali. Qui verò fulvi, simi & grandioribus oculis, boni.

Fulvos sive Ruffos Aristoteles callidos esse ait, οἱ πυρροὶ ἄγαν πανοῦργοι: ὀξύειπας simis opponit, adun-

Sectio III. Semeiotica.

...itate ad extremitatem nasi pertin-
...ente, & nares acuente & elongan-
...e, quæ subdolos & irrisores deno-
...at, unde illa phrasis Poëtarum,
naso suspendit adunco. Non ergo
...quilini nasi intelligendi sunt, qui ab
...mnibus commendantur, quorúm-
...ue protuberantia à nasi radice in-
...ipit. De oculorum magnitudine &
...arvitate, vide Galenum in arte
...arva, & alios Physiognomiæ Au-
...tores.

VI.

Ἀσκαρδαμύκτ(αι), ἐξύθυμοι.   Epid. 2.
sect. 6.

Qui inconniventes habent
...culos, iracundi sunt.

Σκαρδαμύσσειν est nictare, ἀσκαρδα-
μύσσειν oculis fixis & immotis aspi-
...re. Aristotel. lib. 1. hist. animal.
...rpetuò nictantes oculos incon-
...antiæ; rigentes verò & intentos
...pudentiæ indices esse testatur. Hi
...idem cùm duriori sint palpebrâ,
...æ calidioris sicciorísque naturæ
...ta est, non mirum si biliosi & ira-
...undi sint.

VII.

Epid.6.
sect.4.
Οἷσι πλεῖστον τὸ θερμὸν, μεγαλοφω-
νότατοι.

Qui plurimo calore abundant, magnâ voce sunt præditi.

Caloris enim proprium est dilatare, unde à partium spiritalium dilatatione, magna fortisque vox.

VIII.

Ibid.
Θερμοκοίλιοι ψυχρόσαρκοι καὶ λεπτοὶ, ἐπίφλεβοι κ᾽ ὀξυθυμότεροι.

Qui calido sunt ventriculo frigidas habent, carnes, & graciles existunt, venas prominentes habent, & iracundi sunt.

Quicunque enim, inquit Galenus, lib.2. de temperam. *latioribus sunt venis, naturâ calidiores existunt, qui angustis frigidiores. Caloris namque opus est dilatare & flatu distendere, quare non sine ratione*

Sect. III. Semeiotica.

rè simul concurrunt, venarum
uidem angustia cum habitu pinguio-
e & crassiore; habitus vero graci-
s cum venarum latitudine.

IX.

Εὔπνοιαν χρὴ νομίζειν κάρτα μεγάλην Progn.
ιὐάμιν ἔχειν εἰς σωτηρίων ἐν ἅπασι τοῖσι
σήμασιν.

Facilè spirare magni mo-
ienti est ad salutem in omni-
us morbis.

Respiratio siquidem summi est ad
itam momenti; facilè enim spira-
: partium thoracicarum libertatem
idicat, unde liberis existentibus
orde & pulmonibus, spes magna
t, positis ponendis, materiam mor-
ificam naturæ vi foràs expulsum iri.

X.

Οἱ ψυχρῷ ἱδρῶτι ἱδροῦντες, μακρὰς   De
τὰς νοσέυσιν ὡς ἐπίπανπολὺ: οἱ δὲ θερ- Crisib.
ῷ, ταχύτερον ἀπαλλάσοντ).

Qui frigidum sudorem emit-
int, plerumque longis mor-

I 4

bis conflictantur: qui verò calidum, celeriùs morbis liberatur.

Frigidus sudor naturæ magnam debilitatem indicat, unde qui in agonia versantur frigidum ferè semper sudant: itaque longum morbum futurum sudor ille significat, cùm difficulter à natura superari queat: calidus verò sudor vegetiorem naturam, & celeriorem humorum motum testatur, quibus celeriùs morbum oppugnatum iri sperare par est.

XI.

Τὸ πέλιον τ̃ ἐμισμάτων εἰ ὄζει δυσώδες, τάχιϛα θάναϲον σημαίνᵋ.

Lividus vomitus si graviter olet, proximam mortem indicat.

Necrosim enim in aliquo viscere indicat, quæ funesta est, mortisque rudimentum. Talis autem vomitus sæpè accidit in desperatis affectibus hypochondriacis, & morbo nigro Hippocratis, qui eorum species est, in quibus computrescunt hepar & lien, & tabo suo sanguinem & alimenta inficiunt, unde lividus ille & niger vomitus.

XII.

Ὀφθαλμοὶ ὡς ἂν ἰσχύωσιν, ὕτω καὶ .ῶμ.   Epid. 6. sect. 4.

Oculi ut valuerint, ita & totum corpus.

Galenus oculos divinum vocat membrum, & caput à natura propter oculos formatum putat, cùm in illis totus conspiciatur animus, atque oculus omnium animi pathematum eximium & nitidum speculum: pathemata autem sequuntur corporis naturalem & præternaturalem temperiem. Irato homini *rutilis ardescunt lumina flammis*; lætanti gaudent micántque oculi; timenti & pudibundo demittuntur; ægro languent & eorum minuitur vigor.

XIII.

Τραχύλη ὀδυνώδεα, ὄμματα ἐξέρυθρα, ἐμορφαλίνά.   Prorrh. L. 1.

Cervicis dolores, oculi præ-
rubri, hæmorrhagiam prænun-
ciant.

Id namque sanguinis impetum &
raptum ad superiora testatur, quibus
hæmorrhagiam narium sæpissime succedere videmus : hæmorrhagiæ enim
vocem sæpius usurpant antiqui pro
sanguinis ex naribus fluxu, etiamsi
& aliquando pro cruoris ex aliis partibus effluvio.

XIX.

Epid. 2.
sect. 6.

Οἱ μακρόβιοι πλείυς ὀδόντας ἔχυσιν.

Qui plures dentes habent,
ij vitæ longioris sunt.

Idem pronunciat Aristoteles Hist.
animal. l. 2. rationémque affert in
Quæst. naturalibus, quòd id signum
sit, validum esse cerebrum, & confirmat eo quòd inter animalia mares,
qui quidem cerebro validiore sunt
quàm fœminæ, plures etiam habeant
dentes. At istud quidem sanitatem
& longam vitam pollicetur, quòd

qui plures dentes habet & magis unios, ille meliùs cibos masticet, sicque prima coctio in ventriculo admodum juvetur, cujus vitia non facilè in secunda corriguntur.

XV.

Τὰ ἀνάπαλιν αἱμοῤῥαγίοντα, κακόν· Coac. 1.] οἷτ᾽ ἐπὶ σπλίωὶ μεγάλῳ ἐκ δεξιῶν ῥέειν, καὶ τὰ καθ᾽ ὑποχόνδριον ὡσαύτα, ἐφιδρῶντί τε κακόν.

Quæ ex adversâ parte fiunt hæmorrhagiæ malæ, velut in lienis tumore, si ex nare dextrâ fluat, quod & circa præcordia eodem modo se habet, pejùs autem si cum tenui sudore.

Istæ enim hæmorrhagiæ minùs ex parte affectâ vacuant & tamen ægrum debilitant, præsertim si accedat & sudor tenuis à debilitate ortus. Quanquam autem sive suppositâ sive non suppositâ circulatione, indifferens esse videatur, affecto v.g.

liene ex utravis nare fluat sanguis aut tundatur alterutrius brachij vena, experientia tamen sententiæ hujus veritatem firmat.

XVI.

Prorrh. lib. I.
Οἱ παραλόγως κινεαγ[ε]ίης μὴ ἐυσης ἀδυνάτοι, κακόν.

Quibus præter rationem sine vacuatione vires prosternuntur, malum.

Sine causa manifesta vires prosterni, certum indicium est cor & vitales spiritus à quibus procedunt, maligno quodam halitu aut humore suffocari, dissiparive. Inde in febribus malignis & pestilentibus frequentes lipothymiæ accidere solent, quæ si fortiores tandem in veram ἀσφυξίαν, & flammæ vitalis extinctionem degenerant. Cæterùm vires & vita idem ferè sunt, malum itaque vires titubare quocunque modo id fiat. Trifariam quidem vires prosternuntur, vel enim sunt plethorâ oppressæ, vel largis evacuationibus

cuationibus exolutæ, vel deficiente naturâ aut præsenti cacoëthiâ extinctæ. Jam verò si ingens adsit plethora vacuatione statim reficiuntur, si præcesserit evacuatio quiete & analepticis citò resarciuntur. Hæc itaque ἀσθένεια licèt mala sit, multò minùs mala est quàm ea quæ contingit παραλόγως; difficile enim extinctos reficere spiritus, vel proprio fato ruentem sustinere naturam.

XVII.

Δίψα παραλόγως λυθεῖσα ἐν ὀξέσι, Ibid. κακόν.

Sitis præter rationem cessans in acutis, malum.

Indicat enim mentis alienationem, quâ se sitire sive bibendi necessitate opus habere, non attendit æger: tum etiam, ut ait Galenus, facultatum & nativi caloris extinctionem, sicut luculentum exemplum lib. 3. Epid. in Hermocrate qui febre assidua correptus, etsi lingua deusta esset, non tamen sitiebat, & paulò post in delirium, soporémque incidit, tandémque mortuus est.

XVIII.

De dentic. Ὁκόσοισι παιδίοισι πολὺ γαλακτῶδες ἀπεμέωσι, κοιλίη ξυνίσταται.

Quibuscunque pueris lacteus cibus multus revomitur, iis alvus sistitur.

Cibus puerorum, lac videlicet, quamvis parvam in ventriculo subeat mutationem, majorem patitur in ipsis intestinis : terrestriores enim ipsius partes, cùm nequeant tenuia lacteorum vasculorum orificia penetrare, separantur à purioribus, & fæcibus alvinis materiam præbent κάτω deinde deturbandam. Si itaque quidquid lactis ingeritur, evomatur, deficiente fæcali materiâ sistitur alvus.

XIX.

Ibid. Ὁκόσοισιν ἐν ὀδοντοφυίῃ ἡ κοιλίη πλείω ὑπάγει, ἧσσον σπῶνται, ἢ ὅτῳ ὀλιγάκις.

Quibus in dentitione alvus crebriùs folvitur, ij minùs convulfionibus tentantur.

Obfervatum eft equidem aliquando dentatos Infantes in lucem prodiiffe ; fic refert Plinius Marcum Curium & Papirium cum dentibus natos fuiffe, unde Curio nomen Dentati fuit impofitum. Similes raras tamen hiftorias alibi etiam legere eft, fed ut plurimum imò ferè femper, recèns nati dentibus carent faltem prominentibus forás, revera enim dentes habent, fed in gingivis fepultos, ac inde tantùm circa feptimum menfem erumpentes, eùm verò duræ fint gingivæ debeántque perforari ut pateat inclufis dentibus exitus, id fine ingenti tenellulorum puerorum moleftia & dolore fieri nequit. Hinc brevi accenfis fpiritibus febres, & vigiliæ fuccedunt, & tracto in fympathiam cerebro oriuntur convulfiones, majores fi fileat alvus, minores fi fit libera ; fufi enim affiduis ejulatibus, & vigiliis humores, per alvum deturbantur, nec impingunt in nervos; sicque tentantur quidem pueri convulsionibus ratione doloris quem patiuntur, sed levioribus quàm si suppressâ alvo, dolore simul & fusi humoris copiâ irritarentur. Loquitur autem hîc Hippocrates de primâ dentitione puerorum quæ accidit circa 7. à partu mensem, non verò de secunda quæ accidit circà 7. annum, etenim secunda hæc indolens esse solet, quoniam fuerunt jam perforatæ gingivæ.

XX.

De dentit. Τὰ μὲν βηχὰ ὀδοντοφυιῶντα χρονίζει, ἐν ᾗ τῇ διακεντήσει ἰσχναίνεἰ μᾶλλον.

Qui cum tussi dentiunt, iis tardiùs dentes erumpunt: in ipsa autem perforatione magis extenuantur.

Pluribus affectibus dentitionis tempore obnoxij sunt infantes, cósque partim enumerat in antiq. aphor. 25. libri 3. *In progressu verò cùm jam dentire incipiunt, gingivarum*

Sect. III. Semeiotica.

rutigines, febres, convulsiones, diarrhœa, &c. Hîc tussim addit, quæ oriri videtur à saliva in ore ob dolorem gingivarum cumulatâ & in pulmones depluente. Dolor autem exquisitus indicat membranam gingivas ambientem duriorem esse & perforationi maximè obsistentem, unde tardiùs dentes erumpere nil mirum est : ut ita malè affectis puerulis, etiam in perforatione magis extenuari necesse est : præcipuè cùm tussis febriculâ & insomniis ferè semper stipata sit.

XXI.

Ὁκόσοισι παιδίοισιν ἴδρωσιν ἐξανθεῖ ἐλκεα ἐς τὴν κεφαλὴν, καὶ ἐς τὰ ὦτα, καὶ ἐς τ' ἄλλον χρῶτα, ἐ σιαλώδεα γίνονται καὶ μυξόῤῥοα, τούτοις μ' ῥῆϊσα διάγει προϊούσης τ' ἡλικίης.

De Morbi tact.

Quibus pueris ulcera in caput, in aures & reliquum corpus erumpunt, si salivosi & mucosi extiterint, ij procedente quidem ætate facillimè degent.

Isti enim pueri cerebro priùs humido donati, per hasce quanquam morbosas vacuationes, exsiccantur; proindéque organa à superfluitatibus libera, cerebrúmque functiones suas meliùs & sine impedimento exercent: unde colligere etiam licet fonticulorum ad cerebri regionem, collúmve applicitorum utilitatem, in quibus ars naturam imitatur, ulcera ope causticorum excitando, quibus serum aliive superflui humores quâ data porta eliminantur.

XXII.

Morb. sacr.

Ὁκόσα ἢ παιδία σμικρὰ καταληπῖα ὑπὸ τῆς ἱερῆς νούσω, τὰ πολλὰ ἀποθνήσκει, ἰω πολὺ τὸ ῥεῦμα ἐπιχυθῇ, ἢ νότιον ἔῃ· τοὺς ἢ πρεσβυτάτους ἀποκλείει ἢ παραπλκτοὺς ποιεῖ.

Quicunque verò pueri parvuli sacro morbo corripiuntur, plerumque intereunt, si copiosa & humida fluxio fuerit: valdè verò senes interimit aut paralyticos facit.

Tenellula puerulorum ætas tanto
orbo qualis epilepsia est vix re-
tere valet , si præcipuè copia sit
fluentium humorum, calore ipso-
m debili nimiùm existente, quo
es sit morbificam materiam supe-
:um iri. Idem de senibus decrepi-
cogitandum , qui pauco calore
undant , quorúmque organa om-
 debilitata , spiritus exhausti , su-
rfluíque humores in cerebro cu-
lati. Quòd si tamen validum sa-
cerebrum sit , ut hancce materiam
nervos excutere possit , tunc pa-
ytici fiunt , ut quotidiana expe-
ntia non solùm in epilepsia, sed &
apoplexia nos docet.

XXIII.

Ἀπὸ τ̄ φλεβῶν ὅτι ἂν νόσημα ᾖ(?),   De loc.
ν ἐςιν, ἢ ἀπὸ τ̄ νεύρων.   in hom.

Quicunque ex venis morbus
itur , levior est quàm qui à
rvis.

*Diffluit enim unà cum humore in-
is contento: nerui verò cùm siccis*

sint, cavitatibus carent, & quicumque morbus ad eos accesserit, eodem loco firmatur, & consistit, nec nisi ægrè expellitur. Hipp. ibid. Adde quòd nervi majorem cum cerebro parte nobilissima communicationem habent, quàm venæ: quódque difficiliùs ad nervos deferantur propinata remedia, quàm ad venosum genus, cujus viæ semper alimentis & medicamentis patent. Inde fit ut epilepsiæ, apoplexiæ, paralyses ita curatu difficiles existant, cùm in nervoso genere sedem habeant.

XXIV.

De nat. hum.

Μέλαινα χολὴ τ̃ ἐν τῷ σώματι ἐνεόντων χυμῶν γλισχροτάτη, κỳ τὰς ἕδρας χρονιοτάτας πεποίη).

Atra bilis, cùm humorum omnium quæ in corpore insunt glutinosissima sit, maximè diuturnas stationes facit.

Hanc sententiam profert rationem reddens quare febres quartanæ ita diuturnæ sunt: eas enim ab atra bile oriri vult, unde nonnisi ægrè depelli possunt. Rationem etiam inde hauriemus quare morbi hypochondriaci ita sint diuturni : certum enim est hosce affectus oriri ex tartareis, atrabilariisve humoribus, coagulationes in visceribus, indéque inflationes & suffocationes patientibus. Atra autem bilis sive ex bile amara deustâ sive ex quocunque alio humore torrefacto oriatur, glutinosissimam esse necesse est, consumptâ nempe roridâ benignáque ejus parte. At glutinosos humores difficiliùs pepasmo subjici, & ex corpore eliminari quis neget?

XXV.

Μύξαι καὶ σίελα πλησμονῆς ἐπίκρισις. De diæt. lib. 3.

Mucus & saliva repletionem arguunt.

Ex magna alimenti copia, magnam etiam excrementorum provenire copiam satis evidens est. Unde si mucus & sputa copiosiora excernantur, repletionem sive laudabilium sive pravorum succorum adesse indicium est. Prius plethora vocatur, ultimum cacochymia.

XXVI.

Epid. 6. Ἢν ἁλμυραὶ σάρκες γδύομῄύω, πτερι-σώσιΘ σημεῖον.

Si cui carnes gustanti salsæ videantur, superfluitatis indicium est.

Non modo linguæ color, sed etiam ab ea perceptus sapor superfluos indicat humores. Sic quibus amaro sapore infecta est lingua, omnia quamvis dulcia videntur amara, quod bilis redundantis, aut fuliginis ex magna humorum fermentatione elevatæ, signum est: quibus vero salsuginis sapore imbuta, salsa omnia videntur, salsorúmque in corpore stabulantium humorum indicium est.

XXVII.

De nat. hom. Ὁκόσα ἦρΘ ἐκ νοσήματα προσδέχεϑς χρὴ φθινοπώρε τἰὼ ἀπαλλαγίὼ: ὁκόσα ᵭ φθινοπώρινα, ₮ ἦρΘ.

Morborum qui vere oriuntur, Autumno liberatio expectanda est : Autumnalium autem vere.

De morbis Chronicis intelligendum est. Etenim acuti ab una anni tempestate ad aliam usque non perdurant. Cùm autem contrariis polleant qualitatibus ver & autumnus, non mirum si sæpissime terminentur morbi Autumno, qui vere i; ceperant, & è contra.

XXVIII.

Ὅτι δ᾽ ἂν τὰς ὥρας ταύτας ὑπερβάλλῃ, εἰδέναι χρὴ ὡς ἐνιαύσιον αὐτὸ ἐσόμενον.   Ibid.

Quòd si quis hæc anni tempora morbus superarit, hunc annuum fore sciendum est.

Ita febris quartana Autumno frequentissimè incipiens, sæpe terminatur vere, at nisi terminetur eo tempore, toto solet anno perdurare, imò & aliquando biennio.

XXIX.

De morb.

Οἱ διαπνεόμενοι καλῶς ἀσθενέστεροι, κỳ ὑγιεινότεροι κỳ εὐανάσφαλτοι.

Quibus corpus probè transpirat, ij imbecilliores & salubriores existunt, promptéque ad sanitatem restituuntur.

Transpiratio maximi est ad vires vitámque momenti. Elegantem hac de re & verissimam sententiam profert divinus Senex. *Quibus*, inquit, *corpus probâ gaudet transpiratione, ij imbecilliores sunt* aliis, eo quòd simul cum transpirantibus humoribus vaporibúsque, spiritus virium parentes transpirent & dissipentur, attamen salubriores existunt, eo quòd hocce pacto pravi humores attenuati per poros eliminantur; si verò in morbú incidant, hujusce transpirationis beneficio promptè ad sanitatem restituuntur. Hæc omnia pueris accidunt qui magna gaudent transpiratione ob calorem & humiditatem abundantem, cutísque rariorem texturam

Sectio III. Semeiotica.

cam. Humiditas enim cutem relaxat & poros liberiores reddit: ficut è contra ficcitas cutem aridam & ficcam efficiens poros conftringit ac claudit.

XXX.

Οἱ διαπνεόμενοι κακῶς, πρὶν ἢ νοσεῖν ἰσχυρότεροι: νοσήσαντες δὲ δυσανάσφαλτοι. Ibid.

Quibus corpus malè tranfpirat, ij priufquam ægrotent robuftiores, cùm verò in morbum inciderint, difficiliùs reftituuntur.

Ex iis quæ in fuperiori diximus rationem hujufce colligere licet: etenim quibus parva eft tranfpiratio, pauci fpiritus diffipantur, ideóque fanitatis tempore robuftiores funt: at fi in morbum incidant, difficilè reftituuntur, quia per habitum corporis eliminari fufficienter nequeunt pravi humores, retentíque majorem & diuturniorem in corpore perturbationem pariunt. De tranfpiratione confulenda curiofiffima & exactiſſima Sanctorij Statica Medicina, qui materiam hancce exhauſiſſe videtur. Miror tamen quomodo hanc duplicem de tranſpiratione ſententiam divini noſtri Senis, neque citarit, neque ſe vidiſſe ſaltem aſſeruerit, cùm inde non minima ejus opellæ authoritas conciliata fuiſſet.

XXXI.

De loc. in hom.

Τὸ αἷμα ὁπόταν νοῦσον ποιᾷ, ὀδύνην παρέχει; τὸ ὃ φλέγμα βάρος, ὡς τὰ πολλά.

Sanguis cùm morbum creat, dolorem inducit; pituita verò ut plurimùm gravitatem.

Sanguis ubi inflammatur ob ſpirituum copiam partes diſtendit & divellit, unde dolor, ubi verò extravaſatur ſuppurat, partéſque à pure diſtenduntur & corroduntur, quod ſine dolore tenſivo aut ulceroſo fieri nequit. At phlegma inflammationi & ſuppurationi ob frigiditatem & lentorem ineptum, pondere tantùm ſuo lædit, unde gravitas, aut dolor gravativus, ut recentiores eum vocitant. Ita phlegmon à sanguine ortus acuto dolore stipatur, cùm talpa, meliceris, steatoma pituitæ soboles, indolentes ac gravitate duntaxat incommodi sint tumores.

XXXII.

Epid.6.

Χλωραὶ γλῶσσαι χολώδεις, ἐρυθραὶ ἀφ' αἵματος, μέλαιναι ἀπὸ μελαίνης χολῆς, αὖαι ἀπὸ ἐκκαύσεως λιγνυώδεος, κỳ μητρών, λευκαὶ ἢ ἀπὸ φλέγματος.

Linguæ pallidæ ex bile, rubræ ex sanguine, nigræ ex atrabile, valdè resiccatæ ex succensa fuligine & utero, albæ verò ex pituita.

Bilis coloris quidem lutei est, at ubi saliva diluitur, pallidum colorem creat, ut in lingua quæ bile & salivâ imprægnata esse potest. Sanguis linguam rubore suo tingit, ut in sputo & vomitu sanguinis, ipsomet sanguine exteriori linguæ parte adhærente, aut in febribus Syno-

chis sanguine in omnibus vasis fero-
ciente & consequenter linguâ, quam
plurima sanguinea vasa pervadunt,
inde rubescente. Nigræ ex atra bile,
adusto videlicet humore, calor enim
denigrat, dissipato sero humores
diluente, unde opacitas & nigredo.
Multùm Resiccatæ, inquit Galenus,
*ex febre urente fiunt, quæ ad instar
ignis sanguinem adurens, fuligini
potiùs quàm vapori similem exhala-
tionem efficit, ideóque etiam nigra
plerumque ejusmodi lingua apparent.*
Et libro 8. de placitis Hippocr. &
Platon. *Quemadmodum enim ex rebus externis fuligo circa lucernas,
faces, aliáque multùm pinguia gigni
consuevit, ita in animantium corporibus, sæpenumero exassatis humoribus, præcipuéque pinguibus, aliquid fuligini affine gignitur.* Utero
autem malè affecto plurimi vapores
acres ad superiora feruntur, unde
sæpe lingua non solùm arida fit,
sed & quasi colligatur, ut ἄφωνοι eva-
dant mulieres. Albæ tandem ex pituita, quæ linguam suo inficit
colore.

XXXIII.

Νάρκαι ᾳ ἀναισθησίαι γινομῦψαι ϖϱὰ Coac:
τὸ ἴθ℘, ἀποπληκλικῶν συμβησυμδψων σημεῖον.

Torpores & stupores præter consuetudinem advenientes, futuram apoplexiam vel paralysim denunciant.

Sicut integra nervi obstructio paralysin parit, ita dimidiata torporem & stuporem. Apoplexiam verò retentus in capite humor idem qui excussus in nervos parit. Quoties itaque torpores & stupores præter consuetudinem, notatu digni accidunt, signum est cerebrum quamplurimis scatere excrementis præcipuè serosis, quorum portio decidens in nervos stuporem sive sensus diminutionem parit : quòd si fortè majori copiâ congerantur in cerebro hæc excrementa ibique retineantur apoplexian inducent, si verò in nervos amandentur paralysin. Meritò autem addit Hippocrates præter con-

consuetudinem: sunt enim aliqui, ut qui flatibus abundant, à natura torporibus & stuporibus obnoxij, in quibus ideo stupores & torpores nihil sinistri portendunt.

XXXIV.

Prorrh. Οἱ ἀποπληκτικοὶ οἷσι μ̅ τῷ δύνασθαι κινέειν λεπ]ύνη) τὰ νινσκνὸς τ̅ σώματ@, ὗτοι ἀδύνατοι εἰς τῦτο καθίςαν).

Paralytici quibus præter motus impotentiam, pars corporis affecta extenuatur, incurabiles sunt.

Non solùm enim arguit partis extenuatio defectum spiritus animalis, sed incipientem caloris nativi extinctionem, cujus tamen vis requiritur ad superandam materiam crassam à qua nervus obstruitur. Adde quòd ubi pars non nutritur arida fit & contrahitur, sicque angustiores ipsius meatus efficiuntur, adeò ut spiritibus animalibus magis adhuc sit impervia.

XXXV.

Οἱ ληθαργικοὶ τρομώδεις διὰ χειρῶν, Coac; ὑπνώδεις, δύσχρωτις, οἰδηματώδεις, σφυγμοῖσι νωθροῖσι, καὶ μετάρσια τὰ ὑποφθάλμια κ᾽ ἱδρῶτες ἐπιγίνον].

Lethargici manibus trementes & somnolenti sunt, malè colorati, tumidi, pulsus habent tardos, & quæ sub oculis sunt sublata, sudorésque superveniunt.

Non omnia hæc lethargicis omnibus symptomata eveniunt, sed modò aliqua tantùm, modò omnia, modò & multa alia; non enim omnes lethargici æquè ægrotant, & sicut alij morbi, ita & lethargus patitur magis & minus, graviùs & leviùs affligit. Possunt verò facilè recensita mala lethargum comitari, cùm lethargus oriatur à copia seri putris universam cerebri substantiam irrigantis, ita ut torpidi animales facti spiritus in partes sicut ante non influant, neque debita rationis memoriæ, phantafiæve obire munia, manibus itaque tremunt, propagatione lethargicæ caufæ à parte pofticâ cerebri in cervicem à qua manuum nervi oriuntur. Somnolenti funt, fpiritibus animalibus præ torpedine ad organa fenfuum non ampliùs aut faltem minùs partes influentibus. Malè colorati facie fuperfluo humore faturata: pulfus habent tardos, fpiritibus animalibus tardè ad movendum cordis mufculum defcendentibus: à tardo ac parvo cordis motu parvus arteriæ motus; habent ὑποφθάλμια fublata turgidulis à collecto illic fero aut flatuofo fpiritu palpebris inferis; fudores fuperveniunt propter materiæ copiam vel naturæ imbecillitatem.

XXXVI.

Prorrh. Κωματώδεις, κοπιώδεις, ἀχλυώδεις, ἄγρυπνοι, ἐφιδρῶντες πυρετοὶ, κακοήθεις.

Febres quæ funt cum fopore, laffitudine, oculorum caligatione, infomniis, ac tenuibus fudoribus, malignæ.

Febrium malignarum hæc sunt symptomata, quibus in Epidemiis addit & istud ὡς ὑπὸ κωνώπων ἀναδήματα, id est, *veluti culicum morsus*; quos recentiores petechias, maculas purpureas, exanthemata & ecthymata vocare solent. Unde immeritò febres malignas antiquis incognitas fuisse asserunt nonnulli.

XXXVII.

Ἦσον τοῖσιν ἀπὸ κεφαλῆς κορυζώδεσιν ἐπιπυρετίλωσιν ὑποστροφαί.   Epid. 6. Sect. 3.

Ex capitis coryzâ febricitantibus, recidivæ vix fiunt.

Febris enim raucedini & coryzæ superveniens, eas firmiùs concoquit, ne iterum facilè revertantur, etiamsi aliquid erroris commissum fuerit. Sed cur ex capitis coryza, neque enim ab alia parte oritur? Id fortè addidit, ut à parva coryza quæ ab externa causa fit, distingueret, indicarétque se de iis qui ob naturalem capitis imbecillitatem eo vitio capiuntur, sermonem habere. Galenus in hunc locum.

XXXVIII.

Coac. Τῶν πυρεσσόντων οἷσι μετὰ ἐρυθήματα ἐπὶ προσώπων, καὶ πόνος κεφαλῆς ἰσχυρὸς, ἢ σφυγμὸς φλεβῶν, αἵματος ῥύσις τὰ πολλὰ ἐκ ῥινῶν.

Quibus febricitantibus faciei rubores, capitis dolores & arteriarum pulsus, hæmorrhagia ut plurimùm accidit.

Febris propriè cùm nihil aliud sit quàm conatus naturæ satagentis quod nocet aut inutile est à puro secernere, ideò variæ fiunt in febribus excretiones, aliàs quidem per os, aliàs per sedem, aliàs aliâ via. In his omnibus natura humoris motum & indolem sequitur: itaque quando tenuis humor sursum elatus capitis dolores parit & pulsationes, per nares crisis contingit, apertis arteriarum osculis.

XXXIX.

Ibid. Οἷσι ἄσαι, ἢ καρδιαλμοὶ, ἢ πτυαλισμοὶ, ἔμετος.

Sect. III. Semeiotica.

Quibus fastidia, cardialgiæ & sputationes, vomitus.

Dum enim secreti è massa sanguinea viscosi humores ventriculo assident, eum nauseabundum efficiunt, stomacho connitente importunum hostem expellere, fastidium quidem procreantem acidi fermenti colligatione, sputationes verò productis crudioribus chylo saliváque. Unde non mirum si ventriculus diu frustra vellicatus, hancce saburram foras trudat vomitu.

XL.

Οἷσι ᾗ ἐρυγμοὶ, φῦσαι, ψόφοι κοιλίης ἠ ἐπάρσιες, ἐκτάραξις κοιλίης.   *Ibid:*

Quibus verò ructus, flatus, ventris strepitus & inflationes, alvi fluxus succedit.

Indicia quippe hæc sunt nidulantium in hypochondriis, primis viis ac intestinis pravorum humorum, qui quidem in motu sunt, & exitum moliuntur: unde spes affulget intestina sæpè irritata fibras suas contrahere parata esse, tandémque ab impuritatibus alvi fluxu liberata iri.

XLI.

Αἱ κυνάγχαι δ' ἀνόταϱ μὴν εἰσὶ κỳ τάχιϛα ἀναίρυσιν, ὁκόσαι μήτε ἐν τῇ φάρυγγι, μηδ' ἐν ἔκδηλον ποιέυσι, μήτε ἐν τῷ αὐχένι, πλεῖϛον ᾖ πόνον παρέχυσι κỳ ὀρθόπνοιαν.

Anginæ gravissimæ sunt & celerrimè interimunt, quæ neque in faucibus, neque in cervice quicquam conspicuum faciunt, plurimùm verò doloris & orthopnœæ inducunt.

Sedem enim habent in internis Laryngis musculis, siquidem in conspectum non veniunt, unde magnum est suffocationis periculum, constricto & inflammato tracheæ arteriæ per quam ad pulmones spiritus deducitur & expellitur, orificio.

XLII.

Κορύζας κỳ πζαρμὰς ἐπὶ πᾶσι τοῖσι

Sect. III. Semeiotica.

περὶ τ̃ πλεύμονα ῥυσήμασι προσγείονίναι, ἢ ἐπιγίνεθαι, κακόν.

Coryzas & sternutationes in omnibus circa pulmones morbis, tum praeire, tum subsequi malum.

Eo quòd pravis humoribus pulmonem repleant, & caput affectum esse indicent: Adde quòd thorace concusso pleuram pulmonésque divelli magis ac laedi à sternutatione accidat.

XLIII.

Τῶν σωμάτων τὰ γεγυμνασμένα καὶ πυκνὰ, θᾶσον ὑπὸ τ̃ πλευριτικῶν καὶ περιπλευμονικῶν ἀπόλλυῃ τῶ ἀγυμνάςων.   Coac.

Densa & exercitationi assueta corpora, citiùs ex pleutide & peripneumonia intereunt, quàm quae sine exercitatione degunt.

Priores enim cùm robusti sint,

nonnisi ex magna causa ægrotant, unde majus iis impendet periculum: ultimi verò pravis scatentes humoribus ex leviori causa in hosce incidunt morbos. Unde major curationis spes affulget.

XLIV.

Coac. Αἱ ξηραὶ τ πλευριτίδων κỳ ἄπτυςοι χαλεπώταται· φοβεραὶ ἢ ἐν οἷσιν ἄνω τὰ ἀλγήματα.

Pleuritides siccæ & in quibus nihil spuitur, gravissimæ; metuendæ quoque in quibus dolores ad superiora tendunt.

Partes thoracicæ quæ in pleuritide afficiuntur, aliâ viâ commodâ expurgari nequeunt, quàm per sputa. Inde pleuritides in quibus æger non spuit, sive ob membranæ pulmones succingentis densitatem nimiam, quominus sputum ex pleura ad pulmones resorberi possit, sive materiæ in pleuram impactæ defectu, quæ aut nimis viscida, aut nimis tenuis, ut pulmonum sese contrahentium vim eludat : istæ, inquam, pleuritides periculi plenæ sunt, cùm restitante illic materiâ erosio & gangræna pleuræ facilè succedat. Periculosiores etiam sunt eæ quæ superiores costarum musculos afficiunt, utpote capiti pulmonis & cordi vicinæ, quàm quæ inferiores.

XLV.

Τὰ ἀλγήματα ἐν ἁπάσῃσι τῇσι πλευρίτισιν ὡς ἐπὶ τοπολὺ κυφίζει μαθ' ἡμέρην μᾶλλον ἢ νύκτωρ.

De morb. l. 3.

In omnibus pleuritidibus dolores interdiu potiùs quàm noctu leviores esse solent.

Noctu febres & dolores exacerbari solent, ob poros à frigidiori cælo constipatos, retentámque materiam morbificam : interdiu verò mitescere ob eorundem pororum ab aëris calore relaxationem, effluviorúmque morbificorum liberiorem evaporationem.

XLVI.

Coac. Τὰ ἀλγήματα τοῖσι πλευριτικοῖσι χρήσιμον, κοιλίην μαλάσσεσθαι, πτύαλα χρωματίζεσθαι, καὶ εὐπετέως ἀνάγειν, ψόφους ἐν τῷ στήθει μὴ γίνεσθαι, τὸ οὖρον εὐοδεῖν, ἀγαθόν· τὰ δὲ τούτων ἐναντία δυσχερία, ἢ πτύαλον γλυκαινόμενον.

In pleuriticis dolores & alvum emolliri, sputa colorari & bene expelli, nullos in pectore strepitus fieri, urinam recté procedere, bonum: quibus veró contraria adsunt, malum, sputúmque dulcescere.

Dolorem mitescere in pleuritide boni ominis est, faciliùs enim tunc expectoratione defungentur pulmones; alvúmque simul emolliri, ejus nainque constipatio calorem & febrim auget, thoracíque sese movendi libertatem minuit. Bonum etiam sputa colorari, id enim ostendit ex affecta parte ea educi. Nullos in pectore strepitus fieri, quod pulmo-

Sect. III. Semeiotica.

num vias valde obseſſas indicaret, tandémque urinam recte procedere, quâ ſeri acris portio huncce morbum creans vacuatur. Contraria vero mala, imò & ſputum dulceſcere, quod indicat pus cum eo mixtum eſſe, & in empyema verti pleuritidem, quod ſæpe funeſtum.

XLVII.

Ἡ περιπνευμονίη τοιάδε ποιέει, πυρετός τε ἰσχυρὸς ἴσχει, καὶ πνεῦμα πυκνὸν καὶ θερμὸν ἀναπνέει, καὶ δίψην καὶ ἀδυναμίην ἔχει, καὶ ῥιπτασμὸς, καὶ ὠδύναι περὶ τὴν ὠμοπλάτην, καὶ τ̓ κληῖδα, καὶ τ̓ τίτθον, καὶ βάρος ἐν τοῖσι ςήθεσι καὶ παραφροσύναι. *De Humor.*

In peripneumonia hæc adſunt, febris vehemens, crebra & calida reſpiratio, anxietudo, virium proſtratio, & corporis jactatio, doloréſque ad omoplatam, claviculam & mammas, pondúſque in pectore, atque delirium.

Febris ſemper aſſidet Peripneumo-

M iij

niæ, aliàs quidem essentialis, sæpius verò symptomatica, ac ipsius peripneumoniæ symptoma. Calidè expirant Peripneumonici eò quòd à concepto in pulmonis incendio inspiratus aër incalescat, & cùm non possit inflammatus pulmo multùm dilatari cogitur natura respirationis parvitatem frequentiâ compensare, inde frequens respiratio. Anxietudo oritur à fervore sanguinis singulis partibus molesti, & à dyspnœa, (nihil enim æquè laboriosum est ac difficilis respiratio.) Virium prostratio tum ab hac ultima causa, tum à fervore sanguinis spiritus depopulante, imò & sæpè à cocoethia: sunt etenim Peripneumoniæ quamplures malignæ. Jactatio corporis anxietudinem sequitur. Dolores ad omoplatam & alias thoracis partes modò plures modò pauciores extenduntur, prout hæc vel illa pulmonis pars inflammatione maximè tentatur, vicináque ipsi pleura incalescit & divellitur. Pondus in pectore procedit ab insolito pulmonum tumore, & infarctu. Delirium tandem non

Sectio III. Semeiotica.

tam forte à vaporibus, & fervidis ut aiunt, anathymiasibus sursum elatis, quàm quòd sanguis supra modum in ardente pulmone incalescens dum deinde per venam pneumonicam in sinistrum delabitur cordis ventriculum, & ex hoc deinde in aortam, ab hoc in cervicales, vertebrales, & carotides arterias, & ab his in cerebrum exploditur, novam ibi parit inflammationem, vel saltem spiritus cerebri incolas accendit, imò & per syntimotiam diaphragmatis delirare potest pneumonicus, vicinum enim pulmonibus ardentibus diaphragma facilè flammam concipit: tanta verò cerebrum inter & diaphragma intercedit necessitudo, ut ipsum antiqui φρένες absolutè dixerint.

XLVIII.

Τοῖσι σημήοισι τοὺς ἐμπύους γινώσκειν Progn. χρή· εἰ ὁ πυρετὸς μὴ ἀφίησιν καὶ ἱδρῶτες ἐπιγίνον), βηχές τε καὶ θυμὸς, καὶ ἀπόπτυσιν οὐδὲν ἄξιον λόγου, καὶ οἱ ὀφθαλμοὶ ἔγκοιλοι γίνον), αἱ δὲ γνάθοι ἐρυθήματα ἴσχωσι καὶ οἱ ὄνυχες τῶν χειρῶν γρυποῦν).

αἰ ᾖ δάκτυλοι θερμαίνον), καὶ ἐν τοῖσι ποσὶν οἰδήματα καὶ φλυκταίναι ἀνὰ τὸ σῶμα γίνον).

His signis Empyicos cognosces : si febris non dimittat & sudores oboriantur, tussesque & tussiendi cupiditas adsit, nec aliquid effatu dignum expuant, oculi cavi reddantur, malæ ruborem contrahant, ungues adunci fiant, digiti incalescant & in pedibus tumores & per totum corpus Phlyctænæ oriantur.

Adest in Empyicis febris quia pus sine fermentatione & ebullitione perfici nequit : madent illi sudoribus, quia toto ebullitionis tempore aquei multi ad peripheriam corporis halitus appellunt, imò & languida retentrix nonnihil appellentis alimenti sinit elabi. Pus acre est, hinc pulmones vellicantur, tussis & tussiendi oritur cupiditas, nihil tamen memoratu dignum rejicitur, quod & pus ipsum lentum sit, & densa quæ pulmonem ambit membrana, & ignava quæ expellit, facultas. Dant se se adhuc certiora puris indicia ubi emarcescente in dies homine cavi fiunt oculi absumptis adipe, carne, & spiritibus quibus sani turgebant. Rubent genæ cùm tussiendi necessitate, tùm maximè ægro pulmone tenuem fervidúmque sanguinem efficiente qui ad eas brevi annexis vasis transmittitur. Evadunt adunci ungues consumptâ quæ his suberat carne. Calent extremi digiti extremis vasorum quæ calorem cum sanguine vehunt eò desinentibus. Tument pulmonei pedes quòd infirmi & infimi appellès ad se alimentum digerere nequeant: phlyctænæ verò à portione seri cuticulam elevante.

XLIX.

Τὰ κνησμώδεα σώματα μῇ κοιλίης ϛάσιν ἐν φθισικοῖσι, κακόν. Coac.

In tabidis si post suppressam

alvum pruriginosa fiant corpora, malum.

Pruritus diarrhœæ superstes in Phthisicis ab eadé oritur causa à qua antè diarrhœa pendebat, & sicut vellicatis ab humorum acrimonia intestinis fiebat diarrhœa, ita jam restibiles in massa sanguinea aculeatæ partes ad peripheriam corporis delatæ pruritum excitant. Malus itáque ille pruritus, ut signum & ut causa: ut signum quia non naturæ victoriam, sed summam arguit sanguinis impuritatem, unde non cicuratam, sed alió tantùm transmissam materiam licet conjicere : ut causa quia causa doloris est & vigiliarum quibus fractæ jam vires propediem penitus exolventur : Adde quòd metus est ne suppressa morbilis materia in pulmones jam affectos & debiles præceps ruat.

L.

Ibid.

Φθίσιες ἐπικινδυνόταται, αἴ τε ἀπὸ μήξιος φλεβῶν τ̄ παχειῶν, κ̀ ἀπὸ καταρρε τ̄ ἀπὸ κεφαλῆς.

Tabes maximè periculosæ

quæ ex ruptione craſſarum venarum, & ex capitis deſtillatione contingunt.

Tabes in univerſum periculoſæ ſunt, at præcipuè quæ ex ruptione venarum majorum pulmonem irrigantium: ex hac enim ruptione computreſcit ſanguis & ferè ſimul pulmo: etenim ut alibi docet à ſanguinis ſputo puris ſputum, à puris ſputo tabes. Phlegma verò è capite depluens, ſi uti ferè aſſolet putreſcat & ſalſum fiat, facilè fit διαβρωτικὸν, in iis præſertim qui ſunt ad Phthiſim diſpoſiti, ut qui verbi gratiâ thoracem anguſtum habent, dorſum alatum, caput turbinatum, dentes pectinatim commiſſos & mentum pectori annexum. Corroſio autem in vaſis pulmonum, periculoſior eſt quàm eorum diapedeſis aut anaſtomoſis.

L I.

Τοῖσι φθίνυσι τὸ φθινόπωρον κακὸν: κα-   Epid. 6.
κὸν ᾖ κὴ τὸ ἔαρ, ὅταν τὰ τ̃ συκῆς φύλ-
λα κορώνης ποσὸν ἴκελα ᾖ.

Autumnus tabidis malus: ver quoque etiam malum, cùm ficus folia cornicis pedibus similia fuerint.

Tabes primariam sedem habet in pulmonibus, qui à natura destinati sunt aëri inspirando & expirando: unde non mirum si pejùs habeant ubi aër varias inæqualitates patitur in frigore & calore, humiditate & siccitate, ventis nebulísque, qualis est Autumno. Ver etiam huic morbo contrarium, eo quòd incipiant fermentescere & colliquari humores, non secus ac glacies ab hyemis frigore constipata, accedente hac tempestate fundi incipit. Ficus folia cornicis pedibus similia designant veris initium, quo tempore parva sunt hæc folia, figurámque illam obtinent.

LII.

Coac.

Idem ferè ac apho.13. sect.5.

Ὅςοι ἀφρῶδες αἷμα ἐμέωσι, τούτοις μὴ ἐόντος κάτω τοῦ διαφράγματος ἀπὸ τοῦ πλεύμονος ἐμέωσι.

Qui spumantem sanguinem
expuunt

expuunt, partibus infra diaphragma nequaquam dolentibus, iis à pulmone excernitur.

Spumans sanguis fit ex aëris cum sanguine commixtione, sicut bullæ & spuma in aliis quibusvis liquoribus & præcipuè viscosis ex eorum agitatione & aëris introductione oriuntur. Itaque si spumosus expuatur sanguis, indicium est ex pulmone excerni, ubi inspirato aëri commiscetur, & pulmonum ope agitatur. Idque eò magis confirmatur, si nullus persentiatur dolor in partibus infra diaphragma existentibus : ubi enim dolor, ibi morbus.

LIII.

Ἢν ὕδερος ἐν τῷ πλεύμονι γίνηται, πυ-   De
ρετὸς κỳ βὴξ ἴσχει, ὢ ἀναπνέει ἀθρόον, κỳ   diæt. in
οἱ πόδες οἰδέυσι, καὶ οἱ ὄνυχες ἕλκονται,   acut.
κỳ πάσχει οἷάπερ ἔμπυος, βληχρότερον
καὶ πολυχρονιώτερον.

Si hydrops in pulmone accidat, febris & tussis vexat,

confertim respirat, pedes intumescunt, ungues incurvantur, & velut Empyicus afficitur, sed remissiùs ac diutiùs.

Hæc signa diagnostica hydropis pectoris apprimè sunt scitu necessaria: est enim morbus satis frequens, nec tamen satis cognitus : sed qui ista ad unguem tenebit, huncce morbum ab aliis pectoris morbis facilè distinguet. *Febris* aut febricula adest eáque assidua, tum ob causam antecedentem ὑδέρῳ, quæ sæpè est fervida massæ sanguineæ intemperies, à qua serum multum & acre generatur, quod in pulmones depluens, sive hydatidum in iis obortarum ope, sive simplici vasorum lymphaticorum anastomosi, hunc affectum creat: tum ob causam conjunctam serum nempe illud in pectore putrescens & sanguinem fermentans. *Tussis vexat* sero illo acrimoniâ suâ pulmones titillante, & pondere suo ipsos ad sui excussionem excitante. *Confertim respirat*, naturâ resarcire cupiente respirationis difficultatem, frequentiæ ipsius ope. *Pedes intumescunt*, eodem sero quod in venis congestum est, in partes debiles & declives delabente, unde pedes ita tumidi à quibusdam pedes pulmonei vocantur, hoc est, pulmonum vitium indicantes. *Ungues incurvantur*, pinguedine & carne ipsa à lenta febre quæ hunc hydropem comitatur, consumptis. Tandem plurima habet cum Empyemate signa communia, quæ suprà recensita fuere: ea tamen symptomata in hydrope pectoris remissiora sunt, quia serum sive aqua minùs impedimenti, in pulmonum bronchiis & pectore afferunt, quàm pus ipsum: at diutiùs durat affectus, quia à sero non ita corrumpitur aut opprimitur pulmo, quàm à purulentâ ibidem collectâ materiâ.

LIV.

Οἱ ὕδρωπες οἱ ἐκ τῶν ὀξέων νοσημάτων πάντες κακοὶ καὶ θανατώδεις. — Progn.

Hydrops omnis qui ex acutis morbis oritur, malus & lethalis.

Hydrops qui ex acutis morbis, verbi gratiâ, post febres continuas oritur, supponere videtur magnam humorum colliquationem & viscerum exsiccationem: talia enim ab ardore febrili fieri verisimile est: at hæc terroris plena sunt, quomodo enim colliquati humores priorem consistentiam acquirere valent, aut quomodo arefacta viscera iterum remolliri? unde necessariò non solùm malus est talis hydrops, verùm etiam ferè semper lethalis. Adde quòd si tanti momenti & periculi affectus, qualis est hydrops, ægrum adoriatur jam viribus effœtum, ob eum qui præcessit morbum acutum, parva aut nulla spes est sanum exinde evadere posse. E contrà hydrops qui ex chronico morbo oritur, verbi gratiâ chlorosi aut febre quartanâ, quia ab infarctu solo viscerum oriri videtur, qui corrigi faciliùs potest quàm exsiccatio, curatur etiam multò faciliùs, etiamsi semper per se malus sit.

LV.

Χρὴ τ̂ ὑπὸ τ̂ ὕδρωπ(Θ) ἐχόμῥμον καὶ μέλλοντα περιέσεος, εὔσπλαγχνον ἐ῏), πέπ[εις εὐπνέως, εὔπνοον, ἀνώδυνον, καὶ μὴ περιετικὸς περὶ τὰ ἔσχαζα. — Prorrh. 2.

Hydrope detentus curari potest, si robustis sit visceribus, si bene concoquat & spiret, sine dolore sit, & extrema colliquefacta non habeat.

Difficultas hydropem curandi maxima ex parte oritur aut quòd jam malè affecta sint viscera, & quidem non curabili affectu, ut marasmo aut ulcere, vel quòd illa saltem debilia sint, nec vim ferre queant medicamentorum huic morbo expugnando necessariorum. Si ergo sit æger εὔσπλαγχ(Θ), hoc est, robustis visceribus, curationis spes non est abjicienda, præsertim si alia boni ominis signa simul adsint, si bene spiret quod aquam nondum in cavitate thoracis collectam arguit, si absque dolore sit, & extrema nondum colliquefacta sint, quod ultimum, vitium infigne in visceribus indicat.

LVI.

Epid. 6. Πολλοὶ ἐξ αἱμορραγιῶν ἐξυδεροῦνθ.

Multi ex hæmorrhagiis nimiis in hydropem incidunt.

Debilitato scilicet viscerum naturalium tono, sanguinéque spiritibus nimis depauperato, unde Chylus non probè in vasis excoquitur, nec in visceribus ritè depuratur: sicque crudo & aqueo in venis existente sanguine, aut præ copia vasorum orificia aperit & in cavitates effluit, aut tanquam inutile pondus à partibus rejicitur. Inde concludere etiam debemus copiosas phlebotomias, quales à quibusdam impunè præscribuntur, non immeritò quasi hydropis parentes metui.

LVII.

De morb. mul. Ἢν ὕδερος ἐν τῇσι μήτρῃσιν ἐγγένηθ, τὰ ἐπιμήνια ἐλάσσω καὶ κακίῳ ζινῆται

ὁπόῖα ἐξαπίνης ἐκλείπῃ, καὶ ἡ γαστὴρ
ἑπαποδίσι, καὶ οἱ μαζοὶ ξηροὶ γίνονϑ,
καὶ τ' ἄλλα πονήρως ἔχῃ, καὶ δοκέει ἐν
γαστρὶ ἔχειν.

Si hydrops in utero oboriatur, menses pauciores & deteriores fluunt, dein derepentè deficiunt, venter intumescit, mammæ siccæ evadunt, & in reliquis mulier malè habet, sibíque utero gestare videtur.

Cùm oriatur hic affectus utplurimùm ex obstructione vasorum per quæ ad uterum menstrua deferuntur & inde excernuntur, non mirum si primùm parciùs fluant,& deteriora sint, ob admixtam materiam pituitosam obstructionis parentem. Hinc omnino evanescentibus venter intumescit, retentis in utero tum sanguine tum lymphâ, mammæ arescunt & lacte privantur. Lac enim non fit nisi à laudabili alimento, non autem corrupto, ut corrumpi in hoc morbo verisimile est. Præterea multò pejùs se habet mulier uteri hydrope laborans, quàm si gravida esset.

LVIII.

De Morb. mul.

Ἢν τεθνήκη τὸ παιδίον, μεταπίπτει ἐν τῇ μήτρῃ, ὑπολίσθοι ἂν ἡ γυνὴ, ὥσπερ λίθος ἢ ἄλλό τι, καὶ τὸ ἦτρον ψυχρὸν ἔχει.

Si mortuus sit fœtus delabitur in utero, quocunque se vertat mulier, tanquam lapis aut aliud quid, & pectinem frigidum habet.

Vitâ enim privatus cùm sit fœtus, matris motûs quoscunque sequitur, neque ulli resistere potest: sed in utramvis partem prolabitur, cùm se ampliùs sustinere nequeat. Pecten verò frigidus est, quia friget fœtus, extinctis calore nativo & spiritibus, & qui antea sublimis medium ventris occupabat, mortuus jam conglobatur, gelidúsque totus ad pectinem devolvitur. Signa autem hæc duo si separentur, minùs significant : potest enim de latere in latus devolvi lapidis inſtar fœtus, etſi mortuus non ſit: cujus rei indubitatum facit teſtimonium Herpalidæ ſoror, cujus hiſtoria habetur 7. Epid. Huic utero gerenti puer velut mortuus huc illuc devolvebatur, vivum tamen illum debito tempore peperit, & revera hoc ſignum ſolum non magis mortem quàm ſummam imbecillitatem denotat, quod cognoſcens Hippocrates aliud inſuper pro rei certitudine addidit, videlicet pectinis frigiditatem.

LIX.

Ὅσα τὰ λόχια μὴ προκαθαίρῃ, ῥᾷον ἀπαλλάτ]εσιν ἐν τῷ τόκῳ.

De Fœti exſect.

Quibus lochia non repurgantur ante partum, ex faciliori partu defunguntur.

Lochiales purgationes ante partum minantur ſæpè abortum: præſertim ſi illas dolor aliquis notatu dignus præceſſerit. Lochialibus inſuper purgationibus vires admodum infringuntur, & cùm ad felicem partum vegetæ vires requirantur; hinc fit ut quibus lochia ante partum non repurgantur, eæ faciliori partu defungantur.

L X.

De nat. Puer.

Ἢν ἐπὶ τὴν κεφαλὴν ῥοπῇ τὸ παιδίον ῥηϊδίως τίκτει ἡ γυνή: ἢν δὲ πλάγιον, ἢ ἐπὶ πόδας χωρήσῃ, χαλεπῶς.

Puer ubi in caput fertur faciliùs parit mulier: sin verò in latus, aut in pedes, difficilè.

Faciliùs parit mulier ubi puer in caput fertur, quia sic faciliùs prodit fœtus: etenim pedibus innixus & calcitrans exitum nanciscitur, minúsque spatij pro sua exclusione requirit dum in caput, quàm dum quovis alio modo fertur; uno verbo primus pariendi modus naturalis est, cæteri omnes contra naturam, quanquam ex illis alij sint aliis difficiliores.

L X I.

De Superf.

Κύσαν γυναῖκα γνῶσις, ἢν ὀφθαλμοὶ κοιλότεροι, καὶ τὰ λευκὰ τῶν ὀφθαλ-

Sect. III. Semeiotica.

μὴ ἔχῃ τὴν φύσιν τ᾽ λευκότητος· ἀλλὰ πελιώτερα φαίνονται, καὶ ἐὰν κακόσιτος καὶ καρδιωγμὸν μεστὴ, καὶ πτυαλίζουσα ᾖ.

Gravidam mulierem cognosces, si oculi cavi videantur, & album oculorum nativam non habeat albedinem, sed lividum sit: necnon si cibum aversetur, oris ventriculi morsu torqueatur, & saliva abundet.

Recensita ab Hippocrate signa hæc omnia sunt æquivoca, tam enim in gravida quàm in non gravida reperiri possunt: ex his itaque solis non licet medico graviditatem asserere, sed tantùm si cum aliis multis ab ipsomet Hippocrate pluribus in locis propositis concurrant; cúmque intricatissima res sit graviditatis cognitio, caveat Medicus ne uno aut altero tantum malè fretus signo temerè nimis suam de illa proferat sententiam: debet itaque tota signorum syndrome perpendi, inter quæ recensita profectò locum habent maximum. Cavos habent gravidæ oculos quæ sunt magis exolutæ, fœtu partem purissimam absorbente, & præ pondere molestante; album oculorum lividum fit, propter sanguineæ massæ menstruorum beneficio non deæcatæ spirituum penuriam: cibum aversantur, & cardiogmo laborant, quia stomachus propter jam accusatá spirituum penuriam minùs bene digerit, & excrementis ideò scatet, à quibus malè afficitur, & quoniam primæ coctionis vitium non corrigitur in secunda, ideò fit copia superflui humoris & crudi in massa sanguinis, quo frequenti sputatione natura liberare se satagit ; sed ista sicut sola graviditatem non denotant, ita nec omnibus gravidis eveniunt.

LXII.

De morb. mul.l.2.
ῥόος λευκὸς ἐν τῇσι γεραιτέρῃσι, μᾶλλον γ᾽ ἢ ἐν τῇσι νεωτέρῃσι ; πυῤῥὸς ἐν ἀμφοτέρῃσι, ἐρυθρὸς ἐν νεωτέρῃσι.

Fluor albus senioribus magis
quàm

quàm junioribus contingit; fulvus utrisque; ruber junioribus.

Fluor albus crudæ & phlegmaticæ cacochymiæ, fuluus biliosæ, & ruber plethoræ soboles sunt : ideò fluor albus senioribus, quia magis pituitosæ quàm juniores: flavus utrisque, quia tam in junioribus quàm in senioribus bilis non desideratur; ruber denique junioribus, utpote plæthoricis, magis eveniunt.

LXIII.

Τὸ ὖρον ἄριστόν ἐστιν, ὅταν ἦν λευ- Progn. κή τε ἡ ὑπόστασις, κỳ λείη, κỳ ὁμαλὴ διὰ πάντα τ̄ χρόνον, ἐς τ᾽ ἂν κριθῇ ἡ νῦσος.

Urina optima est in qua per omne tempus, quoad morbus judicatus fuerit, sedimentum album, læve & æquale est.

Hæc enim à sanorum urinâ vix differt, denotátque fieri intra venosum genus probas & legitimas filtrationes, præcipitationésque : ac proinde integra viscera esse, fermenta à natura edomari, & salia dulcorari: secus enim fierent sedimenta rubra, nigrave, crassa atque inæqualia, quorum phænomenôn rationes vide apud Vvillisium, aliósque Authores qui de urinis scripserunt.

LXIV.

Ibid. Νεφέλαι ἐμφερόμεναι τοῖσιν οὔροισι λευκαὶ μὲν ἀγαθαί, μέλαιναι δὲ φλαῦραι.

Nubeculæ quæ per urinas feruntur, albæ quidem bonæ, nigræ verò malæ.

Albæ nubeculæ in urinis natantes,, ad sanorum nubeculas maximè accedunt, unde curationis spes affulget. E contra nigræ retortidam aliquam & à natura alienam materiam indicant, vitriolico aliquo sale imprægnatam. Vitriolum enim permixtum cum aliquâ materiâ alcali donatâ, qualis est urina, eam nigram efficit.

LXV.

De Crisib. Ὑποστροφὰς λαμβάνουσ<g/> οἷς ἂν ἀπυρέ-

Sectio III. Semeiotica.

τοῖσι γινομένοισιν ἀγρυπνίαι ἐπιγίνονται, ἢ ὕπνοι ταραχώδεες, ἢ ἀφρωσύνη τοῦ σώματος, ἢ ἀλγήματα πρὸς ἕκαστα τῶν μελέων, ᾧ ὅσοις οἱ πυρετοὶ παύσονται, μήτε σημείων γινομένων λυπηρίων, μήτε ἐν ἡμέρῃσι κρισίμῃσι.

Recidivas patiuntur quibus post febres, vehementes vigiliæ aut turbulenti somni adsunt, aut corporis robur solvitur, aut singulorum membrorum dolores adsunt, & quibus febres non accedentibus solutionis signis, neque diebus criticis quiescunt.

Quæ relinquuntur in morbis recidivas facere solent, inquit alibi Hippocrates : at hæc enumerata symptomata post febres adhuc micantia, non obscurè testantur relictam adhuc esse materiæ morbificæ partem, quæ quidem febri excitandæ impar sit, sed quæ tamen œconomiæ naturalis leges interturbare valeat : unde metus est ne hæc materia multiplicata, aut corruptionis gradum intensiorem acquirens, denuò flammam concipiat, pristinámque febrem reducat. Quod & metuendum, si verâ & legitimâ evacuatione, quam crisin vocant, sine ratione, febris non fuerit soluta.

LXVI.

De morb. lib.4.

Ἀπεπαλλει ἡ ἄνθρωπος ἔχων τ ἕλμινθα τω πλαθέων, ῥκῶον εικὼς σπέρμα, ἄλλοτε καὶ ἄλλοτε συν τῇ κόπρῳ.

Qui latum lumbricum habet, is veluti cucumeris semen subinde cum fæcibus egerit.

Alia præterea signa enumerat superiori magis æquivoca, hæc nempe: *Ubi quis jejunus fuerit, subinde ad hepar fertur & dolorem excitat: nonnullis quoque tunc vocis defectionem accersit, & ex ore multa sputa exeunt, & tormina in ventre excitantur.* His adde & famem sæpe assidentem, ob alimentum ab illo ingenti verme aut devoratum aut corruptum.

LXVII.

Οἱ αἱμορροΐδας ἔχοντες ὔτε πλευρίτι- | De hu-
δι, ὔτε περιπλευμονίῃ, ὔτε φαγεδαίνῃ, | mor. it́e.
ὔτε δοθιῆσιν, ὔτε θερμίνθοισι ἁλίσκον)͵ | Epid. 6.
ἴσως ϗ̓ ἐδὲ λέπρῃσιν, ἢ ἀλφοῖσιν.

Qui hæmorrhoidibus laborant, ij neque pleuritide, neque peripneumoniâ, neque ulcere exedente, neque furunculis, neque tuberculis à ciceris similitudine Therminthi dictis, ac fortè ne leprâ quidem aut vitiliginibus capiuntur.

Vitiosis enim succis per hæmorrhoides vacuatis à talibus morbis liberantur. Gal. in hunc loc. Inde colligere in praxi licet quàm utilis foret sanguisugarum ad venas hæmorrhoidales applicatio, variis in morbis, aut ipsismet, aut similibus qui hîc citati veniunt, quæ à plerisque practicis aut negligitur aut parvi habetur.

LXVIII.

De morb. inter.

Οἷσι σπλῆνες μεγάλοι, ἢ χροιὴ τρέπεται, καὶ ὁρᾶται μέλας ἢ ἔπυχρος καὶ φοινικώδης, καὶ τὰ οὖλα κακὸν ὄζει, καὶ τὰ ἀπὸ τῶν ὀδόντων ἀφίσταται, ἢ ἐν τοῖς κνημίαν ἕλκεα ἐκρήγνυται, ὁκοῖαπερ ἐπινυκτίδες ἢ οὐλαὶ μέλαιναι γίνονται.

Quibus lienes magni sunt, color cutis mutatur, & niger apparet, aut rubicundus puniceusve, & gingivæ male olent, & quæ sunt circa dentes abscedunt, aut in cruribus ulcera erumpunt, qualia epinyctides, & nigræ cicatrices fiunt.

Scorbutū verisimiliter designat sub magnorum lienum nomine, etsi enim sæpissime immunis lien in Scorbuticorum cadaveribus sit observatus; nihilominus quia aliquando hujus morbi symptoma, cum lienis obstructione & tumore conjuncta viderat, id genus nominis huic imposuit affectui, quem etiam lib. de intern.

Sectio III. Semeiotica.

affect. convolvulum sanguineum vocat, eúmque illic ita describit. *Ex ore malus odor expirat, à dentibus gingivæ abscedunt, & ex naribus sanguis effluit: interdum verò ex cruribus ulcera erumpunt, color niger est, cutisque tenuis. Morbus hic multâ curatione indiget, alioquin ad mortem usque comitatur.* Itaque veteres ad primum symptoma ab Hippocr. designatum, oris pravum odorem, ἐν τῷ στόματος κακὸν ὄζειν attendentes, morbum hunc *stomacacen* voce Græcâ vocarunt, sicut & à genuum tumore *Sceletyrben.* Sic enim Plinius l.25. cap. 3. *In Germania trans Rhenum castris à Germanico Cæsare promotis maritimo tractu fons erat aquæ dulcis solus, quâ potâ intra biennium dentes deciderant, compagésque in genibus solverantur. Stomacacem Medici vocabant & sceletyrben ea mala. Reperta auxilio est herba, quæ Britannica vocatur, non nervis modò & oris malis salutaris, sed contra anginas quoque & serpentes. Folia habet oblonga, nigra, radicem nigram.* Hæc herba hucúsque. Botanicis noſtris obſcura, mox pro Betonica, vel Veronica, mox pro Cochlearia aut Limonio ſumpta, tandem nuperrimè à Muntingo Groningenſi Profeſſore detecta, & libro peculiari illuſtrata, præſtantiſſimum ab eo probata eſt adversùs Scorbutum præſidium. At fallitur Plinius, qui huncce morbum ex peculiaris fontis potu ortum putat, cùm ſit maris Balthici accolis familiaris & Endemius: nec aliis populis ignotus. Strabo enim libro decimoſexto *ſceleſyrbes* meminit morbi apud Arabes ἐπιχώριυ. Imò & præcipuè in noſocomiis noſtris Pariſienſi & Lugdunenſi non infrequens, ut ante me notavit celebris hujuſce Collegij Practicus D. Andreas Falconet Conſiliarius & Medicus Regius, Urbíſque hujus Exconſul meritiſſimus, qui de Scorbuto tractatum in lucem edidit. Galenus lib. de ſimpl. facultatibus hanc herbam quam *Britanicam* vocat, inter *Stomatica*, hoc eſt, oris affectibus medicamenta deſtinata, efficaciſſimam eſſe ait, & libro definitionum Medicarum ad *Sceletyrben*. Itaque Scorbutum sub aliis nominibus antiquis cognitum fuisse, nemo est qui dubitare debeat.

LXIX.

Οἷον ὁ σπλὴν ὅτι καταρροπος, πόδες καὶ γούνατα, καὶ χεῖρες θερμά : ῥὶς καὶ ὦτα ἀεὶ ψυχρά. *Epid. 6.*

Quibus lien deorsum pendet, pedes, genua & manus calent: nares & aures semper frigent.

Perobscurum mihi videtur hoc oraculum. Davus sum non Oedipus. Attamen quia ortum habere videtur, ut omnes ferè alij Epidemiôn aphorismi, ex frequenti observatione divini senis, eruditis hîc proponendum censui.

LXX.

Μέλανα νοῦσος. Μέλανων ἐμέτων ὅτι ἐρυγὰ, ὅτε μὲν αἱματώδες, ὅτε δ᾽ ὅτι οἶνον δεύτερον, ὅτε δ᾽ ὅτι πολύπα θόλου, ὅτε δ᾽ δριμὺ ὄξος, ὅτε δ᾽ σιαλῶν καὶ λα- *De morb. l. 2.*

πίω, ὅτε ἢ χολὴν χλωρὴν : καὶ τὰ πλευρὰ ἔχει ὀδύνην, κỳ πυρετὸς βληχρὰς, κỳ τὴν κεφαλὴν ἀλγέει, & τὰ σκέλεα βαρέα, κỳ ἡ χροιὴ μέλαινα.

Morbus niger. Atram bilem vomit veluti fæcem, mox velut sanguinem, mox veluti vinum secundarium, mox velut polypi atramentum, nonnunquam acidum ut acetum, interdum salivam aut pituitam tenuem, interdum bilem subviridem : latera dolor occupat, febrísque levis adest, dolórque capitis, crura gravantur, & color nigricat.

Μέλανα νοῦσος niger morbus sive *melancholia morbus*: μέλανα enim aliquando sumitur ab Hippocrate & Galeno pro *melancholia* sive atrabile, sicuti hîc μέλαναν ἐμέει, quanquam aliqui legant μέλανα in plurali *nigra*: ita idem nomen & morbo & humori dare potuit, ut nunc in usu est. Quicquid sit, symptoma-

Sect. III. Semeiotica. 167

ta hîc ènumerat melancholiæ hypochondriacæ in summo gradu existentis & ferè incurabilis, ut ab Hippocrate ibidem observatur. Quòd si simul delirij species, metus tristitiáque sine causa adsint, φροῦτις ipsi dicitur, aphorismo infrà sect. 5.

LXXI.

Ἢν αὐαίνη) μυελὸς ὁ κ̄τ̄ τὴν ῥάχιν ὀδ́ύνη ἐμπίπτει ἐς τὴν κεφαλὴν κ̀ ἐς τ̀ τράχηλον, κ̀ ἐς τ̀ ὀσφὺν, κ̀ ἐς τὰς μύας τ̀ ὀσφύος, καὶ ἐς τὰ ἄρθρα τ̀ σκελέων, ὥςε ἐνίοτε ὐ δύναται ξυγκάμπlειν, ἡ ἡ κόπρος ἵσαlαι, ἡ δυσυρίη).

De Intern. affect.

Ubi resiccatur medulla spinalis, dolor caput invadit, cervicem, lumbos, musculósque lumbares & crurum articulos, ita ut flectere nequeat, alvus sistitur, & urina non nisi ægrè redditur.

Rachitidem obumbrare videtur, quam Angli quibus familiaris est, veteribus incognitam fuisse putant. Eam definiunt intemperiem frigidam spinalis medullæ ac partium nervosarum, cùm spirituum torpore, partiúmque tono vitiato. Ejus autem symptomata sunt artuum, partiúmque motui inservientium enervatio, nodi circa articulos, qui flexionem & incessum multum impediunt, imò & aliquando ossium tibiæ & cubiti incurvatio, hypochondriorum tensio & obstructio, quæ alvi & vesicæ functiones sæpe perturbant, dolorésque & lassitudines procreant. Morbus etiam inter plebeculam nostram Lugdunensem, pueris non infrequens, quo affectos *noüds*, quasi diceres nodis colligatos, vocitant. Nec alius fortè morbus est quàm qui ab Hippocr. l. 2. de morb. αὐανσὴ vocatur, *resiccatorius* morbus, ita ni fallor dictus, quòd in eo αὐαίνεὸς id est, *resiccatur* medulla, ut in hoc aphor. loquitur. Illius enim morbi symptomata recensens præter vomitum, borborygmos & cardiogmos, quæ in rachitide aliquando adesse possunt, nominat capitis & totius corporis dolores, alvi constipationem, crurum debilitatem & partium marcorem,

marcorem, quæ reficcationis medullæ rachitidifque funt comites.

LXXII.

Ἐρυσίπελας ἔξωθεν μ̃ ἐπιγίνεθαι, χρή- Coac.
σιμον: εἴσω ϑ̓ τρέπιϑς, ϑανάσιμον· τρί-
πι ϑ̓ ὅταν ἀφανιζομϑύς τ̃ ἐρυθήματ@
βαρωύη το ς̃ω̃θ@ , χ̀ δύσπνοιότερ@
γίνεται.

Eryſipelas foris quidem extare, utile; intrò vergere, lethale. Recurrere autem intrò ſignum eſt, cùm rubore evaneſcente pectus gravatur,& ægriùs ſpirat.

Prior quidem hujus ſententiæ pars reperitur in antiq. Aphoriſm. 25. ſect. 6. ad quam Galenus notat, *non ſolum Eryſipelas, ſed & alium quemcunque affectum ex partibus externis ad internas & principes remigrare, malum.* Poſterior verò pars videtur deſignare duntaxat faciei aut partis vicinæ pectori eryſipelas : cùm aliud in partibus extremis, cruribus aut

P

manibus, refluxum in pectus vix faciat.

LXXIII.

Coac. Φάρυγξ ἑλκωμένη ἐν πυρετῷ μετ᾽ ἄλλων σημείων τῶν δυσκόλων, κινδυνῶδες.

Fauces exulceratæ in febre, si aliud ex gravioribus signis adfuerit, periculosum.

Denotat quippe summam materiæ morbificæ acredinem & cacoëthiam, præsertim si aliqua alia mali ominis signa simul adfuerint: sunt enim quidam ægri, quibus frequentiùs quàm aliis fauces exulcerantur, à leviori quacunque febre, fortè ob partium quâ donantur rariorem & delicatiorem texturam. In iis autem nihil sinistri portendit.

LXXIV.

Οἱ γαργαρεῶνες ἐπικίνδυνοι ἀποτάμνεσθαι ἢν ἐρυθροί τε ὦσι καὶ μεγάλοι.

Progn. Columellam quoad rubor & tumor occupat, resecari periculosum.

Quamdiu aderunt rubor & flamma, columella fecari non debet ne nimia fanguinis profufio, inflammatio, & gangræna fubfequantur. Tutius eft ipfam decoctis, pulveribus aut faccis adftringere, refrigerare, blandéque exficcare. Diffipato autem rubore aut igne, manentéque uvulâ voraturo femper obftaturâ, licebit eam urere, exfcindere, vel fcalpello concidere, probè priùs depleto corpore.

LXXV.

Ἐν πυρετῷ καυσώδει ἄχων προσηγορευμένων μῦ ἀμβλυωσμῦ, κ̀ κ̀ τὰς ῥίνας προσελθόντος βάρες, ἐξίςαν) μελαγχολικῶς. *Prorrh.*

In febre ardente, fi tinnitus aurium cum vifus hebetudine fiant, & ad nares accedat gravitatis fenfus, delirium portenditur.

Hæc enim omnia indicant humorum in cerebro agitationem non mediocrem, quâ fenfuum organa internturbat, ex qua expectanda est spirituum inordinata agitatio, quæ delirium creat.

LXXVI.

Epid. Τῶν πυρετῶν ἀσφαλέςατ⊙ πάντων, κ̀ ῥήϊς⊙, κ̀ μακρότατ⊙ ὁ τεταρταῖ⊙, ἀλλὰ κ̀ νοσημάτων μεγάλων. ἄλλων ῥύη).

Febrium omnium tutissima, placidissima & longissima est quartana, quæ & ab aliis magnis morbis liberat.

Notat tamen Galenus quartanâ ex liene laborantes sæpè in hydropem incidere ac interire. Per se tamen periculo vacat præsertim in juvene robusto, & à magnis morbis liberat, quo nomine comitiales præsertim affectus intelligere videtur, qui ab antiquis morbi magni, sacri & Herculei vocitantur.

LXXVII.

Progn. Ἐν πυρετοῖσιν ὀξέσιν, ἢ περιπλευμονίῃσιν, ἢ φρενίτισιν, ἢ κεφαλαλγίῃσιν θηρύειν διὰ κενῆς, καὶ ὑπομαρφολογᾶν, κ̀

Sect. III. Semeiotica. 173
προοιδὰς ὑπὸ τ̃ ἰμαίίων ἀποτίλλειν, κακὸν
ἐξ θανατῶδις.

In febribus acutis, peripneumoniis, phrenitidibus aut cephalalgiis, aliquid fruſtrà venari, & feſtucas aut floccos evellere, malum & lethale.

Quia non tantùm verum delirium indicat quod semper malum, sed etiam veluti motum convulsivum digitorum, qui agitantur quasi feſtucas aut floccos evellerent. At omnis paſſio nervoſi generis mala, cùm cerebri partis principis affectum ferè sequatur.

LXXVIII.

Οἱ πυρετοὶ ἐν οἶσιν ἐφελκῦ) χείλια, Epid. 6.
ἴσως διαλιπόντες.

Cùm labra exulcerantur, tunc ferè deſinunt febres.

Signum enim eſt acre febris fermentum naturæ robore foras protruſum eſſe, quod in labiis mollibus ac spongiosis ulcuscula pustulásque inussit; atque istud non raro accidit in febribus tertianis & duplicibus tertianis.

LXXIX.

Epid. Ἐν τῇ ἡμιτριταίῳ ξυμπίπτει καὶ ὄξια νοσήματα γίνεσθαι, κὶ ὅτι τ͂ λοιπῶν ὑτ͂ Θανασίδιςαλ͂ : ἀτὰρ κὶ φθινώδεες, κὶ ὅσα ἄλλα μακρότερα νοσήματα νοσέυσιν, ἐπὶ τέτῳ μάλιςα νοσέυσι.

In febre hemitritæa tum morbi acuti accidunt, tum præter cæteras febres ista præcipuè lethalis est. Quinetiam tabes & quicunque alij morbi chronici affligunt, in hac potissimùm detinent.

Febris hæc ex Galeno complicata est ex febre quotidiana continua & tertiana intermittente, unâ die binas habens exacerbationes, alterâ unicam: quæ quidem rara est, sed admodum periculosa, utpote quæ ægrum admodum debilitet, & symptomatum magnitudine aut jugulet citò, aut mutetur in hecticam, aliósve tum acutos tum chronicos affectus.

LXXX.

Περὶ ποδαγριώντων τάδε: ὅτι μὲν γη- Prorrh. ροντες, ἢ περὶ τοῖσιν ἄρθροισιν ἐπιπωρώ- 2. ματα ἔχουσιν, ἢ τρόπον ταλαίπωρον ζῶσι, κοιλίας ξηρὰς ἔχοντες, οὗτοι μὲν πάντες ἀδύνατοι ὑγιέες γίνεσθαι ἀνθρωπίνῃ τέχνῃ.

De podagricis ita sentiendum. Qui senes sunt, aut in articulis tophos habent, aut miserè viventes cum sicca alvo, ij sanè omnes humanâ arte sanari nequeunt.

Podagra procedit à prava totius massæ sanguineæ diathesi, cujus serosa portio quando à natura vegeta ad artus partes corporis debiliores exploditur, tunc sæviunt dolores arthritici. At illa diathesis supponit δυσκρασίαν vel ἀτονίαν partium principum, quæ publicis vacant officiis, neque priùs potest tolli podagra, quàm dictæ partes factæ fuerint alteratione felici, muneris sui magis compotes. Id quidem in juvenibus quos alvus liquida liberat à superfluitatibus, sperari potest; at in senibus in quibus languida nil boni molitur natura, aut in quibus crassior humorum portio impacta articulis & discuti nescia, tophos fecit, si alvus sicca & segnis nil de causa morbi subtrahat, nulla profectò curationis spes affulget.

LXXXI.

Ibid. Τῶν περὶ ἄρθρα ἐπιμινδυνότατοι οἱ μεγάλοι δάκτυλοι, καὶ μᾶλλον οἱ τῶν ποδῶν.

Quæ circa articulos eveniunt, periculosissimi sunt pollicum affectus, & præcipuè pedum.

Quia hæ partes nervis, membranis, & ligamentis abundant, carne destitutæ, ferè exangues, idcircò vulnera harum partium sævi dolores, horrendæ convulsiones, & lypothymiæ subitæ comitantur; hæc ita se habere notum faciunt tum res ipsa, tum exempla Critonis & Harpali in Epidemiis exarata. Crito ex pollicis dolore insanus evasit, & postridie mortuus est. Harpalus ex pollicis luxatione opisthotono periit.

LXXXII.

Τοῖσιν ἀσάρκοισι μᾶλλον ἐκπίπίει τὰ ἄρθρα, ὡς θᾶσσον ἐμπίπίειν, ἢ τοῖς εὖ σεσαρκωμένοισι, καὶ ἧσσον ἐπιφλεγμαίνεσι τοῖσιν ὑγροῖσι καὶ τοῖσιν ἀσάρκοισιν, ἢ τοῖσι σκελιφροῖσι ᾗ σεσαρκωμένοις. *De Articc.*

Gracilibus magis luxantur articuli, ut & citiùs reponuntur, quàm bene carnosis; minúsque inflammatione tentantur humidis & gracilibus, quàm siccis & carnosis.

Caro & pinguedo ossibus adjacentes vicem gerunt propugnaculi, quibus ossa intra suas cavitates recondita possint se à luxatione tueri. Non mirum itaque si luxationes bene carnosis minùs frequenter accidant, secus verò gracilibus, cùm his nihil obstet, quin à causa externa violenta de sua sede dejiciantur. Ubi tamen gracilibus luxata sunt ossa faciliùs quàm aliis reponuntur, tum ratione arthremboli ossa faciliùs contrectantis, tum quia nulla obest pinguedo, sicut in carnosis, quæ acetabula impleat & ossi se opponat. Neque etiam in gracilibus luxatio inflammationem accersit, æquè ac in carnosis, quia in illis leviorem agnoscit luxatio causam; at in εὐσάρκοις cùm multi sint obices, vehementem causam fuisse necesse est, quæ luxationem intulit, ideóque non potuere ossa foras trudi, absque insigni vicinarum partium attritione, cui deinde nil mirum si succedat inflammatio.

LXXXIII.

De Articic.
Οἷσιν ἐκπεσὼν ὁ μηρὸς μὴ ἐμπέσῃ, ἀλλὰ καταφορηθῇ, ἡ ὁδοιπορίη περισπᾶται τ̄ σκέλεος, ὥσπερ τοῖς βυσὶ τ̄, καὶ ὄχλησις πλείστη ἐπὶ τ̄ ὑγιέος σκέλεος, καὶ ἀναβάζοι κ̄ τ̄ κενεῶνα ἢ κ̄ τὸ ἄρθρον τὸ ἐκπεπτωκὸς κυλλοῖ ε̄ῑ.

Sect. III. Semeiotica.

Quibus femoris articulus luxatus fuerit, nec tentatus reponi potuit, ij crus circumvolvendo velut boves incedunt, plurimámque molestiam sano crure sustinent, coguntúrque ad ilia & prolapsum articulum incurvi esse.

Quatuor præcipuè modis luxari potest femur, in anteriorē, posteriorē, interiorem & exteriorem partem. Pertinet autem hic aphorismus ad eam luxationis speciem quæ fit ad partem internā. Nam quibus hoc modo prolapsus est articulus neque repositus, dum incedunt, crus in exteriorem partem circumagunt. Cùm enim luxatum crus longius reddatur & ob imbecillitatem flectere promptè os nequeant, & ob dolorem recusent, superest ut in orbem boum more circumagant. Cùm verò huic cruri parùm inniti queant, sanum crus totam corporis molem ac ideò maximam molestiam sustinet. Quia autem nulli firmæ parti possit inniti os femoris luxati, ficut innitebatur dum in fuo locatum erat acetabulo, fed huc & illuc oberret, necesse est ut ægri ad ilia & prolapsum articulum incurventur.

LXXXIV.

Prorrh. 1. Τὰ τρώματα θανατωδέστερα μὲν τὰ ἐς τὰς φλέβας τὰς παχείας τὰς ἐν τῷ τραχήλῳ καὶ τοῖς βουβῶσιν· ἔπειτα ἐς τ̀ ἐγκέφαλον καὶ ἐς τὸ ἧπαρ, ἔπειτα ἐς ἔντερον καὶ ἐς κύστιν.

Vulnera majori ex parte lethalia funt quæ magnas venas in collo & inguinibus, deinde quæ cerebrum aut hepar attingunt, deinceps quæ in intestina & vesicam penetrant.

Omnium vulnerum ea maximè funt lethalia quæ maximas venas lædunt, etenim per hæc vulnera, ut ut generofis præftò occurratur præfidiis, brevi fanguis vitæ thefaurus tantâ effluit copiâ, ut exhauftis fpiritibus, & viribus diffipatis homq homo concidat exanimis. Cerebri etiam & Hepatis vulnera maximè lethalia sunt. Sunt etenim cerebrum & Hepar partes principes, neque ipsarum officiis diù carere potest corpus reliquum. Profunda itaque harum partium vulnera quæ ipsarum functiones non retardent modò, sed auferant, lethalia esse necesse est, sicut & intestinorum vesicæque vulnera: intestina enim & vesica licèt partes principes non sint, principibus famulantur, súntque ipsis multis nominibus affines, ut generis societate, communione vasorum. Destinatæ sunt præterea usibus quibus animal carere non potest.

LXXXV.

Πλέονες ἐκφυγγάνουσιν τ̄ θάνατον τ̄ De vuln.
ὄπισθεν τιτρωσκομένων τ̄ κεφαλῆς, ἢ τ̄
ἔμπροσθεν.

Plures servantur ex iis qui parte capitis posteriore, quàm qui anteriore, vulnerati sunt.

Dura magis est pars capitis posti-

ca quàm anterior, os enim occipitale
durum ac solidum est, tenuiora magis ossa frontis & bregmatum, ideóque inflicta parti anticæ capitis vulnera faciliùs penetrant quàm quæ posteriori imprimuntur. Præterea è vulneribus quæ superatis omnibus capitis involucris sive osseis sive membraneis cerebrum confodiunt, lethalia magis sunt vulnera partis anterioris quàm posterioris: illam enim partem cerebrum, hanc cerebellum occupat;at verò in cerebello plùs corticalis substantiæ (quæ generationi spiritus animalis dicata est) reperitur, minùs medullaris (quæ spiritus geniti conservationi & circulationi destinatur) Secus se res habet in cerebro ubi plùs medullaris, minùs corticalis reperitur substantiæ, unde si inflicta sunt anteriori cerebri parti vulnera, major subsequitur spirituum dissipatio, non quòd ibi sint ventriculi cerebri, satis leviter olim pro spiritus animalis officinis reputati, sed quia in majori medullaris substantiæ cerebri quantitate major hospitatur spirituum animaliũ copia majórque

ideò diſſipatur per hujuſce partis vulnera. Contrà verò in parte cerebri poſteriore cerebello ſcilicet pauci nidulantur ſpiritus. Itaque per hujuſce partis vulnera non fit horum diſſipatio. Id ſatis conſtat ex avium cerebris, quæ cùm tota ferè conſtent ſubſtantiâ corticali, quotidie ludentes pueri acu transfigunt nec tamen moritur animal. Hæc meliùs aſſequetur quem Villiſiana de cerebri & cerebelli uſibus hypotheſis non fugiet.

LXXXVI.

Ὁκόσα καὶ ἱπποῤῥῠθῆ ὀς͂ἐα ἐκπισ͂εῖν, ταῦτα αὐτὰ εἰδ'έναι χρὴ ὅτι ἀποσ͂ήσε), καὶ ὅσα τελέως ἐψιλώθη τ͂ σαρκῶν.

De Fract.

Quæcunque oſſa reponi non potuerunt, ea neceſſariò abſcedere ſciendum eſt, nec non quæ prorſus carne nudata ſunt.

Non eſt hîc intelligendus Hippocrates de oſſibus luxatis, ſed de oſſibus fractis: luxata enim oſſa etſi ſuas in ſedes non reponantur, non idcirco abſcedere notum facit experientia, cùm multi à multis annis absque ossis corruptela luxationes patiantur immedicabiles. Sed de fracto osse est audiendus. Et quoniam omne quod frangitur os necessariò in ea quæ frangitur parte periostio nudatur, nisi fracti ossis extremitates coëant, profectò abscedit os, præsertim verò magis si pars ossis fracti superatis carnibus foris se det in conspectû & modô aëri exponatur.

LXXXVII.

De Alimenr.

Ῥινὶ δὶς πέντε, γνάθῳ, κỳ κλκιδὶ, κỳ πλευρῇσι διπλάσιαι, πήχει τριπλάσιαι, κνήμῃ καὶ βραχίονι τετραπλάσιαι, μηρῷ πενταπλάσιαι.

Naso decem dies necessarij *ad fracturæ consolidationem*, maxillæ, claviculæ & costis viginti, cubito triginta, tibiæ & & brachio quadraginta, femori quinquaginta.

In universum teneriora & molliora ossa citiùs coalescunt fracta, quàm duriora : abundant enim magis humore ad calli generationem necessa-rio : quapropter naso tantùm de-

Sect. III. Semeiotica.

eem, cæteris ossibus recensiti dies debentur ad consolidationem, saltem ut plurimùm ; nam multæ faciunt causæ ut hæc varientur ; anni siquidem tempestas, regio, natura, ætas ægri, victus ratio, deligandi modus sæpè in causa sunt, ut citiùs vel seriùs fracturæ corroborentur, callóque obducantur.

LXXXVIII.

Τὰ χαυνότατα τάχιστα φύῃ ; τὰ δ Mochl;. ἐναντία, ἐναντίως.

Quæ laxa sunt admodum, citissimè coalescunt : contrà verò quæ contrario se habent modo.

De ossibus præcipuè intelligendus venit hic Aphorismus, quæ quo molliora sunt & laxiora eo citiùs coalescunt : ad callum enim obducendum multa requiritur humiditas, quæ in siccioribus & solidioribus ossibus nonnihil desideratur. Non minùs tamen verus est si de vulneribus partium carnosarum intelligatur.

Quis enim ignorat, callo obducta ulcera, non posse, nisi callo prius consumpto, ad cicatricem perduci? aut oris & linguæ vulnera citiùs coalescere quàm aliarum partium musculosarum, & carnis musculosæ citiùs quàm partis membranosæ aut cartilagineæ.

LXXXIX.

Ibid. Τῶν χωρίων μασχάλαι δυσιππότεραι, καὶ κενεῶνες, ϗ μηροί: ὑποςάσιες γδ ἐν αὐτοῖσι γίνον(ται) ϗ ὑποςροφαί.

Ex partibus difficiliùs sanantur alæ ac laterum cavitates & femora : in his namque humores colliguntur & recidivæ fiunt.

Hic Aphorismus conjunctam rationem habet, ubicunque enim humores colliguntur, ibi difficiliùs curatio succedit, & recidivæ fiunt. Tales sunt alæ quæ sunt corporis emunctoria, laterum cavitates quæ affluentem humorem recipiunt, & femora quæ declivia sunt, & parùm compacta.

XC.

Μῦες ϛεριώτεροι δυσέκληκτοι ἢ ἄλλων, πάριξ ὀςἐῶ κỳ νεύρυ.

Musculi solidiores ægrius reliquis partibus colliquescunt, excepto osse & nervo. De Alim.

Ne quidem in arte tyronibus veritas hæc non patet, quo etenim alicujus corporis strictior est compages, solidior substantia, altiórque densitas, eo etiam ipsius fit solutio difficilior. Experiuntur id quotidie Pharmacopœi, nec non & Chymici, quorum menstrua citius hæc quàm ista dissolvunt corpora, quique nonnunquam igne nunc intensiori nunc benigniori opus habent, ut suas rite operationes exequantur, ut scilicet eorum menstruum ignis beneficio attenuatum & rarefactum solidiores mixti dissolvendi partes incidat; penetret & solvat. Ita in corpore humano, si ignis præter naturam ardentior excitetur, ut fit in causo, aut magis aculeati humores praedominentur, tunc molliores tenerioresque partes priùs absumuntur quia facilius in motum rapiuntur, nudum verò arescunt solidiores. Ex quibus concludere licet in promptu, quòd quo magis musculi solidiores evadere dicuntur, eo & ignis vigere reor. Nomine autem nervi tendinem videtur intelligere Hippocrates, ut saepè alibi: is enim solidioris naturae secundùm ob ossa recensetur.

XCI.

Quibus ex palato os discessit, his medius nasus subsidet.

Palati os omni aevum & simplex in adultis, duplex verò in pueris est, inclusum os quod ratione figurae vomer appellatum fuit, cui lamina quaedam ossea dextram nasi partem à sinistra dividens, ob id septum nasi dicta, innititur. Haec autem pars sui anteriore ad extremum nasum usque cartilaginea est. Quando itaque os palati carie confumptum diſceſſit, neceſſariò vomer concidit, concidente vomere, dicta lamina quæ feptum naſi eſt deprimitur, hac depreſsâ neceſſe eſt etiam ſubſidere partem ejus anteriorem cartilagineam, ac conſequenter medium naſum. Cæterùm notandum eſt hîc Hippocratem dixiſſe quibus os ex palato diſceſſit, non verò quibus os palati, quod non fine ratione neque fine ſale poſitum videtur. Etenim ſive ipſum os palati, five ſolus vomer qui os ex palato dici poteſt, diſceſſerint, verum eſt medium naſum ſubſidere, magis tamen iis quibus os palati abſumptum eſt, quàm quibus vomer ſolus.

XCII.

ὕβρωσις ἡ κ̄ εἴσω ἐπιβάντ[ος], ὕρων σχίσι[ος], ὑπονάρκωσι[ος]. Ibid.

Vertebrarum intus luxatio lethalis, urinæ ſuppreſſionem & ſtuporem accerſens.

Omnes vertebrarum luxationes

periculosæ sunt propter distorsionem spinalis medullæ in illis contentæ, & nervorum qui ab illa procedunt divulsionem. Unde statim tracto, substantiæ communione, in consensum cerebro, horrenda ingruunt symptomata. Sed ex omnibus vertebrarum luxationibus maximè periculosæ luxationes quæ intro vergunt; compressis enim nervis stupor accidit, & quoniam qui ab intercostalibus ramis ad vesicam pertinent nervi etiam comprimuntur, vesicæ stupor infertur, & à vesicæ stupore urinæ suppressio. Facta enim sensus expers vesica urinæ spernit aculeos & ad illius excretionem nullatenus invitatur. Hinc refluente ad universas corporis partes sero calor nativus elanguescit, pulmones obruuntur, caput oppletur, & universa ferè animalis œconomia concidit. At hæc omnia eveniunt præcipuè luxatis lumborum vertebris, unde vesicæ stupor & urinæ suppressio succedit.

XCIII.

Prorrh. ὁ νωθαῖος μυελὸς. ἰὼ τοσθη ἐκ πλέγματος.

ἢ ἐξ ἄλλης προφάσιος, ἢ σκελέων ἀκρατὴς ᾖς ὁ ἄνθρωπος, ὥστε μηδὲ διγγιγνόμενος ἐπαίειν κỳ τ̃ γαςρὸς κỳ τ̃ κύςιος.

Si spinalis medulla ex lapsu aut aliquâ aliâ causâ laborarit, crurum impotens fit homo, adeò ut ne sensum quidem habeat alvi & vesicæ.

Si partibus superioribus cerebrum, cerebellum & medulla oblongata sensum motúmque largiantur, ita inferioribus spinalis medulla, unde crurum impotentia, ut & ventris & vesicæ, si mox suboriatur, hanc malè affectam esse conjicere licet: cujus infortunij frequentiores sunt, quæ sequuntur causæ, vel vertebrarum luxatio à lapsu, vel ipsarum vertebrarum exostosis, ut in rachitide laborantibus, unde violentiùs inflectitur, vel seri copia, qua opprimitur, vel spirituum necrosis aut defectus ut in valde senibus.

XCIV.

Αἱ νόμιαι θανατωδέςαται ὧν αἱ σκηπι-

Prorrh. 2.

δ'ότι βαθύταται καὶ μελάνταται καὶ ξηρόταται.

Ulcera serpentia maximè sunt lethalia, quæ putredines profundissimas habent, nigerrimas & siccissimas.

Etenim talia ulcera maximam roridæ primigeniæque humiditatis absumptionem indicant, magnámque caloris nativi labem, quo absente, veluti in macrocosmo Sole vegetabilium & totius naturæ parente, languent arescúntve affectæ microcosmi partes; unde in iis profunda & cacoëthea admodum ulcera fieri necesse est.

XCV.

De cer. Ἕλκει νεοτρώτῳ παντὶ πλὴν ἐν κοιλίῃ ξυμφέρει αἷμα ποιέειν, ἀπορροέειν πυκνά, ὅκως ἂν δοκέῃ καιρὸς ᾖ: κωλύει γὰρ μάλιστα τὰ τοιαῦτα ἕλκεα ὑγιαίνεαθ καὶ θερμαίνεαθ.

Omni recenti ulceri præterquam in aliqua cavitate sanguinem

Sect. III. Semeiotica. 193
guinem plùs minúsve effluere
expedit: impedit enim ut plurimùm ne humida fiant & in-
flammentur talia ulcera.

Jam ulceris recentis curationem
docet divinus Senex, & præfertim
monendo ut ritè à fanguine repurge-
tur, ne humidum nimis fiat, & inde
inflammationem concipiat, quæ duo
integræ ulceris curationi ex diametro funt adverfa.

XCVI.

Ἕλκος ἣν κ̀ προΐγονος τύχῃ ἔχων, ἣν Progn:
τε κ̀ ἐν τῇ νόσῳ γ̓ύῃ), ἣν μέλλῃ ἀπολ-
λύας ὁ ἄνθρωπος, πρὸ τ̃ θανάτε πε-
λιδνόν τε καὶ ξηρὸν ἔσαι, ἢ ὠχρόν τε καὶ
ξηρόν.

Ulcus five ante morbum, five in morbo natum fit, ubi
periturus eft æger, ante mortem lividum & ficcum, aut pallidum & ficcum erit.

Ut ex ungue leonem, ita ex ulce-
R

ris natura, de œconomiæ naturalis statu judicium ferre licet; lividum enim & siccum esse minimè potest ulcus, quin eodem tempore multo sale acri & lixivioso scateat sanguinis massa, à cujus prædominio vibices, anthraces & exanthemata modò nigra, modò livida fiunt, ut in peste & febribus malignis observare est. Quòd verò lividitas vel nigredo à sale acri & lixivioso ortum habeat, patet ex cauterij potentialis admotione sale lixivioso constantis. Primùm enim rubet cutis, deinde colorem lividum acquirit & tandem atrum. Lividitas ergo & siccitas ulceris, cùm sint depascentis & erodentis hujusce salis prædominantis argumentum, non mirum si divinus Senex, periturum ægrotantem monuerit. Pallidum etiam & siccum ejusdem ominis esse pronunciat, quippe quòd non obscurè indicet, jam non sufficere spiritus ad animalis fabricæ irradiationem, vel ipsosmet necrosi affectos, nec non sanguinis circulationem pigram ac torpidam esse, & consequenter mortem in procinctu. Cæterùm eandem profert sententiam in Coacis; *Ulcus lividum, aut siccum, aut pallidum factum, mortem indicat.* In praxi autem hujus rei veritatem observamus; siquidem ulcera quæ in febribus malignis veficatoriorum ope excitamus, ubi sicca & pallida fiunt, proximam mortem ferè semper nobis significant.

XCVII.

Τὰ ἕλκεα ἣν μὲν ἀνακαθαίρῃ, πύῳ λδυκῷ, ταχείω θεραπείω δηλοῖ· ἐὰν ᾗ μεταβάλλει ἐς τὰς ἰχῶρας, κακοῆθη γίνεται. De Crisib.

Ulcera si repurgando pus album rejiciant, celerem curationem denunciant : sed si ad saniosos serososve humores vertantur, maligna fiunt.

A prioris explicatione potior hujusce aphorismi desumitur ratio ; ex eo etenim pus album ab ulceribus profluit, quòd massa sanguinea salibus acribus vel acidis nimiùm non fit aculeata: quorum exuperantia faniei seríque parens est, unde ulcera circumglabra, quæ in antiq. Aphorism. recensuit, maligna appellavit. Puris autem laudabilis notas tradit Hippocr. in Prognost. *Pus optimum est album, æquale, & læve & quam minimum graveolens, huic autem contrarium pessimum.* Exempla profert aphorism. antiq. 44. & 45. sect. septimæ. Et experientia hanc veritatem confirmat. *Album* quidem pus si excernatur partis in qua confectum est integritatem & temperaturam indicat laudabilem. *Æquale* naturæ bene agentis & à variis humoribus non perturbatæ signum est, sive æqualitatem in substantia, sive in colore intelligas. *Læve* materiæ benignitatem, perfectum ipsius pepasmum, calorísque nativi prædominium testatur. *Quam minimum graveolens* insolitæ corruptionis absentiam notat, quippe quòd puris fœtor, corruptionis partis, ejusdémque necroseos indubitata sit proles.

XCVIII.

Πῦον ἢν ἐπιγένηται ἐπὶ τὸ ἄρθρον, σκληρότερον ἀνάγκη γίνεσθαι· ἢν δὲ καὶ οἰδήματα παραμείνῃ, σκληρὸν ἀνάγκη πολὺν χρόνον τοῦτο τὸ χωρίον γίνεσθαι. Prorrh. 2.

Pus si ad articulum accedat, duriorem eum reddi necesse est: quòd si etiam tumores simul perseverarint, necesse est eum locum in multum tempus durum esse.

Articuli cùm sint partes frigidæ & nerveæ, vix expellere & edomare possunt humores sive suppuratos, sive non suppuratos, unde iis imbibuntur tendines, & intumescunt ac indurātur articuli; ita ut eorum motus impediatur. Cæterùm noster Hippocrates in hoc libro multa proponit circa vulnerum, præsertímque nervorum articulorúmque curationem, & postquam disquisivit de teli aculeo, de obliquitate vel rectitudine vulneris, non neglectâ ipsius profunditate, tandem puris in articulo latentis notas exhibet, statim atque durus evadit. Nec mirum id videri debet, collecto enim in articulo pure, mox intumescunt membranæ, crassiores fiunt musculorum tendines & tandem ossium acetabula muco viscido implentur: hinc inquam partes nervosæ à puris diuturniori morâ exulcerationem patiuntur, quarum curationem difficilem & longam in praxi versatus nemo nescit.

XCIX.

De Insomn. Ἐν τοῖσιν ὕπνοισιν ἥλιον, ϰ) σελήνίω, ϰαὶ ὐρανὸν, ϰ) ἄςρας, ϰαθαρὰ ϰ) εὐαγέα ϰΤ τρόπον ὁρώμϕα ἕϰαςα, ἀγαθά: ὐγείlω γδ τῷ σώματι σημαίνει.

In somnis solem & lunam, & cœlum atque sydera pura & suo motu agitata videre, bonum: sanitatem enim indicat.

Mirum non est si tantam in Medicina peritiam adeptus sit Hippocrates, qui nihil quòd ad artem

Sectio III. Semeiotica. 199
spectet unquam neglexit, eousque ut sanorum & ægrorum somnia examinaverit, ex iisque præsagia tulerit. Huic autem peculiari præsagio consentiunt alij Autores Oneirocritici, inter quos hæc habet Astrampsychus, quæ fortè ab Autore nostro mutuatus est : Ἄστρα βλέπειν κάλλιστον ἀνθρώποις πέλει : id est, *Astra videre in somnis optimum hominibus portendit.*

C.

Εἰ δ κολυμβᾶν ἐν λίμνῃ, ἢ ἐν θαλάσσῃ, ἢ ἐν ποταμοῖσι δοκίει, οὐκ ἀγαθόν : ὑπερβολὴν γὰρ ὑγρασίης σημαίνει, πυρέττοντι δ ἀγαθόν.   Ibid.

Si verò in stagno aut mari aut fluminibus narare quis somniet, bonum non est, cùm humiditatis exuperantiam indicet, febricitanti verò bonum.

Astrampsychus νῆξις θαλάσσης, ἀγρίας δηλοῖ λύπας, *natatio marina sævos indicat dolores:* & paulò suprà ἰλὺν πεπλευκὼς τ νεὸς νόει βλάβην, *si in*

R iiij

limo navigaveris, mentis conjice noxam.

C I.

Ibid. Ποταμῶν διαβάσεις, καὶ ὁπλῖται καὶ πολέμιοι, ἢ τέραλα ἀλλόμορφα, νόσον σημαίνει ἢ μανίαν.

Fluviorum transitus, hostes armati, monstra difformia, morbum aut furorem præsagiunt.

Hæc enim ab agitatis humoribus, utrâque præsertim bile, quæ magnam ad morbum si in sanis accidant dispositionem indicant, & ad delirium si in ægris.

APHORISMI NOVI.

SECTIO IV.
Diatetica.

I.

Ὧν σιτίων ᾗ τ̄ ποτῶν τὰ προσφορώτατα τῷ σώματι, ὅταν τις αὐτοῖσι μὴ ἐν καιρῷ χρῆτ̄, ἢ πλέοσι τ̄ καιρῷ, αἵ τε νοῦσοι, ᾗ ἐκ νούσων οἱ θάνατοι γίνοντ̄.

De Diæt. in acut.

Ex cibis ac potibus qui corpori maximè conveniunt, cùm quis ipsis non oportunè aut justo pluribus utitur, tum morbi, tum ex morbis mortes accidunt.

Et è contra, *si quis pauca edat & pauca bibat, nullum inde morbum experietur.* Hippocr. l. 4. de morb. Hinc medicum illud elegans adagium, *modicus cibi Medicus sibi.*

II.

Ibid. Πονηρὴ ϳ ὄξιν ἡ τοιήδε δίαιτα : ὅταν τις πλέονας τροφὰς δίδωσι τῷ σώματι; ϗὴ ὅταν ποικίλας ἀνομοίας ἀλλήλησιν ἐσπίμπῃ : τὰ ͡γδ ἀνόμοια ςασιάζει, τὰ μϟ᷉ϛ θᾶωον, τὰ ϳ σχολαίτερον πίσσιται.

Prava autem hæc est diæta, cùm quis plures cibos corpori præbet; deinde cùm varios & dissimiles ingerit. Dissimilia enim seditionem excitant, & alia citius alia tardiùs concoquuntur.

A nimia ciborum copia generantur cruditates, à quibus varij oriuntur morbi, colicæ, diarrhœæ, stomachi dolores & inflationes, febres putridæ dum putrescunt & sanguini miscentur. A dissimilibus autem variique generis cibis, nimia excitatur fermentatio, & inæqualis eorum coctio, quibus corporis functiones turbari necesse est.

III.

Ἕτερα τ̃ ἑτέρων τὰ ἐσθιόμῃα ᾀ πινόμῃα φάρμακα ἐςι.

De morb. lib. 4.

Quæ eduntur aut bibuntur, alia aliorum sunt medicamenta.

Sicut cibi & potus, aut copiosi aut pravi varios inducunt morbos, ita apposité exhibiti, varios etiã errores in corpore emendare possunt, quos præcedentes pepererunt. Ita crudi, viscidi, dyspeptique cibi, attenuantium, calidorum & eupeptorum ciborum ope corrigentur. Sicque fient alimenta medicamentosa, eo medicamentis præstantiora, quòd naturæ magis amica sint.

IV.

Χρὴ ᾗ ᾀ τὰ μαθήματα ποιεῖϟ ἐν τῇ διαίτῃ τ̃ ἀνθρώπων ἔτι ὑγιαινόντων, οἷα ξυμφέρει ἐν τ̃ νοσέοισι.

De diæt. in acut.

Oportet autem addiscere ex hominum adhuc sanorum victus ratione, quænam in eorum morbis conducere possunt.

Hæc sententia Medica, est instar fulcri cui innititur Aphor. 50. sect. 2. Aphorismorum veterum. *Consueta longo tempore, etiamsi deteriora sint, insuetis minus molesta esse solent:* qui Aphorismus hujusce supra propositi quoddam est quasi corollarium. Utriusque verò fons repetendus unicè à consuetudinis dignitate ac potentia, quæ sæpissime in naturam transit, teste Cælio Aureliano, c. 2. l. 3. chronic. imò quæ & ipsâ naturâ potentior est, juxta Quintum Curtium lib. 5. cùm etiam constet, germanam naturam longæ consuetudinis auspicio, in extraneam transmutari posse, ut loquitur Guil. Puteanus l. 2. de purg. c. 11. Quo fit ut summam passim consuetudinis rationem habendam esse sanciat divinus senex.

V.

V.

Τὰ σιτία ἐς ὑγείην ἄριστα, ὀλίγιστα ἐσιόντα, αὐτάρκεά ἐστι καὶ λιμοῦ καὶ δίψης ἄκος εἶ ἡ; καὶ πλεῖστον χρόνον τὸ σῶμα αὐτὰ δέχεται, καὶ διαχωρέει κατὰ λόγον.

De Affect.

Cibi ad sanitatem optimi, qui parvâ quantitate ingesti, satis sunt ut fami & siti medelam afferant, qui diu in corpore retinentur, & moderatè per alvum secedunt.

Optimi succi cibos esse oportet, qui parcâ manu sumpti appetitui satisfaciunt; corpori amicos, illos quos diutius retinet; tandem & superfluitatibus carentes, qui copiosiùs alvum non cient. Ergo fructus crudi & olera minimè hisce recenseri debent, cùm famen non probè extinguant, citò per alvum secedant, & copiosiores fæces generent.

VI.

Τὰ ἀσθενέστερα σιτία ὀλιγοχρονίην βιοτὴν ἔχει.

Epid. 6. sect. 5.

Imbecilles cibi vitam brevem præstant.

S.

Imbecillis cibus non alius intelligi potest, quàm qui parum alimenti corpori suppeditat. Talia sunt olera & plurimi arborum fructus. Isti igitur vitam brevem præstant, id est, iis vescentes brevis vitæ reddere apti sunt. Galenus in hunc locum. Hinc colligere est, austeriorem diætam non omnibus promiscuè consulendam, cùm multi sint qui ab ipsa insigniter lædantur, quales sunt oligæmi, macilenti, viribus effœti, quibus polytropha potiùs sunt commendanda ac usurpanda ad roboris redintegrationem, aut conservationem. At inquiet aliquis, undenam ergo antediluviani homines, qui oleribus & fructibus vescebantur, tam diu vitam prorogabant? Responsum habe, non physicam hîc sed moralem inquirendam esse rationem. Vita longa necessaria erat ad celerem illam generis humani propagationem. Vel igitur, Deo sic volente, fructus & olera optimum & forte suppeditabant alimentum, vel alio quopiam modo nobis ignoto reparabatur illa alimentorum imbecillitas.

VII.

Ἡ δυσαλλοίωτος τροφὴ, δυσεξανάλω- *De*
τος: ἡ εὐπρόσθετος, εὐεξανάλωτος. *Alim.*

Alimentum quod ægrè immutatur, ægrè diffipatur : quod facilè apponitur, facilè confumitur.

Huic generali effato aliquâ ex parte concinit Aphor. 18. sect. 2. *Eorum quæ confertim & celeriter alunt, celeres etiam fiunt excretiones :* in quo explicando multus est Galenus in commentario. Quemadmodum autem cibi duriores ac densiores, quorum substantia pertinaciùs in corporibus hæret, sanis magis conveniunt, ita fluidiores concoctúque faciliores ægris & convalescentibus veniunt usurpandi. Quid si dicamus hunc ipsum novitium textum, Aphorismi illius veteris paulò antè citati meram esse epexegesin? Fortasse & illius quoque, qui undecimus numeratur sect. 2. *Facilius est potu refici quàm cibo?* quod & sequens textus expressiùs præstat.

VIII.

Ibid. Ὁκόσοι ταχείης προσθέσιος δέονῃ, ὑγρὸν ἦμα εἰς ἀνάληψιν δυνάμιος κράτιςον: ὁκόσοι δ' ἔτι ταχυτέρης δι' ὀσφρήσιος.

Qui celeri appositione indigent, iis humidum alimentum ad resumendas vires optimum, qui verò adhuc celeriori, per odoratum.

Cùm corporis humani systasis triplici substantiâ absolvatur, videlicet spirituosâ, humidâ, ac solidâ, æquum est ut uniuscujusque jactura, sibi analogis cùm præcaveatur tum resarciatur: quo fine & alimenta & medicamenta heic locum habere possunt, quæ sanè utraque, ἦμαῖος voce comprehendere voluisse Autorem libri hujusce credibile est, rationíque planè consentaneum. Quanquam enim medicamentum propriè sumptum ab alimento distinguatur, quòd illud quidem nostram naturam alteret, hoc verò à natura superetur: tamen latiori notione medicamen

Sect. IV. Diætetica.

etiam vocari poteſt quicquid humanis uſibus impenditur : quo ſenſu Divus Auguſtinus in Homiliis alicubi dicebat ; *Medicamentum famis cibus eſt , medicamentum ſitis potus , laſſitudinis ſomnus , ſeſſionis deambulatio , deambulationis ſeſſio , &c.*

IX.

Σιτίον νέοισιν ἀκροσαπὲς, γέρυσιν ἐς τέλῶ μεταβεβλημβμον, ἀκμάζυσιν ἀμετάβλητον. Ibid.

Cibus juvenibus leviter coctus , ſenibus extremè immutatus, in ætatis vigore conſtitutis minimè immutatus.

Arbitror huc reſpexiſſe Latinum Hippocr. Celſum, ad calcem cap. 18. l. 2. de re med. his verbis : *Imbecillis hominibus rebus infirmiſſimis opus eſt : mediocriter firmos media materia optimè ſuſtinet : & robuſtis apta validiſſima eſt.* Certum enim eſt pro variâ caloris nativi efficaciâ, varianda eſſe alimentorum quæ ſingulis offerenda veniunt genera : hinc senibus probè concocta, nullóque penè negotio alterabilia, quemadmodum & desidibus vitámque otiosam agentibus, morbo extenuatis, stomachíque languore laborantibus, maximè conveniunt ; Firma verò & consistentiâ crassa firmis, robustis, & exercitationibus deditis præscribenda sunt : medio modo se habentia (quæ heic per ἐυκρασία intellexit Hippocr.) reliquis, inter senum ac ætate florentium constitutionem ambigentibus.

X.

Epid.6. sect.5.

Θερμοποσίοισιν ἰσχυρὰ πολὰ ἢ βρωτὰ, ταρακτικά.

Fortes cibi aut potus eos qui sunt calido ventriculo conturbat.

Alimentorum differentiæ aliæ constituuntur, quatenus inter se mutuò collata, vel sunt boni vel mali succi, vel multùm aut parum nutrientia, vel facilis aut difficilis coctionis :

Sect. IV. Diætetica.

aliæ verò differentiæ, quatenus hæc ipsa ad varias hominum naturas, & discoloria vitæ genera referuntur: quo respectu alimenta valentia Hippocrati dicta, hoc est, quæ probè concoquuntur, subiguntur ac uniuntur, robúrque ac nutrimentum affatim conferunt, iis qui calidiore ventriculo præditi sunt, quales ut plurimùm sunt rustici, infesta sunt ac noxia: teneriora siquidem assumpta, apud ipsos corrumpuntur & inquinantur; durioribus enim opus est ipsis, quæ facilè conficiunt & coquunt, unde nullam ventris perturbationé sive per diarrhœã sive per vomitum percipiunt, sicut ex usu delicatiorum eduliorum, qualia sunt perdicum, pullorum gallinaceorum, & pipionum carnes. Ut heic missam faciam certam quorundam individuorum ad hæc illáve, cæteroquin per se laudabilia alimenta, ἀυπαθειαν, præ quâ ab ipsis minùs juvantur quàm à deterioribus, quibuscum melius ipsis convenit: quod voluit divinus senex, Aphor. vet. sect. 2. Aphor. 38. Paulò deterior & potus & cibus,

&c. quæ utique res quanti sit in Diætetica momenti, nemo non intelligit.

XI.

De diæt. L 2.

Ὁκόσα ὑγρὴν φύσιν ἔχει, καὶ ψυχρὴν καὶ μωρὴν, καὶ ὀσμὰς βαρείας, ὑποχωρέει μᾶλλον, ἢ ὑρέει.

Quæcunque humidâ & frigidâ naturâ sunt, ac insipida, odoréque gravi, per alvum magis quàm per urinas secedunt.

De oleribus silvestribus, quæ sunt è classe alimentorum medicamentoforum heic agere Hippocr. constat ex inspectione loci unde erutum fuit istud effatum: quædam ergo talium alvum potiùs lenire ac ciere videntur, quæ primò commemorantur; quædam tantùm abest ut alvum lubricent, cùm ipsam potiùs sistant ac indurent; quædam denique diuretica sunt, ac lotia provocant. Quæ in primo genere censentur, adeóque alvum leniunt, id ipsum præstant partim per accidens, utpote quòd aquosa sint, humida & potulenta, partim per se, quòd leniter detergant, stimulent, atque fæces emolliant, facultate leviter salino-sulfureâ quâ pollent, & quam odore gravi quem eructant, nobis indicant. Quæ adstringere alvum dicūtur acerba atque austera, sale austero constringente abundant. Quæ denique urinas ciere dicuntur, id præstant stimulando, præcipitando, fundendóque sanguinem, serúmque facultate quadam salinâ secernendo; quam facultatem acrimonia gustui sese exhibens, & suaveolentia nares feriens satis evincit.

XII.

Ὁκόσα ᵹ̀ ὅσσ στρυφνὰ καὶ αὐστηρὰ, Ibid. στάσιμα.

Quæ verò acerba & austera sunt, alvum sistunt.

Acerba & austera terrestribus constant partibus, quæ ideo alvi libertati obstant: quo enim crassiores & sicciores sunt fæces, eo magis sistitur alvus. Tales autem sunt immaturi fructus, mespila, granata, quæ non levem acerbitatem obtinent; talia & aluminosa omnia quæ maximè styptica sunt.

XIII.

De Affect.

Τὰ ἁλμυρὰ διαχωρεῖ ϰ̀ διουρεῖ).

Salsa alvum & urinam cient.

Salsa fundendo humores & fibras intestinorum ac vesicæ irritando alvum & urinam movent: & quidem magis alvum si in illis alcali prædominetur, magis urinam si acidum. Ita nitrum in quo acidum prædominatur maximè diureticum est, ubi verò sulfuris ope calcinatur & alcalisatur, quemadmodum sal polychrestum paramus, tunc præcipuè purgans evadit. Inde fit ut aquæ minerales quæ variis salibus ex terra in qua transeunt imprægnatæ sunt, alvū & urinam moveant: & quidem magis alvum si salia quibus turgida sunt alcalia sint & ad antiquorum nitrum accedentia, ut aquæ Borbonienses,

Sect. IV. Diætetica. 215

Vichienses, Vallenses; magis verò urinam si sal illud quo imprægnantur sit aluminosum, ut Aquenses in Sabaudia: tandem æqualiter alvum & urinam, si sale alcali & vapore quodam metallico acidulo turgeant, ut Sautalbanenses, Sancti Medulphi, similésque aliæ.

XIV.

Ὁκόσα ᾖ δριμέα καὶ εὐώδεα, ὄρεθ). *De diæt.*

Quæ acria & odorata, urinam provocant.

Talia sunt cepæ, raphani, apium, radix ireos, asparagus, terebinthina. Ex iis nonnulla manifestè acidum multum continent veluti cepæ & raphani, nec non & terebinthina ex qua elicitur spiritus acidus: alia partibus constant volatilibus & penetrantibus, quæ glutinosos humores in serum fundendo & vesicam titillando urinam provocant, ut millepedes, cantharides, quæ quidem ultimæ non solùm acres sed & corrosivæ sunt. Cæterùm diureticorum operationem tractarunt inter alios acutè satis Helmontius lib. de lithiasi, cap. 5. & Vvillis in Pharmacopœa rationali, qui consuli possunt.

XV.

De Affect.

Τὰ ὀξέα λεπτύνει, δῆξιν ἐμποιοῦντα.

Acida extenuant & morsum faciunt.

Acida omnia sunt corrosiva & ideo nutritioni inepta. Nutritur enim corpus ex pingui & dulci alimento quod facilè apponitur & agglutinatur, non ex acido quod potiùs agglutinationem, mordendo scilicet & dividendo, impedit. Inde Hippocrates dixit suprà sect. 2. Aphor. 12. Acidum omnium humorum qui in corpore insunt maximè incommodum, cùm dulcis è contrà sit accommodatissimus. Ita acetum iis qui πολυσαρκία laborant præscribi solet utiliter. Memorabile hujus rei extat exemplum apud Famianum Stradam lib. 8. de bello Belgico. Ibi enim loquens de quodam Philippi II. Hispaniarum Regis

Sect. IV. Diætetica.

Regis Præfecto, ait ipsum sub mediam ferinè ætatem adeo increvisse, ut fasciâ è collo demissâ sustinendus venter esset. Is incommodum istud minuere volens vino valedixit, & aceto usus est, effecítque ut ante mortem detumescente indies abdomine octoginta librarum pondo decrevisse compertus sit.

XVI.

Τὰ λιπαρὰ, κὴ τὰ πίονα, κὴ τὰ τυρώ-   De δεα, κỳ μελιτώδεα, ὀξυρεγμίlω ὡς μά-   morb. λιsα παρέχει, κỳ χολέρlω, κỳ sρόφον, κỳ φύσας, ἃ πλησμονlώ.

Pinguia, unguinosa, caseosa & melle condita, ructum acidum ferè cient, & choleram, & tormina, flatúmque & repletionem.

Pinguedo fit coagulatâ sulphureâ sanguinis parte ab acido aliquo. Caseus fit pariter dum ab acido lac coagulatur. Mel est quoddam veluti florum & herbarum Elixir apum industriâ extractum: & cùm plantæ salem contineant essentialem, necesse est etiam ut in ipso acidum reperiatur. Itaque in caseo, melle & pinguibus, acidum & sulphur continentur. Si quando igitur in ventriculo hæc corrumpuntur, profectò in hac corruptione, mixtum dum in partes suas compositivas resolvitur, ab acido sui juris facto ructus acidi elevantur, & à sulphureis partibus, bilis quæ tota sulphurea est, augetur facilè, unde vulgare effatum, dulcia facilè in bilem verti. Interim verò gravato ventriculo flatus elevantur, & à flatibus repletio, id est tensio ventriculi, & tormina seu in ventriculo seu in intestinis excitantur.

XVII.

Ibid. Ὅσα τ̃ σιτίων ἢ φύσαν, ἢ καῦμα, ἢ δῆξιν περιέχει, ἢ πλησμονὴν, ἢ ςρόφον, τῶ ἐπισπινόμβμ@ ἄκρι@ ἀπαλλάσσει τ̃ τοιύτων.

Cibi qui aut flatum, aut ardorem, aut morsum, aut repletionem, aut tormina excitant, ab ejusmodi liberat vinum merum superbibitum.

Vinum suo calore flatus resolvit & flatulentorum eduliorum coctionem adjuvat. Medetur pariter ubi cibi corrupti ardorem aut morsum stomacho inferunt : neque enim puto Hippocratem loqui hîc de eduliis suâ naturâ calidis & acrioribus, ut sunt piperata omnia & impensè salsa. Si enim ardor ab his inferatur, vinum omnino non erit remedium, sed toxicum potiùs, quia hunc ardorem augebit ardore suo. Sed hîc loquitur Hippocrates de cibis flatulentis, qui si fortè corrumpantur, stomacho morsum aut ardorem aut tormina inferunt ; quæ enim corrumpuntur acrimoniam acquirunt. His omnibus vinum tanquam medelam proponit, quia coctionem juvat. Quod autem de plethora addit non puto designari plethoram universalem, quæ vino non corrigitur, sed repletionem stomachi particularem à flatibus factam, quam vinum discutere valet.

XVIII.

De diæt. l. 2. Μονοσίτιη ἰσχναίνει καὶ ξηραίνει, καὶ τὴν κοιλίην ἵστησι, διότι τῷ τῆς ψυχῆς θερμῷ τὸ ὑγρὸν ἐκ τῆς κοιλίης καὶ τῆς σαρκὸς καταναλίσκε).

Semel in die sumptus cibus extenuat & siccat, alvúmque sistit, quoniam animi calore ventris & carnis humidum absumitur.

Monositia sive cibus unica vice in die sumptus corpus extenuat, quia ipsi subtrahit alimentorum partem, quâ opus haberet ut augeretur, aut saltem in eodem statu permaneret: siccat verò quia *animi*, hoc est spirituum *calore* & agitatione à cibi abstinentia procuratis, *ventris* & musculosæ *carnis humiditas absumitur*.

XIX.

De diæt. in acut. Τὴν ἀσιτίην τὴν περὶ τὸ ἔθος, οἱ φλεγματίαι τὰ ἄνω εὐφορώτερον φέρουσι τῶν ἰσχνῶν.

Non consuetam cibi abstinentiam facilius omnino ferunt, qui partibus superioribus pituitosi sunt.

Pituita, inquit Galenus, successu temporis coquitur sanguisque efficitur: unde fit ut facilius abstinentiam ferant, qui pituitosi sunt : cùm in biliosis contrarium accidat ; inediâ enim amarior fit bilis.

XX.

Νηστίη πονηρὸν πρὸς τὴν κεφαλαλγίην καὶ κραιπάλην.   Ibid.

Jejunium ad capitis dolorem & crapulam malum.

Jejunium exacuit spiritus & sanguinem calefacit, ob chylosæ materiæ defectum, quæ sanguini commixta eum refrigerat, veluti aqua rotæ affusa calorem ejus obtundit. Supponendum tamen istum capitis dolorem à sanguine nimiùm agitato oriri, non autem à stomachi cruditatibus, quo in casu remedium esset cibi abstinentia. Quod verò ad crapulam spectat, non quidem recenti malum est jejunium, imò proficuum, cùm stomachus, vino & cruditatibus oneratus magis impediri non debeat. Sed malum esse jejunium intelligo in crapula, elapso aliquo tempore, ubi scilicet ebrietatis noxa emicat, altero verbi gratiâ die. Tunc enim & dolori capitis ab ea excitato, & fervori sanguinis, & virium debilitati, nullatenus jejunium convenit, sed modicus & εὔπεπτος cibus venit exhibendus, qui & agitatum sanguinem temperet & vires reparet.

XXI.

De diæt. l. 2.

Ἄρτος συγκομιστὸς ξηραίνει κỳ διαχωρεῖ; ὁ ἢ καθαρὸς τρέφει μὲν μᾶλλον, διαχωρεῖ ἢ ἧσσον.

Panis ex farina integra siccat & alvum subducit: purus verò magis quidem nutrit, sed minùs alvum ducit.

Athenæus lib. 3. plura recenset panis genera: *Zymitem*, id est fermentatum, *Azymum*, id est non fermentatum, *Chondritem* ex zea, *Syncomiston*, & hunc quidem magis quàm purum, alvum laxare tradit. Est autem syncomistos ex farina sine furfuris secretione compositus, qualem nostrates *Pain bis*, *pain à tout* vocant. Alvum laxat ille, quia major in ipso continetur quantitas terrestrium partium quæ in fæcales facessunt materias: in alio verò minùs, unde chylus ex eo confectus ferè totus transit per vasa lactea, & vix aliquas partes relinquit in intestinis.

XXII.

Οκόσων τ̃ ζώων τὸ γάλα λεπ]ὸν, καὶ τὸ αἷμα ὅμοιον, καὶ αἱ σάρκες παραπλήσιοι. De diæt. l. 2.

Quorum animalium lac tenue est, & sanguis similiter, eorum quoque carnes consimiles existunt.

Constant animalium carnes ex fibris & sanguine coagulato dictarum fibrarum spatium replente, quod facilè constabit, si musculum quemvis in aqua calida diutius laves, absterso enim qui fibras replebat sanguine fibræ albæ solæ remanebunt; jam verò sic à natura sumus constituti ut fiat perpetuus partium corporis nostri effluxus, brevi nutritionis ope resarciendus. Si itaque sanguis ex quo carnes reficiuntur crassus sit, crassescere illas, à crasso sanguine in fibris contento necesse est. Lac verò animalium chylus est, ac proinde quando lac tenue est, chylum reliquum tenuem esse necesse est. A chylo tenui tenuis fit sanguis, à quo tenues carnes.

XXIII.

Ibid. Αὐτῶν δὲ τ ζώων ἰσχυρόπεραι αἱ σάρκες αἱ κάλλιςα πονῦσαι, καὶ ἐναιμόταται ἐν οἷσι κατακλίνεται: κηφόταται αἱ ἥκιςα πονῦσαι, καὶ ἐκ τ σκιῆς, καὶ ὅσαι ἰσώταται τ ζώου.

Animalium autem ipsorum carnes validissimæ, quæ maximè laborant, & sanguine abundant, & supra quas recumbunt : leviſſimæ quæ minimè laborant, & in umbra latent, & in intimis animalis partibus ſitæ ſunt.

Bifariam ſumi poſſunt hæ voces ἰσχυρόταϑ, & κυφόταϑ, vel quòd hæ carnes ſint validiſſimæ, & leviſſimæ in ſe, vel quòd validè, vel leviter nutriant; ſintque vel graves vel leves ſtomacho. His omnibus vera eſt Hippocratis ſententia hæc : quas enim partes natura aſſiduo motui deſtinavit, eas fibris donavit craſſioribus, & ob id validiores ſunt, ſtomacho graviores ; ſed ubi digeruntur validiùs nutriunt fiúntque alimenta polytropha ; quæ verò minùs laborant leviores ſunt, tum ratione propriæ conſtitutionis, has enim adeò validas eſſe neceſſe non erat, tum quia tantâ copiâ ad illas ſanguis non attrahitur, unde & ſtomacho leviores, & ὀλιγότροφοι exiſtunt.

XXIV.

Ἐν ἁλσὶ κρία ταριχηρὰ τρόφιμα μῷὺ De diæt. in acut.

ἧσον, διὰ τὸ ἅλας; τῷ ὑγρῷ ἀπεστερημένα: ἰσχναίνει ὃ καὶ ξηραίνει, καὶ διαχωρίει ἱκανῶς.

Carnes sale conditæ minùs quidem nutriunt, humido à sale spoliatæ : extenuant verò & siccant, abundéque alvum dejiciunt.

Docent hecticorum scorbuticorúmque exempla carnes salinis humoribus non nutriri : ipsi enim licèt famelici sint & multùm comedant, quia tamen salinam induit sanguis indolem macilenti sunt & exsucci. Gaudent partes pro sui nutritione benignâ quâdam gelatinâ omnis acrimoniæ experte, respuúntque quod salsum est & acre. Cùm verò non abeant in substantiam partium & sensibiles ipsarum fibras vellicent, alvum movent irritatis intestinorum fibris, & quoniam alvum movent, & non nutriunt, humorémque corporis ebibunt, ideò siccant & extenuant.

XXV.

Ὁκόσα τὰ ὕδατα ὅσιν ἁλυκὰ, καὶ De aëre
ἀτέραμνα, κὶ σκληρὰ, ταῦ μ̄ πάντα πί- loc. &
νειν ἐκ ἀγαθὰ : εἰσὶ δ᾽ ἔνιαι φύσιες καὶ aq.
νοσεύματα εἰς ἃ ἐπιτήδειά ἐστι.

Quæcunque aquæ falſæ & indomitæ & duræ ſunt, in totum quidem ad quotidianum potum improbandæ. Sunt tamen quædam naturæ & morbi, quibus utiles ſunt.

Emicant, inquit Plinius l. 31. c. 2. *benignè paſsímque in plurimis terris, alibi frigidæ, alibi calidæ, alibi junctæ aquæ, ſicut in Tarbellis Aquitanicâ gente & in Pyrenæis montibus, tenui intervallo diſcernente, &c. nuſquam tamen largius quàm in Baiano ſinu, nec pluribus auxiliandi generibus, aliæ ſulphuris, aliæ aluminis, aliæ ſalis, aliæ nitri, aliæ bituminis, nonnulla etiam acidâ ſalsâve miſturâ: vapore quoque ipſo aliquæ proſunt.* Et paulò infrà de earū utilitatibus diſſerens : *Iam*, inquit,

Aphorismi novi.

generatim nervis prosunt, pedibúsve aut coxendicibus, aliæ luxatis, fractísve. Inaniunt alvos, sanant ulcera, capiti, auribúsque privatim medentur, oculis Ciceroniana: &c. In Ænaria calculosis medentur. Aquas minerales ab Antiquis usurpatas fuisse pro morborum curatione docent, præter hosce Hippocratis & Plinij textus, magnifica antiquæ architecturæ rudera, quæ in variis Aquarum fontibus, veluti apud Borbonienses utrosque supersunt.

XXVI.

Ibid. Ὁκόσων αἱ κοιλίαι σκληραί εἰσι, τυτέοισι μᾶ τὰ γλυκύτατα ξυμφέρει κỳ κυφότατα κỳ λαμπρότατα.

Quibuscunque alvi duræ sunt, iis certè dulcissimæ, levissimæ & limpidissimæ aquæ conferunt.

Tales enim aquæ faciliùs distribuuntur, nec augent obstructiones quæ sæpè constipationis alvi parentes sunt. Levissimæ autem non intelligendæ

lligendæ quæ minoris ponderis sunt, est enim quamminima inter aquas levitatis & gravitatis differentia; sed eo sensu capiendæ quo alibi noster Hippocrates, *Aqua quæ citò calescit & citò refrigeratur levissima.* Aphor. vett. 26. sect. 5.

XXVII.

Ὁκόσοιν δὲ μαλθακαὶ κ̀ φλεγματώδεις, τύτοισι τὰ σκληρότατα, κ̀ ἀτεραμνότατα, κ̀ ὑφαλικά. Ibid.

Quibus verò molles & pituitosæ alvi sunt, iis durissimæ & coctu difficillimæ, & aliquantulum salsæ conveniunt.

Istæ enim aquæ aliquantulum astringunt, nec ita facilè per hypochondria distribuuntur, unde alvi durities sequitur, aut saltem minor libertas.

XXVIII.

Τὰ μὲν ὄμβρια κυφότατα κ̀ γλυκύτατά ἐστι, καὶ λεπτότατα, καὶ λαμπρότατα. Ibid.

V

Aquæ quidem pluviales leviſſimæ & dulciſſimæ ſunt, tenuiſſimæ & limpidiſſimæ.

Magna eſt inter Medicos quæſtio, utrùm pluviales aquæ ſanæ ſint. Negat Plinius, miratúrque ciſternarum aquas ab aliquibus maximè probari. *Sed hi*, inquit, *rationem afferunt, quoniam leviſſima ſit imbrium aqua, ut quæ ſubire potuerit ac pendere in aëre. Horum ſententiam refellere intereſt vitæ. Inprimis enim levitas illa deprehendi aliter quàm ſenſu vix poteſt, nullo penè momento ponderis aquis inter ſe diſtantibus: nec levitatis in pluvia aqua argumentum eſt ſubiſſe eam in cœlum, cùm etiam lapides ſubire appareat, cadénſque inficiatur halitu terræ, quo fit ut pluvia aqua ſordium plurimùm ineſſe ſentiatur.* De hac quæſtione multa apud Rhodiginum cap. 2. lib. 27.

XXIX.

Ibid. Ἄριστα ὁκόσα ἐκ μετεώρων χωρίων ῥέει κỳ λόφων γεηρῶν, μάλιστα δ᾽ ὦν τὰ ῥεύματα πρὸς τὰς ἀναβολὰς τοῦ ἡλίου ἐρρώγασι, κỳ μᾶλλον πρὸς τὰς θερινάς.

Optimæ sunt quæ ex sublimibus locis & terræ tumulis fluunt, maximè autem quarum fontes ad solis ortum, præsertim æstivum decurrunt.

Hæ enim, inquit, *dulces sunt & albæ, modicúmque vinum ferre queunt, per hyemem calidæ, per æstatem frigidæ; tales enim ex profundissimis fontibus proveniunt.* At paulò infrà; *Qui sanus ac robustus est, is nullo habito discrimine, semper eam quæ adest bibat: Qui verò morbi causâ eam quæ maximè conveniat bibere volet, is hoc modo præcipuè sanitatem consequetur.*

XXX.

Τὰ ἀπὸ χιόνος κỳ κρυϛάλλων, πονηρὰ πάντα.   Ibid.

Pravæ omnes quæ ex nive & glacie fiunt.

Ubi enim, subdit Hippocr. *semel concreverint, non amplius ad pristinam naturam redeunt. Sed quod* in his quidem est splendidum, & leve & dulce, excernitur & evanescit; remanet verò quod turbidissimum & ponderosissimum. Quod hac ratione deprehendes. Si enim hyemis tempore vasculam certâ aquæ mensurâ affusâ, sub dio exponere voles, uti maximè congeletur, deinde postridie in locum calidum delatum: ubi glacies maximè liquescat, cúmque soluta fuerit, iterum aquam metiaris, aquam multò pauciorem reperies. Hoc certè indicio cognosces, quòd congelatione, id quod est levissimum & tenuissimum evanescit & expirat, non quod gravissimum & crassissimum, cùm id ei contingere nequeat. Hinc fit ut istæ aquæ sint duræ ac coctu difficiles, unde oriuntur obstructiones variæ; ita ut tales potantes aquas, quales sunt Alpium Pyrenæorúmque incolæ, strumis maximè laborent, & sæpè pravo totius corporis habitu.

XXXI.

Ibid. Ὁκόσοι τὰ ὕδατα ϛάσιμα καὶ ὁδώδεα πίνωσιν, ἀνάγκη τῆς γαςρὸς ἀτριπία ᾖ ἢ σπλίωΐς.

Sect. IV. Dialetica.

Quicunque aquas stagnantes & malè olentes in potu familiari bibunt, has ventri & lieni noxias esse certum est.

Est etiamnum vitium aquæ, non fœtidæ modò, verùm omninò quicquam resipientis ; jucundum sit illud licet, gratúmque & ut sæpe ad viciniam lactis accedens. Aquam salubrem aëri quàm simillimam esse oportet. Plin. hist. nat. lib. 31. cap. 3. Aquæ stagnantes & malè olentes stomachum lædunt & sanguinem impurum reddunt : unde ex non defæcato sanguine lien obstruitur, ac intumescit.

XXXII.

Ὑποπτεύσαντι ἐν ταύτῃσι τῇσι νούσοισι ἢ καρηβαρίαν ἰσχυρὴν ἢ φρενῶν ἅψιν, παντάπασιν οἴνου ἀποσχετέον· ὕδατι δὲ ἐν τῷ τοιῷδε χρηστέον.

De Diæt.in acut.

In ejusmodi morbis ubi vehementem capitis gravitatem, aut mentis læsionem metueris,

vino omnino abstinendum ;
túmque aquâ utendum.

Caput mentémque vino tentari ait, eo quòd propter caliditatem celeriter ad caput feratur, ferventésque secum in corpore ferat humores. Quâ autem ratione caput lædit, eàdem & mentem: nam in capite sapientia ipsa sita est, & ea anima pars qua ratiocinatur. Galenus.

XXXIII.

De vet. Med.

Οἶνος ἄκρητος πολὺς ποθεὶς διατίθησί πως τὸν ἄνθρωπον ἀσθενία.

Vinum merum copiosiùs epotum hominem quadam imbecillitate afficit.

Οἶνος καὶ φροντίδας τε ἐφροντίκας ἀναβάλλει, sapientes ipsos ad amentiam impellit vinum, bellè ait Stheneleus Poëta, Athenæo teste. *Per ebrietatem,* inquit Hipp. lib. de flatibus, *aucto derepente sanguine animi functiones, ejúsque intellectus concidunt.* Vide autem quas nugas proferant qui aiunt Hippocratem, ebrietatem sanitatis causa unâ vice in mense consulere. At ubinam ejusmodi consilium extat. Is certè nimiùm sobrius & sapiens, qui hoc unquam hominibus suaserit.

XXXIV.

Ὕδαρης οἶνος κ̀ ἄκρητος παρὰ τὸ ἔθος De diæt.
ἐξαπίνης, ποθεὶς, ὁ μ̀ πλάδον τε ἐν τῇ ἄνω in acut.
κοιλίῃ ἐμποιήσει, καὶ φύσαν ἐς τὴν κάτω,
ὁ δὲ παλμὸν φλεβῶν, κ̀ καρηβαρίην κ̀
δίψαν.

Aquosum vinum & meracum præter morem subitò epotum, illud quidem in superiore ventre humiditatem redundantem, & in inferiore flatum inducet: istud verò arteriarum pulsationem, capitis gravitatem & sitim.

Per vinum aquosum debemus intelligere non solùm vinum suapte naturâ debile, cui multùm phlegmatis insit, sed etiam vinum multâ aquâ dilutum. Id vel ex eo patet, quòd opponat illud meraco, & ab illo quidem humiditatem, ab isto sitim fieri pronunciet. Vinum itaque seu naturaliter aquosum & valdè dilutum, si maximâ copiâ subitò bibatur, fibras ventriculi relaxabit; unde coctioni minùs aptus flatus producet, & cùm permixtus sanguini cerebrum attinget, fiétque ope glandularum, quæ plurimæ latent in choroïdæis plexibus, separatio aquosæ partis, dubio procul humiditate plurimâ replebuntur ventriculi cerebri. Imò verò & cùm idem sanguis ad corticalem appellat substantiam, fortè etiam medullam spinalem irrigabit superflua humiditas. Vinum verò meracum cùm spiritibus turgeat, ζύμωσιν in sanguine pariet, & ab ebulliente illo sanguine arteriæ solito magis pulsabunt, & cerebrum comprimentes gravitatem capitis causabuntur, & ab exuperante vini calore frigidi & humidi appetitus sive sitis, orietur.

XXXV.

Τῶν ὃ οἴνων οἱ μέλανες καὶ αὐστηροὶ   De diæt.
ξηρότεροι κ̣ οὐ διαχωρποῦσ᾽, ὅτε ὑρέον᾽,   l. 2.
ὅτε πῇυκοι.

Vina autem quod attinet nigra & auſtera ſicciora ſunt, neque alvum, urinam aut ſputum movent.

Nigra & auſtera vina plurimùm habent tartari & terræ, parùm verò ſpiritus & aquæ, ſaltem habitâ aliorum comparatione, unde non ita facilè permeant, neque ullam in ſanguine fermentationem excitant, & cùm humiditate non abundent, neque urinæ, neque ſputo, neque dejectionibus uberem materiam præbent, aut per has vias movent.

XXXVI.

Γλυκὺς οἶνος κ̣ μελιειδὴς, ἄμφω κο-   De
μιςικοί, κ̣ διαρητικοί, καὶ φλεγματώδεις: Affect.
οἱ ὃ αὐστηροὶ ἐς ἰσχὺ κ̣ ξηρασίίαν ἐπιτή-
δειοι: ὑρπτικοὶ ὃ αὐστηροὶ παλαιοὶ λδύκεὶ
κ̣ λεπῇοί.

Vina dulcia & mel referentia, utraque vires reficiunt, & diuretica & pituitofa funt: auſtera verò ad robur & ſiccitatem accommodata; diuretica verò ſunt auſtera vetuſta alba & tenuia.

Vina dulcia & quæ mel referunt ea ſunt, quæ minorem paſſa fuere fermentationem, ob id non potuere oleaginoſæ partes à ſalinis volatilibus evehi, ſicque repreſſis ſalino-ſpirituoſis partibus ac ſopitis, ſapor dulcis emicat à prædominante ſulphure procedens. Talia ſunt vina Hiſpanica, Frontigniaca, Malvatica, vel ſimilia, pro quibus conficiendis vel ſole vel igne priùs uvæ humiditas maximâ ex parte abſumitur: ita ut deinde humidi defectu ſufficiéter fermentari nequeant. Et cùm ſalia ſatis exaltari non potuerint, manent utcunque repreſſa & à ſulphureis partibus ligata. Hinc ſapor dulcis. Vina autem hæc reficiunt, quia parum aquæ, multùm ſulphuris continent:

diuretica sanguinem agitando, pituitosa quia caput obruunt.

XXXVII.

Οἱ ᾖ λδύκω γλυκέις μᾶλλον ὕπλον), κỳ De diæt.
διαχωρέυσι κỳ ὑγραίνυσι : οἱ ὀξυωαῖοι ψύ- l. 2.
χυσιν, ἰσχναίνυσι κỳ ὑγραίνυσι.

Tenuia verò dulcia urinam magis & alvum movent, atque humectant. Acida refrigerant, extenuant & humectant.

In superiori Aphorismo loquebatur Hippocrates de dulcibus sed non tenuibus, hic verò de dulcibus ac simul tenuibus, quæ scilicet aquâ multâ abundent, sed tamen defectu salis non multùm exaltati dulcedinem retinuere. Ista igitur humectant & cùm ipsorum humiditas renes & intestina attingat, alvum movent & urinam. Acida vina ea sunt in quibus maxima tartari soluti copia suppetit: etenim in vino tartarum unum non solubile, aliud verò solubile existit. Refrigerant, quia ab acido bilis alcali infringitur. Extenuant, quia acidum nutritioni ineptum, ut superiùs de acidis in genere diximus ad Aphor. 15. hujus sectionis.

XXXVIII.

De Affect.

Ὁ οἶνος διαχεόμενος, καὶ ἀποψυχόμενος, καὶ διηθύμενος, λεπτότερος τε καὶ ἀσθενέστερος.

Vinum diffusum & refrigeratum & percolatum, tenuius & imbecillius fit.

E diffuso vino spiritus facilè evolant, & hac jacturâ fit debilius, sicut & dum refrigeratur nive aut glacie. Nitrosæ enim aëris partes quæ glaciem & nivem occupant, per lagenæ poros sese in vinum insinuant. Nec aliter concipi potest refrigeratio hæc, cùm apud cordatos Physicos non admittatur ulla actio in distans. Hinc facile est concipere partes vini maximè activas, & quæ ὀσορμῦστα possunt appellari, à nitrosis istis partibus quodammodo figi, ita ut deinde irritandis linguæ fibris, & agitandæ massæ sanguineæ, sicut antea,

antea, fiant impares. Adde quòd frigus linguæ senfum obtundat, ne ritè poffit vini sapor difcerni. Percolatum tandem vinum debile fit, tum quia aëri exponitur, tum quia percolatione aliquid de partibus fuis falinis amittit.

XXXIX.

Γλεῦκος φυσᾷ, καὶ ὑπάγει, ἢ ἐκζα- De diæt. ράσσει, ζέον ἐν τῇ κοιλίῃ, ὕτως ἢ ὁ νέος l. 2. οἶνος.

Muſtum flatum creat, & alvum movet, & turbationem in ventre, fuo fervore excitat, ficut & vinum recens.

Muſtum in fe continet partes non fermentatas quidem, fed fermentationis admodum capaces, & quæ ex fe ipfis in motum fermentativum agi queunt. Quòd fi poffint mufti partes fine ullo externo auxilio fermentationem inire, quátò magis calòre aliquo adjutæ, perinde ac fpiritus tartari & vitrioli qui fimul mixti ebulliunt, fed fortiùs & citiùs fi caléti arenæ committantur. Calore itaque naturali adjutæ

X

musti partes in stomacho & intestinis facilè fermentescent, unde flatus creabuntur, sicuti ex humido quocunque vaporem seu flatum elevat ignis. Hinc à fervore & præcipitatione fermentationem sequente alvus movebitur, & turbatio, torminaque inferentur. Eâdem & facultate pollet vinum recens, quod nondum omnimodâ insensilíque fermentatione defunctum est.

XL.

De diæt. in acut. Κιῤῥῷ οἴνῳ καὶ μέλανι αὐςηρῷ ἐν τῇσιν ὀξείησι ἐς τάδε ἂν χρήσαιο, εἰ καρηβαρίη μὴ ἐνείη, μηδὲ φρενῶν ἅψις, μηδὲ τὸ πτύελον κωλύοιτο, μηδὲ τὸ οὖρον ἴσχοιτο.

Fulvo vino & nigro austero in acutis uti poteris, si capitis gravitas non adsit, nec mentis perculsio, nec sputum aut urina supprimatur.

Vinum ægris concedebant antiqui etiam in morbis acutis: at sapienter Hippocrates has cautiones observari vult, ut illius usus permittatur: ubi scilicet capitis gravitas non adest, aut imminens delirium: etenim vinum per se est καρηβαρικὸν, & spiritu suo aptum accelerando delirio. Stypticum etiam est austerum vinum, ideóque sputi & urinæ suppressioni noxium.

XLI.

Τὰ μ̄ ἄνω πάντα καὶ τὰ κ̄ κύςτι Ibid. ἧσον βλάψα, ἰὼ ὑδαρέςερ® ᾖ: τὰ δ κατ' ἔντερον κ̀ μᾶλλον ὀνήσει, ἰὼ ἀκρατέςερ® ᾖ.

Si dilutius fuerit vinum superiores omnes partes & quæ circa vesicam sunt minùs lædit: meracius verò iis quæ circa intestina sunt magis prodest.

Vinum meracius intestinis magis convenit, inquit Galenus, adstrictionis ratione, quâ eorum fibræ roborantur: at eadem de causa meracum caput & thoracem offendit, & vesicam, eo quòd excretiones cohibeat, & partibus suis spirituosis offendat.

X ij

XLII.

De diæt.
l. 2.
Ὄξος ψυκτικὸν : ἵςησι ᾖ μᾶλλον ἢ διαχωρεῖ.

Acetum refrigerat, & alvum potiùs fistit quàm movet.

Heraclides Tarentinus, inquit Athenæus lib. 2. *scribit acetum foris adhibitum externas partes, intrò sumptum alvum astringere.*

XLIII.

Ibid.
Βότρυες θερμοὶ, καὶ ὑγροὶ καὶ διαχωρητικοὶ, μάλιςα οἱ λευκοί.

Uvæ calidæ & humidæ sunt, alvúmque laxant præcipuè albæ.

Uvæ succum sulphureum & vinosum continent, ideóque calidæ sunt : at humidæ quia succus iste non fermentatus multo phlegmate adhuc abundat, præsertim recentes quas proculdubio intelligit. *Recentes uvæ,* inquit Plinius, *stomachum & spiri-*

tum inflant, alvúmque turbant, præcipuè albæ quæ dulci, non austero stypticóve succo turgent.

XLIV.

Τυρὸς, καὶ σήσαμα, καὶ ςαφὶς, κομιστικὰ, καὶ φλεγματώδεα.   Ibid.

Caseus, & sesama, & uvæ passæ, nutritiva & pituitosa.

Caseus pars lactis crassior & terrestrior difficilis quidem coctionis, at solidius alimentum quódque non facilè dissipatur robustis hominibus præbet. Unde vivaces sunt rustici montium incolæ qui lacte & caseo ferè vescuntur. Sesamis olim utebantur in ciborum delitiis, quæ nunc ferè neglecta. Nutritiva sunt & pituitosa, ut cætera legumina. Uvæ passæ succo vinoso inspissato prægnant, ideóque & nutritiva & ob succi abundantiam, si nimiæ comedantur, cruditatibus pituitáque stomachum & intestina gravabunt.

XLV.

Ibid. Αἱ ἀμυγδάλαι καυσώδεις διὰ τὸ λιπαρόν, τρόφιμοι διὰ τὰ σαρκώδες.

Amygdalæ æstuosæ quia pingues, nutriunt verò quia carnosæ.

Amygdalæ pingui oleo turgent, quod facilè æstum & inflammationem concipit. Attamen nutriunt, quia solidum alimentum præbet earum pars carnosa, & dulcis. Amaræ enim esui ineptæ, sed vim attenuandi & detergendi habent, imò & ebrietatem arcendi, quia ex Athenæo resiccant, humiditatem depascunt, nec sinunt venas impleri, quarum distensione & perturbatione temulentia contrahitur.

XLVI.

Ibid. Σῦκον χλωρὸν ὑγραίνει, καὶ διαχωρεῖ καὶ θερμαίνει· τὰ δὲ ξηρὰ τῶν σύκων καύσιμα, ὅτι εἰσὶν ὀπωδέστατα.

Ficus viridis humectat, alvum laxat & calefacit. Primæ

autem ficus vitiofiſſimæ, quia lacte plenæ.

Ficus viridis multo abundat ſucco indigeſto, qui in ſtomacho humiditatem parit. Alvum laxat, quia ſuccus iſte acris eſt & veſicatorius antequam matureſcat, inde ab irritatione, alvi procuratur libertas, & aliquando purgatio nimia. Calefacit ſive ob illam irritationem, ſive ob fermentationem nimiam quam in ventriculo excitat. Primæ autem ficus vitioſiſſimæ, quia lacte illo corroſivo plenæ ſunt. Imò maturæ de priori natura adhuc retinent. Dioſcorides cap. 145. *Ficus maturæ recentes ſtomachum lædunt, alvum ſolvunt.*

XLVII.

Στρύχνῳ ψύχει ἐξονειρώσειν ἐν ἰᾳ. Ibid.

Solanum refrigerat, & in ſomnis veneris ludibria prohibet.

Solanum, inquit Plinius, *Græci Strychnon vocant, ut tradit Cornelius Celſus. Huic vis reprimendi, refri-*

gerandique. Nec mirum, quæcunque enim hypnotica funt, fanguinis motum & calorem moderantur.

XLVIII.

Ibid. Ὁ βρόμος ὑγραίνει κỳ ψυχὴ ἐσθιόμενος, κỳ ῥόφημα γινόμενος.

Avena in cibo & forbitione fumpta humectat & refrigerat.

Satis confirmatur hic Aphorifmus frequenti hominum, imò & equorum experientiâ. Avena enim cùm tenuiffimi leviffimíque fucci concretio fit, molli pelle cooperta, non mirum fi facillimè iterum in ventriculo atteratur & diffolvatur, indéque uberrimam chyli copiam fuppeditet, eámque benignam, nullífque donatam aculeis; ex cujus permixtione frænantur ac implicantur partes fpirituofæ, ipfarúmque mirum in modum retunditur impetus, unde refrigerium & humectatio accedunt.

XLIX.

Ibid. Κριθαὶ φύσει μὲν ψυχρὸν καὶ ξηρόν,

ἔνι δὲ καὶ καθαρτικόντι ἀπὸ τ̃ χυλῶ τ̃
ἀχύρυ.

Hordeum naturâ quidem frigidum & siccum: inest & quiddam quod purget ex palearum succo.

Hordei substantia non admodum tenuis est, unde hordeaceus panis ventriculum gravat, ipsúmque hordeum lentum gignit succum: & in hoc frigidum dici potest, quòd ipsius visciditatis & lentoris ope sanguinis utcunque sistitur motus, unde refrigerium. Siccitas verò ipsius petitur à palearum duritie digestioni minimè obtemperantium, imò cùm rigidæ & minimè contritæ ad intestina perveniant, hinc fit, potiùs quàm ab ipsarum succo, ut vellicatis & punctis intestinis citiùs quàm more solito moveantur deorsum, hincque liberior alvus.

L.

Σκόροδον θερμὸν, κỳ διαχωρέει ἐ ὑρη, κỳ τοῖσιν ὀφθαλμοῖσιν ἐκ ἀγαθόν. Ibid.

Allium calidum, alvum &
urinam movet, & oculis minimè bonum.

lib. 20.   Plinius enumeratis secundùm ve-
cap. 9.   teres allij viribus, ejus etiam subjungit incommoda: *Vitia*, inquit,
*ejus sunt, quòd oculos hebetat, infla-
tiones facit, stomachum lædit copio-
sius sumptum, sitimque gignit.*

L I.

Epid. 6.   Ὀφθαλμοῖσι πονηρὸν φακὴ, κὴ ἡ γλυκείη ὀπώρη, κὴ λάχανα.

Oculis nocent lens, poma
dulcia, & olera.

Hujus mentis est Dioscorides:
cùm inquit, *lens frequenter in cibo sumpta oculorum aciem obtundit,
ægrè concoquitur, stomachum lædit,
eúmque & intestina inflat, somnia
tumultuosa excitat, éstque capiti,
nervis & pulmoni inutilis.* Ejusdem
sortis sunt poma dulcia & olera:
cùm enim facilè bilescant & corrumpantur in ventriculo, inde fit ut

frequenti vertigine caput exagitetur, & oculi pristino splendore fraudentur.

LII.

Ὄσπεια πάντα φυσώδεα, καὶ ὠμὰ καὶ ἑφθά, ᾗ πεφρυγμένα, ᾗ βεβρεγμένα, καὶ χλωρά.

De diæt. in acut.

Legumina omnia flatuosa sunt, & cruda, & elixa, & frixa, & macerata, & viridia.

Quia substantiam obtinent viscidam & dyspepton. *His autem, addit, utendum non est, nisi cum aliis cibariis, nempe pane qui ex tritico fit, aliisve.*

LIII.

Μέλι θερμὸν ᾗ ξηρόν ἀκρητὸν γ, σὺν ὕδατι ἢ ὑγραίνει ᾧ διαχωρίει τοῖσι χολώδεσι; τοῖσι ᾗ φλεγματώδεσιν ἴσησι.

De diæt. l. 2.

Mel calidum & siccum est, ubi sincerum assumitur: cum aqua verò humectat, & biliosis alvum movet; pituitosis autem sistit.

Cùm mel sit aggregatum ex rore cælesti sive manna benigno, & partibus plantarum volatilibus ab apibus collectum, nec non ab ipsis quodammodo digestum, non mirum si calidum & siccum sit, si præsertim sincerum assumatur. Hoc enim maximè ex ipsius destillatione confirmatur, cùm post phlegma ipsius eliciuntur spiritus primò acidus, dein acutior, tandem oleum nigrum causticum & ideò ossium cariei maximè proficuum. Mel autem cum aqua permixtum, hydromel videlicet, biliosis alvum emollit, levitérque vellicando expurgat, pituitosis verò sistit, cùm viribus non valeat ad humorum viscidorum incidendam emungendámque copiam, imò potiùs eos adaugeat.

LIV.

Ibid. Μελίκρητον τὸ ἐπίπαν μὲν τοῖσι πικροχόλοισι ἢ μεγαλοσπλάγχνοισιν ἧσον ἐπιτήδειον, ἢ τοῖσιν μὴ τοιύτοισιν ἐςί.

Hydromel iis qui bile amara abundant, & quibus viscera intumescunt intumescant, minùs quàm non talibus est idoneum.

Aquam, inquit Plinius, *ad tertias partes decoquunt & tertiam mellis veteris adjiciunt, deinde quadraginta diebus canis ortu in sole habent. Alij diffusum ita decima die obturant. Hoc vocatur hydromeli, & vetustate saporem vini assequitur.* Hunc autem potum picrocholis minùs convenire ait Hippocr. eo quòd facilè bilescat, quemadmodum & cætera dulcia, saccharatáque; minùs etiam μιγαλοσπλάγχνοις, id est qui tumore laborant viscerum, quòd citò pertransire non possit, ibíque retentus inflammationem & tumorem augeat.

LV.

Τὸ μελίκρητον πνεύμονος μαλβακτικόν ἔστι, καὶ πτύελον ἀναγωγὸν μετρίως, καὶ βηχὸς παρηγορητικόν καὶ εἰρητικόν. Ibid.

Hydromel pulmonem emollit & sputum mediocriter educit, tussímque sedat, & diureticum est.

Y.

Ex mellis anatome superiùs tradità, mox cuique patet, cur pulmones post ipsius usum, quamvis multâ aquâ irrorati, sputum mediocriter rejiciant ; cùm enim ipsorum bronchia parte mellis acidâ blandè titillentur, hinc levis succussio, contractio & expectoratio fiunt, tussisque dein sedatur, expurgatis scilicet pulmonum viis. Imò & diureticum ipsum experimur, ut liquores omnes in quibus delitescunt partes acidæ sub quopiam dulci, sicut spiritus salis & spiritus nitri dulcificati qui hanc veritatem sat luculenter confirmant.

LVI.

Ibid. Ὀξύμελι πτυάλε ἀναγωγὸν ἢ εὔπνοε ἐστιν.

Oxymel sputum educit, & facilem reddit respirationem.

Quin & acetum melle temperabatur: adeò intentatum nihil vitæ fuit: oxymeli hoc vocarunt, mellis decem libris, aceti veteris heminis quinque, salis marini librâ, aquæ pluviæ sex-

Sect. IV. Diætetica.

tariis quinque, suffervefactis decies, non elutriatis, atque ita inveteratis. Plin. lib. 14. cap. 17. Inutile in hac compositione sal marinum, nec ab Hippocrate aut Galeno, uti neque à recentioribus nostris additum Pharmacographis.

LVII.

Ἐπὶ δ̃ γάλακ[τος]: τρόφιμοι μ[ὲν] πάν- De diæt. τες, πλ[ὴν] ἀλλὰ τὸ μ[ὲν] ὕιον ἵστησι; τὸ l. 2. δ̃ αἴγιον μᾶλλον διαχωρεῖ ; τὸ βόειον ἧσσον; τὸ δ̃ ἵππειον, κὴ τὸ ὄνειον μᾶλλον διαχωρεῖ.

Lac quod attinet : omne quidem nutrit, verumtamen ovillum alvum sistit ; caprinum verò magis alvum laxat; vaccinum minùs : equinum & asininum alvum magis movet.

Bubulum, inquit Plinius, *caseo fertilius quàm caprinum* : ideóque non mirum si caprinum alvum magis laxet, ob suam tenuitatem : at magis adhuc liberam alvum servant equinum olim satis in usu, & asi-

Y ij

ninum, quæ tenuissima sunt: ita ut fallatur Plinius, qui asinæ lac crassissimum esse dicit. Est enim tenue, & è regula generali suprà ab Hippocr, traditâ, eximendum, qui asserit carnes tenues esse eorum animalium quorum lac & sanguis sunt tenuia: crassæ enim potiùs & duræ sunt asini & equi carnes Tartarorum deliciæ, nisi tenues pro macilentis dicere voluerit.

LVIII.

Ibid. Τὰ γλυκέα, ᾗ τὰ δριμέα, ᾗ τὰ ἁλυκὰ, ᾧ τὰ πικρὰ; ᾗ τὰ αὐςηρὰ, ᾗ σαρκώδεα θερμαίνειν πέφυκε, ᾗ ὅσα ξηρά εςι, ᾧ ὅσα ὑγρά.

Dulcia, acria, salsa, amara, austera & carnosa, calefacere solent, tum quæ sicca, tum quæ humida sunt.

Satis patet hæc propositio, præsertim iis qui tum vegetabilium, tum animalium analysi physicæ parumper studuere: ipsius enim ope ex dulcibus, acribus, salsis, &c. maxima salis fixi quantitas extrahitur; unde non mirum si in ventriculum ingesta partibus hisce sese explicantibus fermentorum ope, caloris dein erosionis sensus percipiatur.

LIX.

Τὰ ἐν τοῖσιν ὑποτρίμμασιν ὄψα σκδια-ζόμενα, καυσώδεα ἐ ὑγρὰ, ὅτι λιπαρὰ, κỳ πυρώδεα, κỳ θερμὰ, κỳ ανομοίας τὰς δυνάμιας αλλήλοισιν ἔχοντα, ἐν τῷ αὐτῷ ἴζει.   Ibid.

Opsonia ex intritis parata æstuosa & humida, quia pinguia, ignea & calida, & inæquales vires sortita, in eodem insunt.

Opsonia omnia ex pluribus eduliis diversæ speciei aggregata volatilibus, aculeatis & sulphureis partibus imprægnantur, unde ventriculi fermentum adeò infringunt, ut cætera alimenta dissolvere non valeat: nihil enim magis acido-volatili quo donatur ventriculus, opponitur, quàm volatile acre sulphureis partibus immixtum : quo deinde alimenta æstuosa & empyreuma redolentia fiunt; stomacho molesta.

LX.

Mochl. Ὀλιγοσιτίην ὡς μάλιϛα, κỳ ὕδωρ ξυμφέρει πᾶσι τοῖς ἕλκεσι : μᾶλλον ἢ τοῖσι νεωτέροισι παλαιοτέρων, κỳ ὅτι ἄλλο φλεγμαίνει ἕλκος, ἢ μήλῳ.

Paucus cibus & aquæ potus omnibus vlceribus maximè confert, magis tamen recentibus, quàm vetustis; nec non ubi inflammatio adest aut impendet.

Ratio est, quia ex multo potu & copiosiore cibo maximè fervent turgéntque humores, præcipuè si pro potu liquores fermentescibiles, ut vinum aut cerevisia, usurpentur. Hinc vasa attolluntur & distenduntur, hinc copiosior suppuratio, quæ tamen ulceris curationi quasi ex diametro opposita esse videntur. Neque enim approximantur soluti continui labia ad cicatricem procurandam, nisi priùs detersa, exsiccata, probéque inanita sint.

LXI.

Παρὰ πάσας τὰς τ̃ ἄρθρων ἐμβολὰς   De
δ̃ᾶ ἰσχναίνειν καὶ λιμαγχονίειν ἄχρι ἑβ- Artic.
δόμης.

In omni articulorum repofitione victu tenui & inediâ ad septimum usque diem utendum.

Ut scilicet vitetur febris & inflammatio ab agitatione & doloribus impendentes, donec metus omnis exularit, circiter circa septimum diem. Particularis autem hæc diætæ lex, generali effato sequentis Aphorismi confirmatur.

LXII.

Αἱ ἀσθενέες δίαιτ), ψυχραί; αἱ ὃ ἰσ- Epid. 6.
χυραὶ, θερμαί.   sect. 4.

Imbecilla victus ratio frigida, valida verò calida.

Imbecilla victus ratio, sive tenuis diæta refrigerat, quia minorem placidiorémque fermentationem cum sanguine minor chylus parit, fortiorem major: hæc enim utriusque hujus humoris commixtio fermentationis & caloris causa est, exinde volatilisato sanguine & fabricatis spiritibus.

LXIII.

Præcep. Τῶ κάμνον[Θ] χρονίω ἐπιθυμίαν ἐνίσησι κ, ξυΐχωρίη ἐΐχρονίη νούσυ.

Ægri diuturnam appetentiam erigit indulgentia, quæ interdum morbum fovet.

Si quis enim, inquit Hippocr. *cæco in omnibus quæ expetit morem gerat, is velut res horrenda vitari debet, & gratia vitanda per quam unitas perit.*

LXIV.

Epid.6. Αἱ τοῖσι κάμνυσι χάριλες: ἃ μὴ μεγάλα βλάπ]σι, ἢ μὴ ἰνασάλιπ]α.

Ægrotis gratificandum, in iis quæ non magnam noxam

Sect. IV. Diætetica.

afferunt, aut quorum saltem noxa facilè resarciri queat.

¶ *Cibus & potus paulò pejor, suavior tamen, melioribus quidem, sed minùs gratis, anteponendus*, inquit Hippocrates in antiq. Aphor. quia gratum alimentum avidiùs amplectitur ventriculus, unde melior digestio, minórque excrementi copia fit. Propter eandem rationem ægris aliquando gratificandum est, ut postea in aliis rebus sponte obediant. Sed tamen caveat Medicus, ne cibos concedat ex quibus magna emergere possit noxa, aut quorum noxa non facilè resarciri queat: alioquin morbum potiùs augebit quàm curabit.

LXV.

Ἀγρυπνίη ἐν π' σίτοισι βλάπ]α, ὡς ἰῶσα τὸ σιτίον τήκεθαι· ἀσίτοισι ϑ ἰσχναίνει μ, βλάπ]ει ϑ ἧσσον. De diæt. in acut. 1.

Vigilia *nimia* post cibos noxia, cùm cibum colliquescere non sinat: jejunos autem extenuat, minùs autem lædit.

Vigilia nimia humiditatem absumit & corpus exsiccat, unde post cibos noxia esse debet, cùm alimentum diluente humiditate privatum non probè coqui & colliquescere possit. Quòd quidem de nimia vigilia, non de moderata intelligat, testatur alia sententia in eodem libro prolata: ἀγρυπνίη ἰσχυρὴ πόματα ᾗ σιτία ὠμὰ καὶ ἀπεπτότερα ποιέει: *Vehemens vigilia potus cibósque tum crudos, tum incoctiores reddit.* Jejunos autem extenuat quia dissipat spiritus & nervei succi partem: minùs tamen eos lædit quàm pransos, eo quòd in istis chyli corruptio non sit metuenda, cùm nullus tunc adsit in stomacho chylus.

LXVI.

De diæt. l. 2. Ῥαθυμίη ὑγραίνει ᾗ ἀσθενῆ τὸ σῶμα ποιέει, πόνος δὲ ξηραίνει καὶ τὸ σῶμα ἰσχυρὸν ποιέει.

Otium humectat & corpus debilitat; labor verò siccat & corpus roborat.

Hujus sententiæ ratio per se patet.

Otium humectat, quia humores in corpore quiescentes minimè dissipantur, inde nervorum laxitas sicuti ab humiditate chordarum relaxatio ; & à nervorum laxitate, spirituúmque torpore totius corporis debilitas. Labor è contrà siccat, quia moto corpore, moventur & dissipantur humores, inde nervorum tensio & spirituum acumen, ac consequenter corporis robur.

LXVII.

Ἐνθέρμῳ φύσει ψύξις, ποτὸν ὕδωρ, ἐλινύειν.   Epid. 6. sect. 4.

Calidæ naturæ refrigeratio, aquæ potus & quies.

Istud explicatione non eget: quis enim nescit aquam quæ per se frigida est, refrigerare ; quietem verò idem præstare, quia omnis calor à motu ?

LXVIII.

Ὁ ἀπὸ δείπνου περίπατος ξηραίνει, ᾗ ὁ καυλίων, ᾗ τὸ σῶμα, καὶ τὴν γαστέρα.   Ibid.

Deambulationes post pastum, alvum, corpus, & ventriculum exsiccant.

Deambulationes à pastu, sicuti superiùs de labore diximus, exsiccant, quia movent & dissipant humores : unde commendantur si mediocres sint : *post cœnam stabis aut passus mille meabis*, inquit Schola Salernitana. Ut enim chylus nimis exsicccatus pravus, ita nimis humidus, cruditatum & serosæ colluviei parens.

LXIX.

Ibid. Οἱ ὄρθριοι περίπατοι ἰσχναίνουσι, καὶ τὰ περὶ τὴν κεφαλὴν κουφάττι, καὶ εὐήκοα παρασκευάζουσι καὶ τὴν κοιλίαν λύουσι.

Deambulationes matutinæ extenuant, & quæ circa caput sunt, levia, agilia & prompta efficiunt, alvúmque solvunt.

Extenuant deambulationes matutinæ, seu potiùs corpus in majorem molem

molem excrescere non sinunt, quia superfluos humores agitant, ad circumferentiam corporis pellunt & dissipant. Inde levatur caput, functiones cerebri superfluitatibus non obruti meliùs perficiuntur, totúmque corpus agilius redditur. Alvus tandem solvitur, procurato à musculorum motu, fæcum, quæ per se graves sunt, prolapsu.

LXX.

Πόνοι σιτίων ἡγείσθωσαν.   Epid. 6.

Labores præcedere cibos debent.

Appetitus præcipuum est ciborum condimentum: absque eo languet stomachus & functionem suam malè obit. At labores, sive exercitationes moderatæ appetitum exacuunt, tum quia superfluos humores, crudósve ventriculo innatantes dissipant, tum quia necessariam deperditæ substantiæ reparationem reddunt.

Z

LXXI.

Ibid. Πόν@ τοῖσιν ἄρθροισι κ̀ σαρκὶ, σῖτ@: ὕπν@ σπλάγχνοισι.

Labor articulis & carnibus cibus est : somnus visceribus.

Labor sive exercitatio articulis musculisque veluti cibus est ; augentur enim & roborantur exercitationibus, non secus ac cibis. Somnus autem visceribus etiam veluti cibus est, quia calore intercedente, alimenti coctio melius fit, tuncque viscera nutriuntur. Galen. in hunc locum.

LXXII.

Ibid. Ἄσκησις ὑγιὴς, ἀκορίη τροφῆς, ἀοκνίη πόνων.

Exercitatio sana, sobrietas in victu, indefessus labor.

Synesius ait ab Hippocrate sobrietatem *sanitatis matrem* vocari: unde quidam conjectant id ab eo dictum, in alio qui ad nos non pervenerit libro; sed quidni ex hoc loco fuerit hanc sententiam mutuatus, etsi non iisdem vocibus utatur?

LXXIII.

Λαγνείη ἰσχναίνει, καὶ ὑγραίνει, καὶ θερμαίνει.

De diæt. in acut.

Venus extenuat, humectat & calefacit.

Venus extenuat dissipando spiritus, lympham, succúmque nervosium; humectat cruditates generando ac humores colliquando, unde non est vera corporis humectatio, sed potiùs superfluitatum & humiditatum collectio, privatis interim partibus benigno rore, & quidem si non moderata sit venus. Calefacit tandem quia sanguinem & spiritus agitat.

LXXIV.

Λαγνείη ἢ ἀπὸ φλέγματος νούσων, ῥύσιμον.

Epid. 6. sect. 5.

Veneris usus morbis à pituita confert.

Non cunctis ex pituita laborantibus, sed quibus vires firmæ sunt, veneris usus prodest: imbecilli namque ab ipsa in extremam debilitatem redacti magnopere læduntur. At qui viribus pollent, non dissolvuntur, sed contra juvantur, veneris usu pituitæ copiam resiccante. Galen. in hunc locum.

LXXV.

De diæt. in acut.

Τὸ λυτρὸν τῆς ὀδύνων παρηγορικόν ἐςτι, καὶ πτυέλε πεπαντικὸν, καὶ ἀναγωγὸν, καὶ εὔπνοον καὶ ἄκοπον: μαλθακτικὸν γὸ τῆς ἄρθρων, καὶ τ᾽ δέρματος, καὶ οὐρητικὸν, καὶ καρηβαρίαν λύει.

Balneum dolores mitigat; sputum maturat, educítque, spirationem facilem reddit & lassitudines tollit, cùm articulos & cutim emolliat, urinas provocat & capitis gravitatem tollit.

Balneum dolores mitigat, quia cutim relaxat, poros aperit, & retentos acres humores doloris causas transpirare facit; sputum maturat suo tepore, & faciliorem reddit spirationem, tum thoracicas partes lubrificando, tum sputum attenuando & educendo. Lassitudines tollit articulorum tendines molliendo, ac corpus excalefactum & exsiccatum temperando ac humectando. Urinam provocat sive partes tensas tepore relaxando, ut in nephritide affectis contingit; sive si frigidum usurpetur, frigiditate, musculorum imi ventris & vesicæ contractionem procurante : ita ut & homines & alia animalia subitus aquæ ingressus ad micturitionem excitet.

LXXVI.

Τὸ ἁλμυρὸν λουτρὸν θερμαίνει καὶ ξηραίνει· τὰ δὲ θερμὰ λουτρὰ νῆστιν μὲν ἰσχναίνει καὶ ψύχει, βεβρωκότα δὲ θερμαίνει καὶ ὑγραίνει, ψυχρὰ δὲ τὸ ναντίον. *Ibid.*

Salsum balneum calefacit & siccat : calida autem balnea jejunum quidem extenuant & refrigerant ; eum qui comedit calefaciunt & humectant: frigida verò è contra.

Sal commune sive marinum calefacit & siccat, idémque proinde efficit salsum balneum. Sic balneum in aqua marina præscribitur morbis in quibus opus est calefacere & siccare, verbi gratiâ in hydrope, in reliquiis arthritidis discutiendis, in hydrophobia. Calore enim hujus balnei evocantur ad peripheriam humores, siccitate absorbentur. In genere autem balnea calida jejuno existente corpore administrata extenuant, quia sudorem excitant, simúlque cum pravis humoribus, aliquid lymphæ benignæ vel succi nervosi nutritioni dicati secum rapiunt, & refrigerant per accidens spiritibus à sudore dissipatis: quod iis qui comederunt non accidit, cùm à cibis novi subministrentur spiritus: humectant verò quia apertis à calore poris aliquid humiditatis aquæ intus penetrat, ut inde non solùm cutis, sed & interiora utcunque emolliantur. Frigida verò balnea contrario-

Sect. IV. Diætetica.

sum ratione contrarios effectus producere debent.

LXXVII.

Ἥκιϛα δ̀ λύειν κραμὸς οἷσιν ἡ κοιλίη ὑγροτέρη, ἢ ἐϛήκε͜ι, ἠδ' ἐς τὰς γεγυιομᾷύες, ἢ ἀσώδεας, ἢ ἐμιτικὲς, ἢ ἐπανερϋϛμᾷύες χολῶδες, ἢ ἐκ ῥινῶν αἱμορραγέοντας. *Ibid.*

Minimè autem lavare oportet eos qui alvum nimis fluidam aut constipatam habent, neque eos qui viribus sunt exolutis, nec stomachi fastidio laborantes, nec vomiturientes, nec biliosum eructantes, nec eos quibus ex naribus fluit sanguis.

Balneum nonnihil debilitat, ideóque non convenit iis qui alvum fluidam habentes jam debiles facti sunt, nec iis qui viribus ex aliqua alia causa sunt exolutis. Balneum insuper saltem tepidum aut calidum quo utebantur sæpe veteres, sudorem provocat, atque ideo iis qui alvum nimis constipatam habent minimè convenit, cùm sudor & major quæcunque transpiratio alvum sistat, ut suprà indicabat Hippocr. *Cutis raritas alvi constipationem comitem habet.* Nauseabundis, vomiturientibus aut biliosum eructantibus minùs etiam idoneum est balneum, eo quòd humores fluidiores reddendo & tepore vias lubrificando vomitum potiùs provocet, unde antiqui eos quibus vomitum excitare volebant balneo præparabant. Idem de iis quibus per nares effluit sanguis, dicendum: balneum quippe neque frigidum neque calidum ipsos juvat. Frigidum quidem poros constipando vaporosas & calidas sanguinis partes retinet quæ hæmorrhagiam augebunt. Calidum colliquat & fluidiorem sanguinem efficit, unde & ejus effluxus augebitur.

LXXVIII.

Epid. 6. Ὀξυθυμίη ἀνασπᾷ καρδίην κỳ πνεύματα ἐς ἑωυτὰ, κỳ ἐς κεφαλὴν τὰ θερμὰ καὶ τὸ ὑγρόν: ἡ δ᾽ εὐθυμίη ἀφίη καρδίην.

Ira præceps cor & pulmones in sese contrahit; & ad caput calorem & humorem attrahit. Animi autem tranquillitas cor relaxat.

Videntur hæc sibi invicem repugnare contractio cordis & pulmonis, & attractio caloris ad caput: qui tamen iræ naturam noverit apprimè hæc vera esse putabit. Quicunque enim irascitur duobus motibus contrariis percellitur, revocatione scilicet spirituum ad centrum, & eorundem ad peripheriam expansione: nec mirum, quoniam ira est affectus mixtus ex dolore & audacia: neque enim irascimur, nisi quando de illata dolemus injuria, & ipsam ulcisci cupimus; hinc pueri, mulieres, & infirmi quoniam faciliùs & leviori de causa dolent sæpius irascuntur, sed quia audaces non sunt, verbis vel lachrymis expletur ipsorum ira. Qui forti sunt animo, quoniam non ita leviter dolent, frequentem minùs sed timendam magis iram habent. Hic est iræ typus in qua dum pars spirituum animalium ratione doloris intrò recurrit, cor & pulmones in sese contrahuntur, & dum pars altera propter audaciam extrà propellitur, genæ quæ primò palluerant rubent, calet caput, & turget sanguine. Dum verò rapidis istis motibus immunes spiritus animales placido amne decurrunt, tunc anima fit tranquilla, & cor placidè movetur, neque àliter torrentem spirituum animalium afficiunt passionum æstus, quàm flumina venti.

LXXIX.

Ibid. Ἐν τοῖσι πνευμάτιοισι ἐργώδεϊ βοῇ, ὀξυθυμίης.

Difficultate spirandi laborantes, clamore & iracundiâ abstinere oportet.

Quæcumque pars ægrotat otio indiget & quiete: motu enim plurimus in eam decumbit humor, quo deinde premitur, cùm ipsum nec digerere nec expellere valeat. At in clamore vehementer movetur pulmo, in ira commovetur sanguis ultra modum. Ne itaque frangatur pulmonum tonus jam debilis, néve vas aliquod rumpatur, vel ἀθρόως in pulmone depluat humor, irâ & clamore abstineant, quicunque non facilè spirant, asthmatici, vel quibus à natura pulmo debilis est.

LXXX.

Ὅσα ὕπνον ποιεῖ, ἀτρεμίαν τῷ αἵματι παρέχει. De Affect.

Quæ somnum conciliant, ea sanguini quietem procurant.

Ex recto naturæ instituto somnus & vigilia tanquam Castor & Pollux, secundùm justos regnandi limites vices suas alternare, atque alter invicem alteri locum cedere debet. Vigilantibus enim nobis & circa varia sensuum objecta occupatis, multi dissipantur spiritus, qui in somno reparantur, quoniam per somnum soli spiritus cerebelli incolæ functionibus naturalibus destinati absorbentur, ferientur verò spiritus functionibus apti animalibus. Fit itaque somnus quando ad sensuum organa per nervos non ampliùs influunt spiritus animales, seu quòd sint omnino dissipati, seu quòd vapore aliquo benigno & mediocriter crasso oppleantur nervorum canales. At ubi naturaliter non obrepit somnus, ipsum conciliare solemus medicamentis hypnoticis, ut syrupo de nymphæa, de papavere albo & opio. Quæ quidem id agunt, non primâ aliquâ qualitate manifestâ, ut calore, frigore, &c. Neque occultâ ignorantiæ velo, sed potiùs animales spiritus destruendo aut figendo. Cùm enim isti ex sale & spiritu volatili constent, hypnotica verò ex sale fixo cum sulphure combinato & materiâ terrestri, profectò facile est concipere hanc crassam ac sulphuream substantiam, subtili animalium spirituum texturæ adversari. Quoniam verò sanguinis motus insolitus ab agitatione nimia spirituum animalium & fibrarum vasalium contractione maximè dependeat, opiata & hypnotica, dum suo lentore obtundunt

obtundunt imò extinguunt spiritus animales, quies sanguini accedit. Hinc concludenda narcoticorum utilitas pluribus in morbis in quibus spiritus inordinatè moventur, aut nervi irritantur; veluti in convulsionibus, hæmorrhagiis, deliriis, dysenteriis, motibúsque hystericis.

LXXXI.

Ἱπ〈π〉ο ἀφνιδίη ταραχὴ φυλακτέη.   Epid.6.

Aëris repentina turbatio vitanda.

Hujus axiomatis αἰτιολογία optimè depromi potest ex ipsomet Hippocrate Aphor. antiq. 51. sect. 2. ubi dicit omne nimium naturæ inimicum, paulatim verò quod fit tutum est, præsertim si quis ab uno ad aliud transierit. Et revera repentini motus omnes naturæ hostes sunt. A subitis enim illis motibus tota perturbatur animalis œconomia, sive ut loquitur Helmontius, perterrefit Archæus. Quòd si omnes repentinas mutationes cavere debeamus, quantò magis aëris, cùm ab aëre magis quàm ab omnibus aliis rebus afficiamur. Ipso enim à primo vitæ exordio ad tumulum usque carere non possumus.

LXXXII.

Ibid. Τλῶ μεταμείβειν σύμφορον ἐπὶ τοῖσι μακροῖσι νοσήμασιν.

Regionem mutare in longis morbis confert.

Sive navigans, sive terrestre iter faciens quispiam in aliam regionem migraverit, vel motus in itinere aut navigatione, vel aëris mutatio proderit: & maximè cùm in aërem contraria temperatura discesserit. Contrariam autem dico, non solùm aëris primæ regionis temperamento, sed etiam ipsius morbi: nam si humidus morbus sit, in sicciorem aërem migrandum erit: si siccus in humidiorem. Sic & in reliquis conjugationibus. Galen. in hunc loc.

LXXXIII.

Ἐν τοῖσι παλιμβόλοισιν αἱ μεταβολαὶ ὠφελέουσι. Epid.6. Sect.6.

In morbis vagis & mutabilibus, mutationes juvant.

Juvant in istis morbis vagis & recidivas patientibus, mutationes in rebus non naturalibus, uti superiùs de aëris mutatione dixit, sed etiam in medicamentis: unde ad diæteticam & ad therapeuticam pertinet.

APHORISMI
NOVI.

SECTIO V.
Therapeutica.

I.

Epid.6. Οὐσῶν φύσιες ἰητροί.

Naturæ morborum medicatrices.

Ars Medica, inquit Senex lib. 1. de victus ratione, *ab eo quod molestum est liberat, & id ex quo quis ægrotat auferendo, sanitatem reddit. Idem & natura per se facere novit.* Ita verbi gratiâ scatet alvina regio totúmve corpus crudis, biliosis, impurísque humoribus, varia sympto-

Sect. V. Therapeutica.

mata inferentibus, hosce purgantibus, vel vomitoriis, vel sudoriferis medicamentis è corpore eliminare novit Medicus, & idem natura per se exequitur sæpius diarrhæâ, vomitu atque sudore spontaneo. Imò Medicus & medicamēta nihil nisi naturæ ope adjuti assequuntur, unde illi aliquando & purgantia & vomitoria exhibent nullâ purgatione, nullóque vomitu subsequentibus, eo quòd natura spiritibus exhausta, vel humorum copiâ oppressa fatiscat, nec insurgere adversus morbum valeat. Igitur verissimum est Hippocratis effatum lib. de lege: πρῶτον μὲν ὧν πάντων δεῖ φύσιος: φύσιος γδ ἀντιπρατίοντος κινεῖ πάντα. Imprimis naturâ opus est. Naturâ enim repugnante irrita sunt omnia.

II.

Τὰ ἐναντία τῶν ἐναντίων ἐστὶν ἰήματα. De Flat.

Contraria contrariorum sunt remedia.

Medicina enim, subdit, *est additio*

& subtractio: subtractio quidem superfluorū, additio vero deficientium, quam sententiæ partem in Physiologicorum Aphorismorum numerum retulimus. Idem repetit lib. de nat. hom. *Morbos quos parit repletio, sanat evacuatio, quos vero evacuatio, eos repletio curat: & qui ex immoderato labore fiunt, eos quies sanat, quique ex otio gignuntur, labor indefessus curat.* Ita Epidem 6. *Impense calido corpori interna refrigeratio comparatur.* Et de ægrorum diæta agens; *In morbo contraria victus ratio adhibenda.* Itaque si *similia similibus curentur*, ut aliquibus placet, id fit quatenus contrariantur morbo, quanquam causæ morbificæ similia. Sic ambusta calidorum applicatio juvat, quia poros aperiendo igneas particulas in parte retentas eliciunt. Sic vomitus vomitum curat, quia irritantem humorem expellit.

III.

Epid. 6.   Ἴησις ἀντίνοον μὴ ὁμονοεῖν τῷ πάθει.

Medicatio est morbo obluctari.

Sect. V. Therapeutica.

Hic Aphorifmus ad ægrum & ad Medicum referri poteft. In primo fenfu Hippocrates Epidem. 1. morbo fe opponere ægrum jubet. In secundo, hæc fatur libro de natura humana. *In totum Medicus noffe debet tum inftantibus morbis, tum naturis, tum temporibus, & ætatibus fe opponere, & quæ diftendunt folvere, & foluta intendere. Eâ enim ratione quod affligit quiefcet, & curatio fequetur.*

I V.

Τέχνης μὲν πάσης ἀλλότριον ἀναβολὴ· ἰητρικῆς δὲ καὶ πάνυ, ἐν ᾗ ψυχῆς κίνδυνος ἡ ὑπέρθεσις.   Epift. ad Cratev.

Ab omni quidem arte aliena eft procraftinatio, fed maximè in Medicina, in qua dilatio vitæ periculum affert.

Omnis res grata quæ fit in suo tempore, inquiunt Hebræi Doctores. *Fronte capillata, fed poft occafio calva*, ait Poëta, & *occafio præceps* inquit Hippocr. *Morbi autem acuti* præsertim, qui celeri gradiuntur pede, sententiæ hujus veritatem confirmant : quæ enim remedia hodie conveniunt, aliquando pemiciosa evadent si sequenti die exhibeantur.

V.

Μὴ ὀκνέειν ϰαὶ ἰδιοτέων ἱϛορίην, ἤν τι δοκέῃ ξύμφορον.

Ne pigeat ex plebeiis sciscitari si quid ad curationem utile.

Idem commendat Galenus, & ipsemet plebeios & imperitos, piscatores, aliósque infimæ sortis viros consulere non erubuit, lib. *de simpl. facult.* Et certum est Medicinam augmentum suum debere maxima ex parte experimentis à plebe sæpius factis. Antequam enim in Artis formam coërcita foret Medicina, alumnósque haberet qui eam exercerent, exponebantur ægri in viis publicis, ut qui tales passi fuissent morbos indicarent quibusnam præsidiis profligati erant : sic *exemplo monstrante viam*, eadem adhibebantur, & si iterum juvarent, volitabant *per ora virûm* & posteritati commendabantur. Ita sanè apud Hippocratem multa conscripta sunt remedia empirica, præsertim in libris de morbis Mulierum, quæ proculdubio à Mulierculis partu functis aut hystericis affectionibus quondam affectis, didicerat & annotaverat. *Mulieribus enim,* inquit lib. de septimestri partu, *fides habenda est, ubi de iis quæ circa partum accidunt, loquuntur. Nam & omnia narrant, sempérque dicunt & semper proferunt. Neque aut opere aut sermone cujusquam se persuaderi sinunt, sed ex eo quod sibi contigisse norunt.*

VI.

Ἀσκεῖν περὶ τὰ νοσήματα δύο; ὠφελεῖν, Epid. I.
ἢ μὴ βλάπτειν.

Duo in morbis præstanda; adjuvare, aut saltem non nocere.

Medicus φιλόσοφος ἰσόθεος, *Philosophus Deo similis,* inquit Hippocrates, quasi Dei manus est ad ægrorum consolationem: unde semper conniti debet totis viribus ægrum juvare, & morbum arcere: at quia sæpe Medicus improvisis symptomatibus turbatus, & imperitiæ homini insitæ tenebris circumfusus, quid morbo conveniat perspicere nequit, & tamen æger sibi aliquid præscribi vult, videat saltem ne tunc aliquid quod nocere possit propinet. *Neque enim Medicina,* inquit Senex, *supervacaneam potentiam sibi arrogat, cùm siquidem ipsi multa aggrediuntur, in multis verò ab iis superantur.* lib. de decent. habitu.

VII.

Epid.6. Sect.8.
Ὅπως τὰς νόσους, ἀπό τινων, τινὰ σχήματα, ἐφ᾽ ἃς τόπους ἐτράποντο, ἤρχοντο, παρῆσαν, ἐπαύσαντο.

Considerare morbos oportet, qualiter, ex quibus, quas formas habeant, in quæ loca versi sint, quo tempore cœperunt, adfuerunt, cessarunt.

Hæc enim omnia sunt necessaria, ut morbi naturam probè cognoscamus, quo pacto primus morbi insultus micuerit; quibus causis tribuendus videatur; quos typos quásve formas habeat, verbi gratiâ, utrùm, si febris adsit, tertianæ, quotidianæ typum habeat; in quas corporis partes humorum facta sit depositio; quo tempore inceperint, viguerint & cessarint symptomata ac paroxysmi.

VIII.

Ἀγαθοῖσι ϑ̓ ἰητροῖσιν αἱ ὁμοιότητες πλάναϛ καὶ ἀπορίας.   Ibid.

Optimis verò Medicis similitudines imponunt & difficultates pariunt.

Acutè quidem nec sine sale à Momo dictum olim fuisse fingunt mythologi, deesse corpori humano fenestram, quâ latentium intus morborum veram causam oculis ipsis liceat explorare; cùm enim lateant, ratio ut ut firma, sensuum ope destituta vix facere potest,quin sæpius fallatur Medicus. Ad id conferūt maximè similitudines, quæ non tantùm plebeiis hominibus, sed summis viris imponunt; nam & Hippocrates ipse & Galenus, duo Medicinæ Principes se deceptos fuisse ingenuè confitentur: in quo majorem sanè mihi laudem mereri videntur, quàm si vesanâ turgiduli gloriolâ errorem suum dissimulantes, dedissent occasionem posteris in similes errores impingendi. Magnorum enim virorum est & fiduciam magnarum rerum habentium errata sua ingenuè confiteri; illis enim quoniam multùm est famæ facilè aliquid sibi detrahunt; parvi verò quia nihil ferè habent, nihil quoque sibi detrahi patiuntur. Hippocrates se deceptum fuisse fatetur in Autonomo ictu lapidis in syncipite percusso. Fefellit eum sagittalis sutura, & fatetur se ignorasse ipsum sectione opus habere. Galenus verò deceptum se in seipso colico dolore cruciato confitetur l. 12. meth. c. 7. Putabat enim hunc dolorem à crassis & viscidis succis

succis oriri, quem deinde ab acri humore factum cognovit. Quod si tantis viris imponunt similitudines, quid de cæteris credendum ? Sed & pariunt difficultates in curatione, cum enim rectè curare impossibile est, quem prima morbi origo fefellerit. Si enim dolori à calida ortæ causa calida adhibeas præsidia, & vicissim; morbus non curatur, sed augetur. Hinc sanè patet quàm meritò apud cordatos viros explodi debeant agyrtæ & Empirici, qui nullâ corporis humani & morborum cognitione freti, quibusvis mortalium languoribus, unico præsidio, certam opem pollicentur.

IX.

Ὁκόσα τὰ φλεγμαίνοντα ἐν ἀρχῆ τ̃ νόσων εὐθέως ἐπιχειρεῖσι λύειν φαρμακείη, τ̃ μὲν φλεγμαίνοντος οὐδὲν ἀφαιρέωσιν· ἒ γδ ἐνδιδοῖ ὠμὸν ἐὸν τὸ πάθΘ· ; τὰ δ ὑγιεινὰ συντήκυσι.

De diæt. in acut.

Quicunque per initia morborum inflammationes medicamento purgante solvere tentant, ij de inflammata parte nil detrahunt, cùm non cedat cruda affectio; ea verò quæ sana sunt colliquant.

Hunc Aphorismum explicat Galenus, cùm illum exposuit; *Concocta medicari oportet non cruda*, cujus hic est veluti periphrasis & particularis ad inflammationem applicatio.

X.

Ibid. Οὔτε παρὰ καιρὸν, ὅτε σφοδροτάτας κινησίας ποιεῖν, ὅτε ἀκραιφνῶν τῶν νοσημάτων, καὶ ἐν φλεγμασίῃ ἰόντων προσφέρειν, ὅτε ἐξαπίνης μεταβάλλειν.

Neque intempestivas neque vehementissimas vasorum inanitiones moliri fas est: neque cùm morbi vigent, & in inflammatione consistunt, cibum offerre, nec quicquam repente mutare tutum est.

Periculosas esse magnas seu evacuationes seu repletiones, variis in locis inculcat Hipp.& revera maximas vacuationes plerumque lethalis syncope sequitur, exhaustis spiritibus animalibus vitæ fulcris. Cùm verò morbi vigent, tum non convenit cibum offerre copiosum, quia tunc natura ab humorum pepasmo ad pepsim alimentorum avocatur. Idem asserit Aphor. 8. sect. 7. vett. Aphor. ubi dicit, Cùm morbus in vigore fuerit, tunc vel tenuissimo victu uti necesse est. Pariter si adsit inflammatio, tenuis etiam victus convenit, ne cibo polytropho incandescens sanguis augeat inflammationem. Repentinas tandem mutationes, ut subitò & derepente calefacere & refrigerare, vel alio quovis modo movere, periculosum pronunciavit Hippocr. multis in locis. *Omne enim*, inquit, *nimium naturæ inimicum.* Aphor. vet. 51. sect. 2.

XI.

Μὴ φαρμακεύειν τὰς βραγχαλέας, τὰς ἐπλευώδεας, τὰς πνευματικὰς κ̣ ξηρὰ βήσσοντας, τὰς ἰκτεριώδεας, καὶ ᾗ ὑπόχρας ἀκραιεῖς, κ̣ ὧν αἱ κοιλίαι ὠμὰ ἐκβάλλυσι, κ̣ αἱμορροΐδας.

De diæt. in acut. & Epist.

Minimè purgandi sunt raucedinosi, lienosi, asthmatici & siccâ tussi laborantes, icterici, stranguriâ affecti, & quibus alvus cruda dejicit, & qui hæmorrhagiam patiuntur.

Purgatio est inutilis humoris ab utili secretio, seu naturæ sponte, seu arte à Medico procuretur. Hæc ut legitimè fiat plurimæ requiruntur conditiones. Imprimis verò debet omnis peregrinus calor exulare, humores quieti sint, fluidi, & cocti; præhumectatum & præparatum corpus necesse est. Secus si fiat, corpus non purgatur sed turbatur. His sanè de causis raucedinosi purgandi non sunt; sic enim ad fauces præceps magis rueret humor. Lienosis etsi purgatio conveniat ad expediendas visceris hujus emphraxes, priùs tamen si induruit, debet emolliri, ut pharmaco pateat aditus; priùs debuere parati ad fermentationem humores atrabilarij cicurari, ut purgatione non incalescant. Asthmaticos, si quo tempore depluit à cerebro in bronchia humor, purgaveris, suffocabis. Sicca verò tussis, quoniam non à copiosa sed ab acri & pauca oritur materia, purgatione exasperabitur, catharticúmque præsidium huic calcar addet non frænum. Ictericos quoque, si quo tempore jecur obduruit & ardet corpus universum purgaveris, parum cautè facies. Quibus ardet urina, medeberis non catharsi augente ardorem, sed lenientibus. Dum verò alvus cruda dejicit, si purgaveris turbabis omnia, pepsim expecta, concocta enim medicari, non cruda, docet Hippocrates multis in locis, expressis verò verbis Aphor. 22. sect. r. Si apertis tandem narium aut sedis arteriolis sanguis funditur compesce ipsius motum refrigerantibus incrassantibus, hypnoticis & aliis, sed noli urgere taracticis & catharticis.

XII.

Τὸ φάρμακον πρῶτον μὲν ἀγ{..}, ὃ ἂν αὐτῷ κ{.} φύσιν μάλιςα ᾖ, ἐπεῖτα καὶ τἆλλα.   De nat. hom.

Aphorismi novi.

Medicamentum purgans primò quidem educit quod naturæ suæ affine est, deinde verò & reliqua.

Magna semper inter Medicos quæstio fuit, quomodo in nostra corpora agerent medicamenta purgantia. Quidam substantiæ contrarietate & quasi in eos simul ac humores pravos insurgente naturâ. Alij similitudine substantiæ, velûti magnes ferrû, humores elicere, quorum hîc Coryphæus Hippocrates. Alij tandem irritatione & ulceratione quas in stomacho excitant.

XIII.

De Affect.

Τοῖσι χολώδεσι τὰ ὑφ' ὧν χολὴ καθαίρεῖ), φλεγματώδεσι τὰ ὑφ' ὧν φλέγμα, μελαγχολώδεσιν ὑφ' ὧν μέλαινα χολὴ ὑδρωπιῶσι ᾗ τὰ ὑφ' ὧν ὕδωρ.

Biliosis medicamenta cholagoga exhibenda, pituitosis phlegmagoga, melancholicis melanagoga, hydropicis verò hydragoga.

Cùm multorum in medicinæ praxi rationem habere oporteat, nullius certè magis quàm temperamenti & humoris prædominantis. Hæc est antiquissima & trita magis medicinæ lex, à qua qui deflectit ne hilum proficiet. Si itaque bilis abundet, hac corpus liberandum esse cholagogis, & sic in cæteris agendum esse evidens magis est quàm ut probatione indigeat:& si medica aliqua theoremata essent in hujusce Aphor. probatione revocanda, hæc duo maximè, sufficerent, sublatâ causâ tollitur effectus, contraria tolluntur contrariis; in biliosis bilis est morbi causa, tolli itaque debet : at verò bilis contraria sunt cholagoga, itaque biliosis cholagoga, phlegmaticis phlegmagoga, & unicuique contraria sua exhibenda sunt.

XIV.

Φάρμακα ὃ χρὴ τὰ ἰσχυρὰ φύσει ἐπὶ   D: locis
τ̃ ἀσθενέων νοσημάτων διδόναι, ὀλιγό-   in hom.
τηi τ̃ φαρμάκυ ἀθρόις ποιεῦντα.

In morbis levibus medicamenta naturâ vehementia non

sunt exhibenda, nec imbecillitas medicamenti paucitate metienda.

Si levi morbo validum adhibeas præsidium, morbum forte non curabis, sed augebis. Turbabis enim absque necessitate naturam, cui inimicum omne nimium & præsertim mochlicum. Adde quòd parum prudens erit hæc praxis; quorsum enim rem aggredi cum periculo, quæ ἀκινδύνως mitiori præsidio cedere potuisset. Talis Medicus vituperatione vacare nequit: si enim ipsi medicamentum succedat, ægérque curetur, saltem temeritatis & impudentiæ reus erit. Si non successerit, eò magis culpandus. Neque verò eo quòd parvâ dosi medicamentum exhibeas, debile credas. Sunt quippe multa mole minima, virtute maxima. Sic plùs possunt grana aliquot stibij præparati aut diagrydij, quàm unciæ aliquot cassiæ aut mannæ.

XV.

De Re- Τῶν ἰσχυρῶν φαρμάκων τὰ πλεῖς-
sti. τα κακοῖ τ. στόμαχον.

Medicamenta vehementia ut plurimùm stomachum exulcerant.

Talia sunt stibiata inconsultò ab Empiricis exhibita, à quibus stomachi dolores, sanguinis vomitus, singultus, similiáque symptomata exulcerationis confectanea, aliquando accidunt. Talia sunt & plura remedia à plebe potiùs quàm ab eruditis Medicis usurpata, cataputia, tithymalus, pinei Indici, & ejusdem farinæ alia, quæ instar vesicatoriorum in stomachi tunicis vesiculas excitant, & irritatione quam inibi creant, vehementem purgationem exequuntur. Non ergo dubium quin Hippocrates & alij antiqui, qui sæpe medicamenta valida, veluti helleboros omnis generis, præscribebant, modos & præparationes habuerint, quibus vis & malignitas eorum obtunderetur. Hæ autem præparationes nobis ignotæ sunt, eo quòd multa veterum scriptorum perierint, veluti Pharmacitidis liber, quem conscripserat Hippocrates, quémque sæpius citat. Sed benigniora nunc à nobis ufurpantur antiquis incognita, veluti caffia, fenna, tamarindi, manna, ac myrobalani, à quibus metuendus non eft priorum effectus,

XVI.

De loc. hom.
Τῶν νοσημάτων ἂν μὴ ἐπίςηταί τις, φάρμακον πίσαι μὴ ἰσχυρὸν, ᾧ ᾗ ῥᾶον ᾑιν, δίδεικ) ὁδός.

In morbis quos aliquis non cognofcit, medicamentum minimè vehemens propinandum: quòd fi inde meliùs habeat, via indicatur.

Sapientis viri confilium iftud eft. Cùm enim in arte noftra multa fint opinioni fubjecta, imò & nonnulla fenfum & captum noftrum fugientia, velint tamen ægri fibi aliquid præfcribi; fi negligentiæ culpari nolit Medicus, etfi adhuc morbi naturam non detexerit, præfcribere debet ægro medicamentum, fed primò quidem leve & innoxium, ut fi inde meliùs habeat simile, sed validius, si pejus, contrarium adhibeat.

XVII.

Ἐπὴν φάρμακόν τις πιὼν ὑπερνοσῇ, καὶ κάτω κ᾽ ἄνω ὑπεκχωρέῃ, οἶνον καταρροφεῖν, τὸ μὲν πρῶτον κεκρημένον, ἔπειτα ἄκρητον θαμινὰ διδόναι καὶ παύεται. Ibid.

Cùm quis ex medicamenti potione malè affectus fuerit, & infrà supráque nimiùm demiserit, vinum primò quidem dilutum, deinde meracum frequenter sorbendum exhibeto, & sedabitur.

Vinum superpurgationis remedium est, quia fermentationem in sanguine excitat, fermentationi quæ à purgante fit contrariam. Purgans enim movet & pellit humores à circumferentia corporis ad centrum, à venis ad intestina & stomachum: vinum verò & alia cardiaca movent humores à centro ad circumferentiam, à stomacho & intestinis ad venas & habitum corporis. Vel etiam vinum purgantis actionem nimiam reprimit, quia partibus suis oleosis & sulfureis purgantium acrimoniam obtundit. Adde quòd & stomachi fibras à cathartico laxatas vinum non mediocriter roborare valet.

XVIII.

[De morb. l. 2.]

Ὑποκλύζειν ᾗ τὰς κοιλίας καὶ βαλάνους προστιθέναι, ἣν μὴ ἡ κοιλίη ὑποχωρίῃ, ἐν πάσῃσι τῇσι νούσοισι.

Clysteres autem infundere aut suppositoria apponere oportet, in quibuscunque morbis alvus non est libera.

Alvus libera non minimi est ad sanitatem momenti; hac enim viâ tanquam per cloacam expurgatur corpus, sive sponte sive arte id accidat. Innoxia & utilia huic proposito clysmata & suppositoria, quicquid è contra blaterent fumivenduli Panacæarum assertores, Paracelsi, Helmontiique clientes.

XIX.

XIX.

Ἀντισπᾶν, ἢν μὴ ᾖ δεῖ ῥέπει: ἢν δ᾽ Epid 6ι
ὅπη δεῖ, ταύτοισι δεῖ ϛομοῦν, οἵως ἕκαϛα
ῥέπει.

Revellenda ea funt, quæ quò non oportet repunt: fin autem quò convenit, iis viam fternere oportet, ut fingula eò vergant.

Revulfio eft motus humorum ad partes oppofitas, veluti fi ad caput accurrens fanguis per faphenæ fectionem quafi retrahatur. Scio multos ex neotericis circulationem admittentes revulfionem aliquam fieri poffe vix admittere velle, eo quòd alius fanguini motus conciliari nequeat quàm circulatorius. At fortè id malè fupponitur, etenim in fluente rivi feu fluminis aquâ, in contrarium aquæ pars faltem rivulo retrahi poteft: quidni autem fimile fieri poffit in fanguinis rivo? Et hoc fæpè fufficit etfi ferè momentaneum, ut copiofiùs affluens ad aliquam partem sanguis retrahatur, revellatúrque. Cæterùm pro revulsionis usu pugnat experientia, phlebotomia enim è pede delirio utilis, quanquam quo pacto id fiat non satis rationibus possit comprobari.

XX.

De humor. Μὴ τὰ ἐπικεχυμαρμένα εἰς τὸ ἔσω ἀπολαμβάνει, ἀλλὰ τὰς ἀφόδ ὑς ξηραίνειν.

Humores extravasatos intro ne intercipito, sed aditus exsiccato.

Extravasati humores putrescunt, unde febres, abscessus, partium corrosio, putredines, caries ac gangræna oriuntur. Igitur non sunt intro cohibendi, sed iis parandus quocunque modo exitus, & quod præcipium est aditus exsiccandi, hoc est, viæ per quas feruntur obturandæ antequam extravasentur, sive fons unde oriuntur exsiccandus, & exhauriendus.

XXI.

Τὰ νοσήματα ᾗ μάλιστα πέφυκεν ἐξάγειν. — De locis in hom.

Morbi per eam partem cui maximè vicini esse solent, educendi.

Sic enim natura non fatigatur, quia contrarius motus humoribus non conciliatur, imò quâ data porta faciliùs feliciúsque erumpunt, nec aliæ corporis partes sanæ corruptæ materiæ transitu inficiuntur, quod accideret, si longè à parte affecta via ipsis sterneretur. Inde Clysterum, vomitoriorum & purgantium utilitas pensanda est, & stabilienda, renitentibus quanquam Helmontio & ipsius sequacibus : cùm enim stomachus & intestina, partésque vicinæ scateant crudis indigestísque Chyli reliquiis, quæ viscositatis certum gradum adeptæ, aut bili permistæ, pituita vitrea, æruginosa aut vitellina audiunt, quomodo per breviorem viam exturbari possunt, quàm per vomitum aut secessum ?

An diuretica aut sudorifica, illas facilè attenuare poterunt, ut per viarum urinariarum ambages, aut per cutis spiracula in halitus formam pelli queant? Tales autem existere crudos in hisce viis humores, satis supérque docent, solita ingluviei & ingurgitationis in hominibus nostris consuetudo, imò & ab omni ævo stabilita, unde à cibis & potibus oriri omnes ferè morbos conquestus est divinus noster Senex, & post eum Seneca, Plinius, aliíque.

XXII.

Ibid. Ἐπἰω παραλάβῃς ἐνώρθμον κ᾽ ἐμεοῦτα, μὴ παύειν. τ᾽ ἔμέτον : ἰω δ᾽ ἀϑενὴς ὃ ὁ ταῦτα πάσχων, ὕπνε φάρμακον διδόναι.

Cùm evacuatum & vomentem curandum susceperis, vomitum ne sedato: quòd si ita affectus fuerit debilis, medicamentum somnum concilians exhibeto.

Quod cum ratione præscriptum

fuit & necessarium judicatum non temerè immutandum. Vomiturienti si vomitum sedes, pravos qui excludi debebant, retines humores. Attamen quia semper maxima virium habenda est ratio, ubi ex nimia vacuatione æger debilis factus fuerit, commodè vomitum sedabis remediis narcoticis prudenter exhibitis. Illa enim partibus suis crassis ac sulphureis, spirituum & humorum motum à purgantibus excitatum cohibent.

XXIII.

Ἐμέτȣ λύσις, ὕδωρ θερμὸν διδόναι πίνειν κỳ ἐμέτω. — Epid 2. sect. 5.

Vomitum sedat aqua calida epota & vomitione reddita.

Diluit enim humores acres vomitum excitantes, eósque secum simul evacuat: at calidæ voce tepidâ intelligenda, quæ potiùs quàm calida vomitiva est.

XXIV.

Κοιλίȣ-ἐξυπηρετȣ́σας λύει ἔμετ⊕, κỳ — De diæt. li 2.

διαχωρῦσαν μᾶλλον ᾗ ξηρῇ ἵησι, ἢ μὲν ὃ διυγραίνων, τὴν δὲ ξηραίνων.

Alvum constipatam solvit vomitus, & nimis fluidam sistit, illam quidem humectando, hanc verò siccando.

Vomitus sæpè accidit ex variorum humorum biliosorum acriúmque confluxu ad stomachum, quo in casu alvus priùs constipata, irritatur & solvitur, atque ab istis humoribus humectatur. Alvum verò fluidam sive diarrhœam à nimia pravorum humorum copia ortam curat vomitus ex aliqua causa procatarctica, vel arte ope emeticorum excitatus: revellendo enim ab intestinis illa exhaurit & exsiccat.

XXV.

De locis in hom. Ῥόον ξυμφέρον ἐκ κεφαλῆς ῥυῆναι, ἔμετος.

Fluxione ex capite manante vomitus confert.

Fluxioni ex capite quæ anginam

& apoplexiam & catharrum suffocantem parit, perutilis est vomitus, quo materiæ pars vacuatur, & ad expulsionem excitatur cerebrum. Ita nemo est qui ignoret, emeticorum vim in apoplexiæ soporosorúmque ferè omnium affectuum curatione.

XXVI.

Κακύρξων γάλα, σκόροδον, οἶν<g/> ἀπε- Epid. 6.
ζεσμθύ<g/>, ὄξ<g/>, ἅλες.

Malignorum remedia sunt lac, allium, vinum fervefactum, acetum, salia.

Lac námque venenis erosione interficientibus adversatur, siquidem temperatione opus est. Allium vehementi frigiditate ladentibus resistit. Vinum mediocriter frigidis. Acetum verò, ut glutinosos quales fungorum esu creantur, succos incidas, vel refrigerandi causâ, sicut adversus Thapsiam requiritur: postremò sal, ut totam maleficorum humorum medicamentorúmque substantiam consumere possit. Galen. in hunc locum.

Quam autem alexiteriam vim habeant salia præsertim volatilia, quæ sanguinis coagulationem impediunt, satis norunt recentiores.

XXVII.

Epid. 2. sect. 5.

Ὅσοι ἐξαπίνης ἄφωνοι ἀπύρετοι ἴωσιν, φλεβοτομίειν.

Qui derepente sine febre voce deficiunt, iis venam secare oportet.

Sive apoplexiam sanguineam intelligas, sive ἀφωνίαν ex causa aliqua procatarctica, veluti ebrietate, irâ, catharro in fauces & pulmones subito depluente, non parum conferet venæ sectio ex mediana, jugularibus vel ranulis. Hoc enim pacto sanguinem vel nimiâ copiâ vasa distendentem evacuabis, vel ipsi quasi immobili reddito motum reddes liberiorem.

XXVIII.

De diæt. in acut.

Τὰ ὀξέα πάθεα φλεβοτομήσεις, ἢν ἰσχυρὸν φαίνηται τὸ νόσημα, καὶ οἱ ἔχοντες

Sect. V. Therapeutica. 309
ἀκμάζωσι τῇ ἡλικίῃ, καὶ ῥώμη παρῇ αὐτίοισιν.

In morbis acutis sanguinem detrahes, si vehemens fuerit morbus, & ægroti ætate florente fuerint, & viribus valuerint.

Non ergò ita fuit in sanguine mittendo audax Hippocrates, ac multi ex recentioribus, qui sæpe cum sanguine vitam ægris adimunt. Miratur autem Galenus quòd hanc sententiam inter Aphorismos non reposuisset, cùm in paucis verbis vis magna reperiatur. Sed quomodo chronicorum morborum non meminit? Quoniam, inquit Galenus, de acutis duntaxat sermonem tunc habebat, atque ob id eos solos memoravit.

XXIX.

Κυνάγχων καὶ ὀφθαλμίων, φλεβο- Epid.7. τομίη.

Anginam & ophthalmiam venæ sectio solvit.

Hi duo morbi ab inflammatione oriuntur, cui curandæ apprime convenit phlebotomia. De utroque morbo iterum Aphorismi sequentes magis præcisè.

XXX.

De diæt. in acut. Ἢν κυνάγχῃ ἢ φλεβοτομίην ποιέειν ἀπὸ βραχιόνων, ἢ ἀπὸ τῆς ὑπὸ τὴν γλῶσσαν φλεβῶν, ἢ φαρμακεύειν τοῖσιν ἐκλεικτοῖσι καὶ ἀναγαργαρίζων θερμοῖσι.

Si angina adsit phlebotomiam administrare oportet ex brachiis & ex venis sub lingua, & eclegmata exhibere, & calidis gargarismatis uti.

Nullus fortè morbus est cui ita conveniat Phlebotomia, eáque iterata pro rei necessitate. Est enim Angina inflammatio Laryngis & faucium, respirationem & deglutitionem tollens, nisi subitò ipsi succurratur derivatione & evacuatione sanguinis, qui ad partem dolentem accurrit, quod venæ sectione ex brachiis aut ranulis fit. Interim eclegmata exhibere, ut vicinus pulmo & fauces, phlegmate inibi subsistente ob impeditam expectorationem, liberentur. Et calidis seu tepidis gargarismatis uti; sicut enim constringunt frigida, ita relaxant & discutiunt calida.

XXXI.

Ὀφθαλμίης ἐπιδημίῃ ξυμφέρει κάθαρσις, κ̓ ἐνίοις αἵματος ἀφαίρεσις, κ̓ σικύαι κατὰ τὰς φλέβας, εἶτα ὀλίγου ἄρτου, καὶ ὕδατος πόσις.

De videndi acie.

Ophthalmiæ Epidemicæ confert purgatio & quibusdam venæ sectio, & cucurbitulæ ad venas, pro cibo modicus panis & aquæ potus.

Ophthalmia Epidemica varij temperamenti homines prehendit, variisque scatentes humoribus: unde non idem sufficit omnibus præsidium. Sunt quibus venæ sectio, sunt quibus purgatio, aut cucurbitulæ conferunt: & omnibus ferè diæta te-

Aphorismi novi.

nuis & refrigerans, quæ sanguinem minuat & temperet, ex modico pane & aquæ potu.

XXXII.

Ibid.

Ἤν τινι οἱ ὀφθαλμοὶ ὑγιέες ὄντες διαφθείρωσιν τὴν ὄψιν, τουτέῳ χρὴ ταμόντα κατὰ τὸ βρέγμα ἐπαναδείραντα, ἐκπρίσαντα τὸ ὀστέον, ἀφελόντα τ᾽ ὕδρωπα ἰῆσθαι.

Si quis oculis sanis visionem diminutam habeat, huic sectione ad synciput factâ, insupérque cute ab osse remotâ, & osse exciso, aquâ detractâ medeberis.

Magnum sanè & audax præsidij genus, in gutta serena incipiénte, quæ cùm frequenter oriatur ex seri copia opticos nervos relaxante aut obstruente, trepano ab Hippocrate curabatur, quo aquâ vacuatâ pristinam oculorum aciem recuperat æger.

De cap. vuln.

XXXIII.

Τάμνοντι τὴν κεφαλὴν, τὰ μὲν ἄλλα τῆς

τῆς κεφαλῆς ἀσφαλείω ἔχει ταμνόμ⟨εν⟩α: ὁ δὲ κρόταφος κὴ ἄνωθεν ἔτι τ κρόίαφου κτ' τὴν φλίβα τὴν δ⟨ι⟩ὰ τ κρόίαφυ φερομ⟨εν⟩ίω, τοῦτο τὸ χωρίον μὴ τάμνειν, σπασμὸς γδ' ἐπιλαμβάνει τ τμηθέντα.

In capitis sectione cæteræ quidem partes tutò secari possunt : tempora verò & quod supra est juxta venam quæ per tempora fertur secari non debent ; sectum enim convulsio prehendit.

Temporum vulnus admodum periculosum est, tum ob hæmorrhagiam quæ ab incisione ramorum venarum jugularium & arteriarum carotidum oritur, tum ob convulsionis metum, quæ ob partis istius tendinosæ sensibilitatem ægrum facilè prehendit. Idem repetit Hippocr. in Prorrhetico : ἄραγε κὴ ϖὲὶ τ κρόταφον ὀςέων διακοπαὶ σπασμὸν ἐπικαλέον⟨ται⟩. Et in Coacis, ὁκόσοισι κρόταφος τάμνε⟨ται⟩, σπασμὸς ἐκ τῆς ἐναντίον τῆς τομῆς ἐπιγίνε⟨ται⟩. Id est, quibuscunque tempora secan-

iuri, *convulsio ex parte opposita superveniet*. At si fractura in hoc osse acciderit, paulatim declinato musculo & ab osse didudo, os extremâ parte & superiore, aperire licet.

XXXIV.

De morb. lib. 3.

Λήθαργ۞ ὅταν λάβη, τύτῳ ἐλπὶς μὲν πάνυ βραχεῖα, περιγινεδῶς : ὅμως ἢ πλύ-ειν ἢ ποιεῖν ὡς πλεῖςον, καὶ θερμαίνειν, καὶ ἀοινεῖν.

Lethargus si prehenderit, huic quidem admodum exigua vitæ spes est: efficiendum tamen ut plurimùm spuat, & calefiat, & vino abstineat.

Lethargus ferè lethalis est, cùm affectum sit graviter cerebrum. Sed si quodammodo ruens ad caput phlegma vacuari & discuti possit, id tentandum præsidiis quæ sputum, imò & vomitum promovent, quæque discutiant & resolvant, ut cataplasmatis, phœnigmis, alterantibus julepis. A vino tamen abstinendum quod vaporosum & καρηβαρικὸν est.

XXXV.

Ὀδύνης ἐν κεφαλῇ τ̄ αἵματ@ ἀφαι- De loc.
ρέαν ὑπὸ τ̄ φλεβῶν, ἢν ὃ μὴ παύη), in hom.
ἀλλὰ πολυχρόνιον ᾖ, διάκαιε τὰς φλέβας.

In capitis dolore sanguinem ex venis detrahito : quòd si non cesset, sed diuturnus evadat, venas inurito.

Capitis dolor sæpè à sanguine nimium ebulliente originem ducit, quo in casu venæ sectio perutilis est, utpote quæ sanguinem ferocientem contemperet, ●●● ubi diuturnus est & ideo à frig●●● humore ortus, ad venas cauteria ●●●pplicanda, quibus phlegma aut serum acre derivetur & vacuetur, vel venæ inurendæ quod nunc obsolevit.

XXXVI.

Τὰς ἀφ' ὑστερίων κεφαλαλγίας κασό- Epid. 7.
ριον παύει.

Capitis dolores ab utero castorium solvit.

Dolores capitis à flatibus vaporibúsq; hystericis ortos castorium solvere valet, quod quidem suo calore, flatus resolvere potest, & vi suâ specificâ, si verè dentur specifica, vel sua volatilitate, uteri motus comprimere, ejúsque vapores dissipare.

XXXVII.

Epid. 2. Ἢν ἐκ κραιπάλης κεφαλὴν ἀλγέῃ, οἴνου ἀκρήτου κοτύλην πιεῖν.

In capitis dolore ex crapula, vini meraci cotyla potui danda.

Cotyla pend●●●●●●hmas 78. seu uncias novem & ●●●●hmas sex, ideóque ad haustum satis capacem vinum porrigi vult, ut quemadmodum Athenæus ex Alceo Poëta, *alium calicem ex capite depellat alius*, & ex Antiphane οἴνῳ τ̀ οἶνον ἐξελαύνειν, κώπῳ κῶπον, *vinum vino expellatur, labor labore.*

XXXVIII.

De Affect. Ἢν ἄλλοτε καὶ ἄλλοτε ἰδρών καὶ εκοτ-

Sect. V. Therapeutica.

δ'ινιν ἐμπίπlει ἐς τλὼ κεφαλὼ, ὠφελίει
λὼ αἷμα ἀφαιρέθη ὑπὸ τ῀ μυκίηρων, ἢ
ὑπὸ τ῀ φλεβὸς τ῀ ἐν τῷ μετώπῳ.

Si subinde dolor & tenebricosa vertigo in caput incidat, juvat ex naribus aut ex venâ frontis detractus sanguis.

Sic enim fit derivatio humoris qualiscunque ad cerebrum ruentis, & dolorem illum, vertiginemque patientis.

XXXIX.

Ἕλκ@ ἐν τῇ κεφαλῇ ᾧ χρὴ τέγlαν De cap.
ὑδενὶ, ὑδὲ οἴνῳ, ἄλλως ἥκιςα, ὑδὲ vuln.
μετῷ τλὼ ἴησιν ποιεῖτσαι, ὑδὲ πιέζειν, λὼ
μὴ ἐν τῷ μετώπῳ, ἢ ἐν τῷ ψιλῷ τ῀ τριχῶν, ἢ περὶ τ῀ ὀφρυῶν, καὶ τ῀ ὀφθαλμόν.

Capitis ulcus nullâ re madefaciendum, ac ne vino quidem aut quàm minimùm, neque per cataplasmata aut linamenta curationem tentare, neque etiam comprimendum nisi in fronte sit, aut in parte pilis nudâ, aut circa supercilium & oculum.

Ulcus capitis exsiccationem maximè postulat, unde in locis humidis periculosa sunt capitis vulnera. Etenim levis quæcunque in cerebro putredo, quæ ab humido procuratur, ferè lethalis est. Ideo veteres cephalica & catagmatica medicamenta invenere, quæ exsiccare & mediocriter calefacere ac detergere valent. Ita ubi detecta erat dura mater sanguinem columbinum cum rosaceo affundebant, teste Galeno. Sic membranam illam vulneratam calaminthæ succo & farina milij inspersâ conglutinari scribit, ex Archigene Medico Romano in Chirurgia peritissimo. Si tamen ulcus sordidum fuerit, linamenta sicca non respuenda, & medicamenta abstergentia ex farina hordei, melle rosato & vitello ovi. Tum etiam vinum austerum in quo absynthium, rosæ, betonica, aliáque id genus incocta fuerunt.

XL.

Ἢν ὀςέον τιτρώσκε) ἄλλη τ̃ κεφαλῆς Ibid.
ἢ ἧ̃ τὸ ἕλκ@ ἔχη ἄνθρωπ@ κ̓ ἰψιλώ-
θη τ̃ σαρκὸς, ταύτην τὴν ξυμφορὴν ἐκ
ἂν ἔχοις ὠφελῆσαι ἐδέν.

Si os frangitur aliâ capitis parte quàm eâ quâ vulnus eſt & quâ nudatum, huic infortunio nullis remediis ſubvenies.

Sive frangatur tabula interior cranij illæsâ externâ, ſive vicina aliqua lateralis aut oppoſita, lethale vulnus eſt; quia Medicus nulla habens indicia, quâ parte ſit fractum, trepani applicationem non ſuadet, ne in vanum laboret; & aliò quàm fractum os ſit, tendat: unde ſuo relinquitur infortunio, vulneratus æger, qui ex ſanguine intus effuſo, & advenientibus inibi putredine ac gangrænâ malo fato cedere cogitur.

XLI.

Ἢν τὸ ὖς ἀλγέη, τῷ γάλακτι δια- Epid: ⅱ
χρίσθω. Sect. 5.

Aphorismi novi.

Si dolor in auribus prehendat, lacte utitor.

Aures admodum sensibiles sunt, ut quodvis remedij genus adhiberi non debeat: at innoxium & anodynum lac est præcipuè muliebre ex mammis in aures injectum.

XLII.

De Affect.

Ὅσα περὶ ὀδόντας τῶν ἀλγήματα, ἴω μὲν βέβρωμῶς ἢ καὶ κινῶ, ἐξαίρειν, ἴω δὲ μὴ βέβρωμ μηδὲ κινῶ, καύσαντα ὑποξηρῖναι: ὠφελέει δὲ καὶ διαμασήματα.

In dentium doloribus, siquidem dens erosus fuerit & mobilis, eximendus: quòd si nec erosus, nec mobilis fuerit, ustione resiccandus: prosunt & masticatoria.

Dentes per se indolentes sunt, at ratione nervi in ipsos inserti dolent. Prima Aphorismi pars lippis & tonsoribus nota. Altera non ita evidens.

Quid enim urendum, an nervus denti implantatus ; an vaſa pone aures ad dentes gingiváſque ſanguinem deferentia ; an cervicis pars poſterior quâ fiat revulſio humoris ad dentes ruentis? Quælibet iſta ni fallor, pro re nata uſurpari poſſunt ; ut & maſticatoria, quibus vaſa ſalivalia aperiantur, & lympha copioſior vel acrior dentium dolorem excitans vacuetur.

XLIII.

Ἢν ἐν τῇ ῥινὶ πόλυπ{Θ} ἐγγένηται, ἐξαιρέεται βρόχῳ διελκόμεν{Θ} ἐς τὸ ςόμα ἐκ τ῀ ῥινὸς : οἱ δὲ καὶ φαρμάκοισιν ἐπσπῶνται.   Ibid.

Si Polypus in naſo naſcatur, eximitur laqueo ad os ex naribus pertractus : quidam etiam medicamentis corrodunt.

At ſecuriora & commodiora ſunt inſtrumenta ad polypi extirpationem à neotericis inventa, quorum deſcriptionem apud Fabricium ab Aquapendente alióſque videre eſt.

XLIV.

Ibid. Ἢν ἡ ϲαφυλὴ κατακρεμασθῇ καὶ πνίγῃ, παραχρῆμα τοῖσιν ἀναγαργαλίκτοισι χρῆσθαι· ἢν δὲ πρὸς ταῦτα μὴ ἰσχύῃ ξυμ(μή)ὑπισθεν ξυρήσαντα τ̄ κεφαλὴν, σικύας προσβάλλειν δύο, καὶ τ̄ αἷματ(ος) ἀφαιρέειν ὡς πλεῖϲον, καὶ ἀνασπάσαι, ὀπίσω τὸ ῥεῦμα τ̄ φλέγματ(ος).

Si columella laxata suffocet, confestim gargarismis utendum : quòd si his non minuatur, occipitio deraso cucurbitulæ duæ admovendæ & sanguis exinde plurimus detrahendus, pituitæque cursus in posteriora revellendus.

Columella sæpe inflammatur & intumescit, à sanguine & humoribus serosis sive pituitosis, pituita enim nil aliud est quàm serum inspissatum, quia autem laryngi superposita est,, si nimium tumeat, viam respirationi præcludit. Quod ut præcaveatur gargarismatis repellentibus astringentibúsque utendum, & cucurbitulæ occipiti applicandæ, ut ad eam ruens humor revellatur, & venæ sectio quam forte ut nimis notam omittit, administranda.

XLV.

Ἢν γάλα σβεσθῇ πράσα κὶ κράμβίω ἐσθίετω, κὶ κριθας ἐπλισμῄμας, κὶ βούτυρον ἑψήσαι ὁμοῦ κὶ ψύξας δίδυ πίνειν.

De morb. mul.

Si lac in muliere deficiat, porra & brassicam comedat, & hordeum excorticatum una cum butyro coctum & refrigeratum sorbeat.

Multa remedia in his libris proponit Hippocrates, quæ ex mulierum experientia didicerat, qualia forte sunt ista ad lactis copiam procurandam. Porrum in Græcia multò dulcius est quàm in his regionibus, in quibus ejus acrimonia lactis generationi potiùs obesse videtur. Brassica satis alimenti suppeditat, sed plùs adhuc hordeum coctum, five hordeatum cum butyro, aut carnium jufculo.

XLVI.

Epid.6. Αἵματος φλεβῶν στάσις, λειποθυμίη,
Sect 7. σχῆμα, ἄλλη ὑπόληψις, μυλώματος ξυστροφὴ, πρόσθεσις, ἐπίδεσις.

Sanguinem è venis profluentem fiftunt animi deliquium, partis fitus, venæ interceptio, linamentum contortum, appofitio, deligatio.

Hæmorrhagiam fiftit animi deliquium, quia ab eo retrahitur fanguis & fpiritus ad cor. Σχῆμα, *partis fitus* vulneratæ parti accommodatus, quo hæmorrhagia aliquo modo compefcatur. Ita divinus Senex, Epid. 6. fect. 3. vocem hanc ufurpat: τὰ σχήματα τὰ ῥίζοντα μᾶλλον, &c. Id eft, *Figuras quafdam*, five fitus corporum, *magis allevare perfpicuum, ex eo qui cùm farmenta manu flecteret aut intorqueret, ac præ doloribus decumberet, defixi paxilli*

Sect. V. Therapeutica. 325
xilli parte inhæsit; & allevamentum
sensit. Venæ interceptio vinculo in-
jecto vel intercisione. Linamentum
contortum ex materia contorta &
implexa, quæ venæ applicata eam
comprimit & sanguinem fluentem
intercipit. Appositio medicamentorum, verbi gratiâ emplasticorum, sple-
niorum, aut linteorum oxycrato vel
aquâ frigidâ imbutorum. Deligatio
conveniens quæ labra vulnerum adducat, aut ligaturæ digitorum in
narium hæmorrhagia. Cæterùm tres
primas voces hujus sententiæ multi
unâ voce legunt αἱμαλοφλοιβοιςάσης,
quod idem sonat.

XLVII.

Τἢν ὀδύνην πλυρῦ, ἰώτε κατ᾽ ἀρ- De'dixt.
χὰς ἡμίν᾽), ἰώτε ἐς ὕστερον, θερμάσμασι in acut.
μἐν πρῶτον ἰα διὸ τρόπη ὃδὶ χεησά-
μθμον πειρηθἡναι διαλύσαι.

Dolorem lateris sive ab initio morbi, sive postea accidat,
fomentis calidis tentare dissolvere absurdum non est.

E e

Si enim à flatibus oriatur dolor, fomento calido quiescet ac evanescet: sin minùs ab affluente humore procedat, mitigabitur tamen resoluto partim, & fluidiori reddito sanguine, ne coagulatus majorem pariat inflammationem.

XLVIII.

Ibid. Θερμασμάτων δὲ κράτιστον μὲν ὕδωρ θερμὸν ἐν ἀσκῷ, ἢ ἐν κύστι, ἢ σπόγγος μαλθακὸς μέγας ἐξ ὕδατος θερμοῦ ἐκπεπιεσμένος.

Fomentorum autem istorum optimum est aqua calida in utre vel vesicâ; aut spongia mollis & magna ex aquâ calidâ expressa.

Fotus, inquit Fernelius lib. 3. meth. med. *suo tepore ac vapore per spongiam, partem quamvis blandè concalefacit, nativúmque ejus calorem erigit ac suscitat, humores qui ei præter naturam insident & impacti consopitíque sunt excitat, emollit, attenuat, colliquat, fluxilésque red-*

Sect. V. Therapeutica.

dit, ut facilè sequantur quocunque medicamentum trahet. Hoc quidem præparationis genus diuturnis est affectibus accommodatissimum, quod tamen & Hippocrates acuti morbi, ut pleuritidis, initio usurpavit, neque calorem veritus, neque fluxionem novam.

XLIX.

Πυρίη ᾗ ξηρὴ, ἅλες, κέγχρῷ πεφρυγμένῳ ἐν εἰρινέοισι μαρσιππίοισιν ἐπιτηδειότατοι : λύει ᾗ μάλβαξις ἡ τοιήδε καὶ τὰς πρὸς κληῗδας παραρύσας ἀλγηδόνας. Ibid.

Fomentum verò siccum, sal aut milium torrefactum in sacculis laneis maximè usui esse possunt. Tales enim fotus dolores etiam ad claviculas pertingentes solvunt.

Hæcce fomenta adhucdum apud vulgus magno sunt in usu. Decrepitatur aut torretur sal, & calidum in sacculo lateri applicatur : pariter & milium torrefactum aut cineres calidi, à quibus dolor sedatur ; præcipuè fi à flatu procedat ; imò & aliquando ab iis fanguis in latere coagulatus pleuritidem accerfens diffolvitur.

L.

Ibid. Ἢν ᾖ μὴ λύη᾽) πρὸς τὰ θερμάσματα ὁ πόν(Θ), ἐ χρὴ πολὺν χρόνον θερμαίνειν, καὶ 𝛾ͅ ξηραν]ικὸν τ῀ πλεύμονος ᾐ ἐκπυη]ικὸν τοτο ὅξι · ἀλλὰ τάμνειν πω ἐν τῷ ἀ᾽γκῶνι φλέβα, ᾐ συχνὸν ἀφαιρέειν τὸ αἷμα ἕως ἂν ἐρυθρότερον πολλῷ ῥυῇ, ἢ ἀντὶ καθαρῦ πέλιον.

Si verò ad fomenta dolor non folvatur, non diu calefaciendum eft; id enim pulmonem exficcat & pus promovet: fed in cubito venam fecare oportet, & copiofum fanguinem detrahere, donec multò rubicundior fluat, aut pro puro lividus.

Coloris enim mutatio, inquit Galen. in hunc loc. *fanguinis ex parte inflammata evacuationem indicat: fed cùm interdum vires tantùm vacuare prohibeant, parti ipfi qua phlegmone obsessa est, ex hoc remedij genere minùs auxilij tunc expectandum est.*

LI.

Θεραπεύειν χρὴ τὰς πλευρίτιδας ὡς τὴν φρενῖτιν κỳ πιεριπλθυμονίλυ; πλἁῶ λυτροῖσι χρῆϑαι ϑερμοῖσι κỳ οἴνοισι γλυκέσιν.

De morb. l. 3.

Curandæ sunt pleuritides eodem modo ac phrenitis & peripneumonia, nisi quòd balneis calidis & vino dulci utendum.

Hi morbi iisdem curantur præsidiis, quia ab eadem causa oriuntur, sanguine scilicet ebulliente & inflammationem in parte qua decumbit pariente, cerebro, pleurâ aut pulmone. Balneum autem quod in pleuritide usurpabant antiqui ad dolorem minuendum & thoracem relaxandum, & vinum dulce quod ad expectorationem permittebant, minùs in peripneumonia & phrenitide conveniant, quia febris & debilitas majo-

330 *Aphorismi novi.*
res sunt quàm in pleuritide, & vinum delirantibus toxicum.

LII.

De morb. l. 3.

Τἡν περιπλευμονίην ὕτως θεραπεύειν χρή: τὰς πρώτας ἡμέρας, τὰ ῥοφήματα ἔσω γλυκύτερα, τεταρταίοισι, πεμπταίοισι καὶ ἑκταίοισι, μηκέτι γλυκύτερα, ἀλλὰ λιπαρά: ἢν δὲ μὴ δύνη κατὰ λόγον πτύειν ἢ ἀναγόγων φαρμάκων διδόναι.

Peripneumoniam hoc modo curare oportet: primis diebus forbitiones dulciores esse debent; quarto, quinto & sexto non ampliùs dulces, sed pingues. Quòd si sufficienter spuere nequeat, vomitoria medicamenta exhibenda:

Cùm Peripneumonia docente divino nostro Sene in Aphor. præcedentis tertiæ Sectionis, sæpè ex vini ingurgitatione & ciborum ingluvie oriatur, non mirum si ei conveniant aliquando emetica, quæ potenter crudos humores ad pulmonem af-

Sect. V. Therapeutica. 331.

fluentes revellunt & vacuant: præsertim ubi æger sufficienter spuere nequit. Quæ quidem curandi methodus etsi à multis meticulosis Medicis reformidata, ratione & experientiâ nititor: fuitque olim usurpata à celeberrimo practico D. de Lorme qui ad centesimum annum vixit. Is enim in pleuritide & peripneumonia crocum metallorum exhibebat & desperatos multos curabat. Ita narrat Poterius usitatam esse rusticorum Occitaniæ praxim in pleuritide, vitriolum album in aqua solutum sumere, quo vomitus provocetur: & mihimet praxim exercenti non defuit successus.

LIII.

Ἐν τῇσι περιπλδυμονίῃσι δὴ τ κάτω Ibid.
κοιλίων μήτε ἰςάναι λίην, ἵνα μὴ ὀξέες
ἔωσιν οἱ πυρετοί· μήτε λίην ὑποχωρίεν,
ἵνα τὸ σίαλον ἀνιέναι δύνηται, καὶ ἰσχύη.
b. κάμνων.

In peripneumoniis inferior alvus nec nimis sistenda, ne febres augeantur; nec nimis

E e iiij

solvenda, ut sputum recte excernatur, ægérque viribus valeat.

Egregius ad praxim Aphor. febris enim augetur excrementorum putredinoforum retentione, & sputum cohibetur nimio laxantium usu, debilitato scilicet ægro & contrario anacatharsi motu instituto.

LIV.

De diæt. in acut. Περιπλδύμονίης ἐκλεικίὸν χαλβάνη ἐ κόκκαλος ἐν μέλίϊι Ἀϊικῷ.

Peripneumoniæ eclegma utile, galbanum & nux pinea cum melle Attico.

Commendat Plinius mel in peripneumonicis & pleuriticis, ut & nuces pineas in sanguinis excreatione. Simile eclegma præscribit hæmoptoico Æsculapij oraculum, in marmore Gruteriano: ΑΙΜΑ ΑΝΑΦΕΡΟΝΤΙ ΙΟΥΛΙΑΝΩ ΑΦΗΛΠΙΣΜΕΝΩ ΥΠΟ ΠΑΝΤΟΣ ΑΝΘΡΩΠΟΥ ΕΧΡΗΜΑΤΙΣΕΝ Ο ΘΕΟΣ ΗΛΘΕΙΝ ΚΑΙ ΕΚ

Sect. V. Therapeutica.

ΤΟΥ ΤΡΙΒΩΜΟΥ ΑΡΑΙ ΚΟΚΚΟΥΣ ΣΤΡΟΒΙΛΟΥ ΚΑΙ ΦΑΓΕΙΝ ΜΕΤΑ ΜΕΛΙΤΟΣ ΕΠΙ ΤΡΕΙΣ ΗΜΕΡΑΣ, &c. Id est, *Sanguinem expuenti Iuliano & ab omnibus desperato, ex oraculo respondit Deus, veniret & ex altari sumeret nucleos pini, & comederet unà cum melle per tres dies, & convaluit, & veniens publicè gratias egit, præsente populo.* Varro teste Plinio putabat Hippocratem exscripsisse ex Templo Æsculapij remedia quibus ægri liberati fuerant oraculi monitu, quæ inibi in tabellis appendere solebant, & postea celebri hocce Templo combusto, Medicinam quæ Clinice vocatur instituisse, & hæcce remedia scriptis promulgasse, quorum quidem exemplum heic unum videre est.

L V.

Τὰς ἐμπύας διαχωρητικοῖσι χρῆσθαι, καὶ ἐπὴν ἡ ἀρχὴ τῦ νοσήματος μηκέτι ᾖ, ἐπανάκρεμψιν ποιήσθαι κ᾽ βῆχα ποιέειν. De locis in hom.

Empyicis cibos alvum laxantes dare oportet, & ubi principium morbi non ampliùs fuerit excreationem promovere & tussim excitare.

Pus in pectore collectum in principiis aliquando per alvum vacuatur, at quâ viâ ignoratur, vias enim Medicis invias reperit αὐτοδίδακτος natura. Tentandum igitur initio alvum laxantibus ægrum sublevare. At ubi hanc spem abjecimus, confugiendum ad ea quæ excreationem promovent: breviſſima enim hæc via est qua pectus exonerari ▓▓▓it: tum etiam ad ea quæ tuſſim excitant, ut insurgant ad expectorationem partes thoracicæ. Utramque indicationem adimplet oxymel, quod ratione mellis vias emollit & sputum educit, ratione aceti pulmones titillat & tuſſim excitat.

LVI.

De Morb. l. 2.

Ὅταν νοθίας φθίσις ἔχῃ φάρμακον δοῦναι πίναι ἄνω κ κάτω, κ μετέπισας ὀρρὸν, ἢ γάλα ὄνειον, ῥόφειν ᾧ τεσαράκοντα ἡμέρας.

Si tabes dorsalis detinuerit

pharmacum suprà, dein infrà purgans propinato, postea serum lactis aut lac asininum, tandémque vaccinum per quadraginta dies.

Quatuor ab Hippocrate proponuntur Tabis dorsalis species, prima 2. de morb. ex immodica venere spiritus coctionibus dicatos depopulante, & alimentum partibus subripiente. Secunda lib. de int. affect. à copia sanguinis medullam spinalem obruente, & suffocante calorem nativum, qua liberatum testatur fuisse virum in Oeneade, qui cùm quotidie contabesceret; misso usque ad animi deliquium sanguine convaluit, neoterismum & epanarthrosim in phlebotomia inveniens. Tertia species eodem loco proponitur ab Hippocrate, procedens à resiccatione spinalis medullæ, quod quidem vel obstructione ipsius medullæ, vel arteriarum quæ ad illam tendunt contingere potest. Quartam denique describit Hippocrates tabis dorsalis speciem à distillatione à capite in medullam spinalem, libro de locis in homine. In hoc autem Aphorismo loquitur Hippocrates de prima tabis dorsalis specie quæ recenter sponsis libidini deditis non rarò accidit. In hac itaque quoniam exhaustis spiritibus & depopulato calore nativo multa suppetunt excrementa, primò quidem corpus nitidum reddere satagit tum ἄνω tum κάτω vacuantibus, at revera possemus ab emeticis abstinere, neque enim frequens apud nos adeò emeticis usus ac Hippocratis tempore, neque mollia hujusce sæculi corpora huic ferendo æquè paria. Sed ex mente Hippocratis colligere possumus sedulò esse purgandum in hoc morbo, priusquam ad alia transitus fiat, non obstante marasmo; deinde serum lactis ad refrigerium toti corpori conciliandum convenit, tum lac asininum quod refrigerat & reficit, sicque accuratè præparatis viis bubulo lacti per 40. dies locus datur, assuetum enim lactis & lacti asinino corpus, lac bubulum deinde facilius admittit.

LVII.

LVII.

Ἄδιψον συνέχειν στόμα, σιγᾶν, ἄνεμον Epid. 6.
ξὺν τῷ ποτῷ ψυχρὸν εἰσάγειν.

Sitim prohibet os claudere, tacere, auram cum potu frigidam introducere.

Provida natura, ne ex dissipabili substantia conflatum animal brevi periret, dedit ipsi ciborum appetitum seu famem, cujus instinctu & gulæ illecebris ad capessendum invitatur alimentum. Sed quoniam in stomacho alimentaris hæc massa sine menstruo vix poterat dissolvi, vel dissoluta ulterius permeare, cunctis prospiciens natura dedit & sitim animali, appetitum scilicet frigidi & humidi, cujus stimulis incitatum animal quærit pro solatio potum, qui postmodum fit ὄχημα τροφῆς, & hoc quidem ex naturali lege. Sæpius autem vi morbi coacta suis à legibus natura deflectit, & sitis fit intensior, non solùm potu liberaliori extinguenda, sed aliis etiam artibus fallenda. Os claudat qui multùm sitit, quoniam os patulum ab aëre brevi siccum fieri docent ratio & experientia; & à siccitate sitis intenditur. Taceat tum eâdem de causa, tum quia qui loquitur incalescit, & calore omnis humor qui demulcere sitim poterat absumitur. Auram quoque, id est aërem frigidum unà cum potu admittat. Sed dubium hîc esse potest, num per hæc verba potum sub dio refrigeratum intelligat Hippocrat. Solebant enim antiqui potum non glacie, aut nive refrigerare, sed aëri frigido & serotino exponere: sed quidquid sit, utrumque convenit, sitiens scilicet commodè potest auram frigidam inter potandum captare, & potu arte refrigerato uti.

LVIII.

Ibid. Ἢ καρδιώσσῃ θερμὸν ἄρτον μετ᾽ οἴνου ἀκράτου διδόναι.

Cardialgiam meracum vinum cum pane exhibitum sedat.

Sect. V. Therapeutica.

Multa facere possunt cardialgiam, sed inprimis spirituum dissipatio, cùm enim cor musculus sit, & musculi non nisi per animalis spiritus influxum moveantur, sanè si spiritus deficiant non movebitur cor; cessante motu, ventriculi ipsius sanguine gravabuntur, hinc cardialgia, cui vinum meracum spiritibus refertum medetur optimè, præsertim si cum pane exhibeatur: est enim panis alimentum πολύτροφον, adde quòd panis vino madidus meliùs ab omnibus oris partibus comprimitur quàm vinum solum, & hac compressione, immediatè nervorum ductu vini spiritus possunt ad cor deferri, quod tardiùs succedit ubi vinum solum, ab oris partibus cunctis non ita arctè stringendum propinatur.

LIX.

Πρὸς καῦσον καὶ λοιπὸν πυρετὸν, ὕδωρ οὐράνιον αὐτὸ καθ' αὐτό.

De morb. lib. 1.

Ad causum aliámque febrem, aqua cælestis per se sola exhibita prodest.

Aphorismi novi.

Ubi nulla aut levis adest massæ sanguineæ putredo, aquæ potus satis copiosus febri expugnandæ utilis est, cùm ●censos spiritus quasi extinguat, præcipuéque cælestis quæ levis & limpida facilè viscera permeat. Hîc notanda venit observatio inter Riverianas. *Retulit mihi D. Chomel se omnes propemodum tertianas curare solitum, exhibendo ante accessionem bonum haustum decocti chamameli & cremoris tartari, & statim ab assumpto remedio sanguinem detrahendo; si non sit ad manus, aqua frigidæ cyathum exhibet, & idem ferè succedit effectus. Putat aquam illam assumptam per phlebotomiam ad venas rapi, & materiam ebullitioni proximam diluere, unde accessio impeditur.*

LX.

Πάντα ὃ τῷ πυρέσσοντι ἠθριασμένα δίδε, πλέω οἷσιν αἱ κοιλίαι μᾶλλον τ᾽ δέοντ@ ῥέυσιν.

Omnia autem nocturno sereno exposita febricitanti exhibero, iis exceptis quibus alvus plus æquo est fluida.

Hic erat modus Hippocratis & antiquorum, ut suprà innuimus, potum & alia alimenta refrigerandi, nocturno sereno exponendo, postmodum die accedente obvolvendo & in loco frigido reponendo, ut peculiari libello de usu frigidi, glaciei & nivis ostendit Collega noster Clariss. Petrus Barrá. Innotuisse enim Hippocrati modum, glacie aut nive aquam refrigerandi vix credibile, siquidem Plinio teste, *Neronis Principis inventum est, decoquere aquam vitróque demissam in nives refrigerare.* Id tamen asserit Restaurantius libello Gallico cui titulus, *Hippocrates de usu glaciei*: in quo sanè ostendit Hippocratem potum frigidissimum præscripsisse sæpius, sed glacie aut nive refrigeratum convincere non potuit.

LXI.

Ἢν τριταῖος πυρετὸς ἔχῃ, ἢ μὲν ἂν μὴ παρῆις τρεῖς λήψιας τῇ τετάρτῃ λά- De morb. l. 2.

βγ, φάρμακον πίσαι κάτω· ἢν δὲ ὁ δοκέῃ φαρμάκῳ μὴ δεῖσθαι, τρίψας τῆς πεντα-
φύλλου τῶν ῥιζῶν, ὅσον ὀξύβαφον ἐν ὕδατι
δῦναι πιεῖν.

Si tertiana febris detineat, siquidem post tres paroxysmos quartus prehendat, purgans per inferiora propinato: quòd si purgante non egere tibi videatur, pentaphylli radices, acetabuli quantitate in aqua tritas bibendas dato.

Pentaphyllum nonnihil stypticum est. Styptica autem utplurimùm sunt febrifuga, eo quòd materiam fermentescibilem quasi irretiant ac figant, partiúmque fibras adstrictione suâ roborent, ut expellendæ causæ morbificæ aptiores sint. Scio rusticos quosdam pentaphylli decocto febres curare, sic ab avis ataviísque edoctos, non secus ac Hippocratis ætate à parentibus in posteros multa ἐπόπισα per manus quasi tradebantur. Verumtamen quia hujusce plantæ nondum satis expertus sum vires, plura dicere supersedeo. Id duntaxat notabo, Borellum observat. 32. cent. 1. asserere affinem quendam suum innumeros febricitantes pericarpiis ex pentaphylli foliis & sale communi compositis curasse. Fallitur autem Plinius, qui pentaphyllum seu quinquefolium cum Fragaria confundit.

LXII.

Ἡ ὃ μηδὲ ἐν τότῳ παύη), λύσας αὐ- Ibid. τὸν πολλῷ θερμῷ, πίσαι τὸ τρίφυλλον καὶ ὀπὸν σιλφίν ἐν οἴνῳ ἰσοκρατέει, ἢ κατακλίνας ἐπιβαλέειν ἱμάτια ἕως ἱδρώσῃ.

Si verò ne sic quidem sedetur, ubi multâ calidâ laverit; trifolium & silphij succum cum vino pari aquâ admixtâ, propinato: reclinatúmque stragulis donec sudet contegito.

Ergo hocce febrifugum superiori potentius est. At quid ad nos, inquiet aliquis, si ignotus nobis sit silphij succus? Respondeo, non planè incognitum nobis esse. Si enim Dioscoridem aliósque antiquos consulamus Autores, videbimus silphium nihil aliud esse quàm Laserpitij succum, cujus Laserpitij sive Laseris *caulis* ex quo succus extrahebatur & ipse *Silphium* vocabatur, radix verò *Magudaris* & folia *Maspeton*. Erat autem planta ferulacea foliis apio similis: nascebatúrque in Syria, Armenia, Media, & Lybia: sed Laserpitium Cyrenaicum omnibus præstabat blandissimo odore, ut Medicum, Syriacúmque graviori & magis viroso pollebant. Inde fiebat ut Provincia Cyrenaïca hacce præstantissimâ plantâ gaudens, eam in nummis suis exprimeret, ut hodiéque antiquariis notum est. Hac utebatur Hippocrates, sed jam Plinius conqueritur suo tempore à multis annis in ea terra non inveniri, *quoniam publicani, qui pascua conducunt, majus ita lucrum sentientes, depopulantur pecorum pabulo*. Itaque ut contrahamus, siquidem de eo Medici duo Parisienses tractatus scripsere, supersunt nobis Medicum, Syriacum & Perſicum, quibus uti poſſumus Cyrenaici loco, dummodò puriora ſeligamus. Teſtantur autem Garcias ab Horto qui regiones Oriëtales peragravit, & nuperrimus Pharmacopœæ Perſicæ interpres, hunc ſuccum nil aliud eſſe quàm *aſſam fœtidam*, cujus maximus eſt in Oriente uſus, tum in medicamentis, tum in cibis, condiendis. Extrahitur enim ex ferulacea planta, quam adhuc *Magudarim*, antiquâ voce nuncupant.

LXIII.

Ἢν ᾗ τεταρταῖος λαμβάνη, φάρμακον διδόναι ἄνω κατ' αὐτἰὼ τ̀ λῆψιν· διαλιπὼν ᾗ κάτω δῶναι ἕτερον ἐν αὐτῇ τῇ λήψει· ἢν ᾗ πρὸς ταῦτα μὴ παύῃ, δῶναι ἢ πυρετῷ τὰ φάρμακα.

De Affect.

Si autem quartana prehenderit, ſub ipſam acceſſionem vomitorium exhibendum : rurſus aliquo intervallo, aliud infrà purgans medicamentum in ipſo paroxyſmo : quòd ſi per hæc non fedetur, medicamenta febrifuga dare oportet.

Superiores ventres, inquit Hippocr. Epid. 7. *in ipsis accessionibus purgandi, eo quòd tunc humores sublimentur*, surfúmque ferantur: purgans verò etiam ineunte paroxyfmo exhibetur, ut fic interturbetur febris motus. Emetica autem & purgantia vehementia quartanam aliquando abigunt, ubi in primis viis caufa delitefcit, nec copiâ aut vifciditate nimiâ peccat; alioquin inconfultò propinata ex fimplici duplicé aut continuam efficiunt. Ne quis autem putet me hunc locum Hippocratis corrupiffe, eo quòd in textu dicat folummodo, *medicamenta quæ fcripta funt exhibenda.* At illa medicamenta vocaverat suprà, *ea quibus febris mutatur aut definit*: οἷον ἀ μεταςήσῃ ὁ πυρετὸς, ἢ ἀπολάψῃ: & paulò infra ᾧ πυρετῷ τὰ φάρμακα, quòd idem eft ac fi *febrifuga* dicas: de eorúmque operandi modo, qui non per vacuationem fit, hæc fubdit. *Habent autem harum febrium medi-*

camenta hanc facultatem, ut corpus in consueta caliditate & frigiditate suo loco consistat, neque præter naturam incalescat neque refrigeretur: quasi diceres istud habere hæc febrifuga, ut fermentationem quæ caloris causa est, impediant. Hæc medicamenta à Galeno & Tralliano *Lexipyreta* vocantur, quasi diceres febrem cessare faciétia: describúntque varias antidotos Lexipyretas in quibus piper, aliáque calida, attenuantia & roborantia non omittuntur. Inter illas à Galeno memoratur lib. de antidotis hæc: *Antidotus Harpali ad quartanarios, Myrrhæ ℨiiij. piper. long. ℨij. castorii ℈iiiiß. cardamomi ℨiiij. sagapeni ℨiij. Pulverentur fiántque tabellæ ponderis ℈ij. quas per intervalla febricitantibus porriges ex vini cyathis duobus, & aquæ cyathis quatuor: in febribus autem continuis ex hydromelite. Utilis quoque in aliarum febrium paroxysmis.*

LXIV.

Ηε ξ ἱππομύλ(ου) ἐκ κήπυ, ἢ ἐξ ὀσπρίης· πορετώνας κατας ῇ ἐς τὸ ἀπλοῦν,

De morb. l. 2.

πυρίνσας αὐτῷ, σκόροδα δίδου, ἐς μέλι
βάπτων: ἐπιπάσσω ἐπιπαινέτω φάκιον, μέλι
καὶ ὄξος μίξας.

Si verò robustus sit & ex lassitudine aut itinere contracta sit quartana, post fomenta, allium melle maceratum exhibeto, deinde lentis cremorem melle & aceto admixto superbibat.

Hocce remedij genus partim emeticum est ob lentis cremorem, mel & acetum, quæ mixta stomachi subversionem excitant: partim febrifugum ob allium, quod calore suo depravatam partium nutritiarum actionem corrigit, viscidos humores quartanæ parentes incidit, attenuátque. Ita Græci multi, Hungari ferè omnes, imò & rustici nostrates simili præsidio, nempe allio & pipere quartanam sæpe fugant. Et quidem sapienter Hippocrates hanc supponit conditionem, si æger robustus sit, cùm præsidium sit delicatulis non
accommo

accommodatum. Plinius l.20.cap.6. de allio asserit ; *quartanas quoque excutere potum caput unum cum Laserpitij obolo in vino austero.* Affinia autem valde sunt allium & Laserpitium. Istud enim quod assam fœtidam esse diximus allium penitus olet, nec minùs acre est : unde iisdem morbis utrumque sæpe præscribit Hippocrates, & nonnunquam simul juncta. Sic lib. de superfœtatione mulieri ad abortum præcavendum, *in cibo sumat allia quamplurima & Laseris caulem.*

LXV.

Τὰς ἀκαταςάτας τ̃ πυρετῶν ἰᾶν, μέ-   De diæt. χρις ἂν καταςῶσιν.   in acut.

Inconstantes febres sinere oportet donec consistant.

Inconstantes febres eæ sunt in quibus nihil constans, quietúmque existit : urinæ manè tenues, post meridiem crassæ, sub vesperam alio modo se habentes : paroxysmi modò plures, modò pauciores, nullâ statâ horâ recurrentes: omniáque morbi phænomena à se ipsis semper dissidentia. Has itaque febres, donec de natura morbi, ipsiúsque typo constet ampliùs, sinere expedit, id est sine præsidiis relinquere, ne fortè quid sinistri moliamur. Neque enim nisi probè perspectâ morbi naturâ potest Medicus aliquid æqui boníque consulere. At verò ut superiùs docebat Hippocrates initio hujus Sectionis, *Duo in arte præstanda sunt, adjuvare aut saltem non nocere.* Quoniam itaque adjuvare non possumus, ne noceamus, sinere istas febres oportet donec consistant: ubi verò constiterint victu & curatione convenienti pugnare.

LXVI.

De morb. mul. l. 2.

Ἢν ἡ καρδία πνίγῃ ἀπὸ ὑστέρης, δὸς τ̅ κάρπον τ̅ ἄγνε καὶ γλυκυσίδης ἐν οἴνῳ πίνειν, ἢ ἀβρότονον ᾗ πάνακες, καὶ ἀμμωνιακὸν, ἢ πήγανον, ἢ ὑπνωτικὸν μηκώνιον.

Si cor ab utero suffocetur, viticis & pæoniæ semen ex vi-

Sect. V. Therapeutica. 351
no propinato, aut abrotanum, & panaces, & ammoniacum, rutámve, aut somniferum meconium.

Rectè talia hysterica in vino exhibet ad majorem penetrationem, dissipationémque ; rectissunéque efferos humores capitis & thoracis nervos vellicantes, opio quasi sacro nepenthe, placare studet : *Quæ enim, inquiebat suprà, somnum conciliant, ea sanguinem quietiorem reddunt.* Nisi ergo adsit in somnum propensio, laudanum aut quodvis aliud narcoticum, post alia leviora tentata usurpari potest.

LXVII.

Ὁκόταν πνίγωσιν αἱ ὑςέραι ὑποθυμιῆν χρὴ τὰ κακώδεα πάντα, ἤγουν ἀσφαλτον, θεῖον, κέρας, ἐλλύχνιον, φώκης ἔλαιον, κας'όρειον : ὑπὸ δὲ τὰ αἰδοῖα τὰ εὐώδεα.   Ibid.

In uteri suffocatione graveolentia omnia in suffitu naribus

offerenda, bitumen scilicet, sulphur, cornu, lucernæ funiculus, vituli marini adeps, castorium: pudendis verò suaveolentia.

Graveolentia partibus suis volatilibus causam morbificam uteri suffocationem patientem, quæcunque illa sit, attenuant & dissipant; tum etiam ob molestiam quam sensui olfactûs afferunt, naturam excitant ad expulsionem. Inter illa proponit asphaltum, quale est bitumen Iudaicum, petroleum, aut nigrum bitumen quod in Arvernia ad urbem Monferrand è terra exsudat. Subjungit sulphur, incensum scilicet, mediocri quantitate hystericum optimum: cornu pariter incensum, lucernæ funiculum, Phocæ sive vituli marini adipem, cujus usus nobis nunc ignotus est, & tandem castorium. Quare verò suaveolentia hystericos motus naribus apposita excitent, & tamen ad umbilicum aut uteri partes externas applicata juvent, nimis longum foret

Sect. V. Therapeutica. 353
disquirere, & mihi forte nimis arduum. Ad praxim sufficit ut non ignoremus hæc ita contingere, Physicis intricatas illas quæstiones de effectuum causa relinquendo, quæ curationi promovendæ nihil conferunt, & tamen animum non parum torquent.

LXVIII.

Ἢν κύεσα, οἰδέῃ κνίδης καρπὸν ὡς πλεῖςον, καὶ μέλι, κỳ οἶνον κεκρημβύον εὐώδια διδόναι πότον δὶς τ̃ ἡμέρης.

De morb. mul.

Si prægnans intumescat, urticæ semen quamplurimum cum melle & vino odorato aquâ temperato bis in die in potu exhibendum.

Urtica diuretica est, ideóque prægnantium tumoribus ex retenta copiosiori lympha admodum utilis, cui mel & vinum odoratum per se etiam diuretica, vehiculi vicem præstant.

LXIX.

Ἢν ἡ κύεσα πολὺν χρόνον ἐπέχηϑη

Ibid.

καὶ μὴ δύνηται τίκτειν, ἀλλ' ὠδίνη πλείους ἡμέρας, νέη δὲ ᾖ καὶ ἀκμάζῃ καὶ πολύαιμος, τάμνειν χρὴ τὰς ἐν τοῖσι σφυροῖσι φλέβας.

Si prægnans diutiùs moretur & parere nequeat, sed pluribus diebus partûs doloribus crucietur, sit autem juvenis & ætate florens, & sanguine abundans, venas in malleolis secare oportet.

In juniori muliere & polyhæma partu accedente aliquando ita distenduntur vasa in utero, ut exitûs viam fœtui præcludant, coarctato à venarum distensione interno uteri orificio, quo in casu venæ sectio ex malleolis non parùm juvat, cùm ipsamet vasa depleat & derivationem faciat.

LXX.

Ibid. Ἢν δ. ἐν τόκῳ ὅσα ξηρὴ καὶ δύσισμος, ἔλαιον πίνειν καὶ καταχεῖν τὰ χωρία. ἔλαιον θερμὸν μαλάχης ὕδωρ κηρωτῇ.

ὑγρῷ διαχρίειν, καὶ ἔγχυλον χλωρὸς ἄλει-
φα ξὺν ἐλαίῳ.

Si quæ adhuc in partu est
sicca fuerit, nec nisi ægrè hu-
mectetur, oleum bibendum, &
loci oleo calido & malvæ decocto calido fovendi, & cerato
liquido illinendi, adipe etiam
anserino cum oleo infuso.

Hæc omnia vias humectant & lu-
brificant, quò faciliùs dilatari queant
ad fœtûs exclusionem.

LXXI.

Λοχεῖα ἐὰν θέλῃς καθαίρειν, μαρά-   Ibid.
θρου καρπὸν κ᾽ κρήθμου τ᾽ φλοιὸν, καὶ λι-
βανωτὸν ἐν οἴνῳ διδόναι πίνειν, ἢ λινοζώ-
στιος τ᾽ καρπὸν καὶ τὰ φύλλα.

Lochia si velis purgare, fœ-
niculi semen & crethmi corti-
cem, & thus, vel mercurialis
semen & folia ex vino propinato.

Si lochia retenta sint, remediis calidis & attenuantibus eorum expulsio tentanda, quod propositis hisce præsidiis pollicetur Author, mulierum proculdubio experientiâ edoctus.

LXXII.

De morb. mul. l.1.

Μαλθακὰ ὑφ᾽ ὧν καθαίρ(ε) ὕδωρ καὶ ψάμμ(ος), ἢ ἄχϱι ἐπιμίωια, ἢν μὴ πολυχϱόνια ᾖ.

Emollientia ex quibus aqua & arena purgatur, menses etiam movent; nisi à longo tempore substiterint.

Diuretica medicamenta menses etiam movent, veluti urtica, alkekengi, rubia tinctorum, &c. quia glutinosos humores è quibus arena coagmentatur & seri expurgatio per renes obstructâ viâ impeditur, & à quibus etiam menses retinentur, incidunt, attenuant & fluidiores reddunt. Ubi tamen diutiùs substitere menses, concidunt & exsiccantur uteri vasa, ut ampliùs per ea nequeat fluere sanguis.

Sect. V. Therapeutica. 357
LXXIII.

Ἢν αἱ μῆτραι προσέχωσι, πλιύνϕας De nar:
αὐτὰς ἐν ὕδατι χλιαρῷ, καὶ ἀλείψας mul.
ἐλαίῳ καὶ οἴνῳ πάλιν ἐσθέναι, ἐ ἀναδῆ-
σαι ἐκ τῆς ἰξύων, καὶ ἐποθυμιῶ τὰ κακώδεα.

Si uterus prolabatur, illum tepidâ lotum, oleo & vino illitum rursus intromittito, ex lumbis religato, & graveolentia suffito.

Uterus relaxatus & prolapsus citò in suum locum reponi debet, ne aëris occursu gangrænâ afficiatur: útque celeriùs intromittatur oleo & vino illitum lubrificari jubet, deinde ne iterum decidat, pessario vel splenio duplicato retentum, fasciâ ad lumbos revinctâ religari vult; & graveolentia in suffitu supponi: quemadmodum enim ad suaveolentia uterus quasi relaxatus accedit, ita ad graveolentia quasi abhorrens retrocedit.

LXXIV.

Ibid. Ἢν ῥόος ἐγγίνη(ται) καρκίνους ποταμίους ἀποσυίξας ἐν οἴνῳ, τ̓ οἶνον διδόται πίνειν, ἢ ὑποθυμιῶν ὅσα ξηραίνει καὶ προς-θέναι, καὶ τοῖσι ξηροῖσι, ἢ τοῖσι ςρυφνοῖσι χρήσθω.

Si fluor muliebris oboriatur, cancris fluviatilibus ex vino suffocatis, vinum potui exhibeto, quæque siccant in suffitu & pesso apponito, siccisque & acerbis utatur.

Fluor muliebris ut plurimum oritur à sanguine ob nimiam seri copiam fluidiori facto; unde diuretica medicamenta quæ serum per urinarias vias expurgant, qualia sunt cancri fluviatiles, & ea quæ exsiccant & adstringunt, ut sunt suffitus & ciborum acerborum usus, utilia ad hujus morbi curationem esse debent.

LXXV.

De morb. mul. l. 1. Ἢν ῥόος λευκὸς ἔχη, τὰ ὑπήλικὰ ταυτρῶσι ξυμφέρει, κỳ κεφαλῆς καθάρσιες, κỳ ἀλύσιαι, κỳ τὸ λδυκὸν ὑπόθυμον πίνειν, κỳ περίπατοι, κỳ πᾶσα ξηρασίη ἐν τῇ διαίτῃ.

Si fluor albus detineat, hisce conveniunt diuretica, capitis purgationes, balnei abstinentia, epithymum album epotum, ambulationes, & omnis diæta exsiccans.

Fluori albo pariter ac cæteris fluoribus diuretica conveniunt, quia in eo lymphæ ac seri acris copia adest: capitis purgationes quæ per sternutatoria & masticatoria fiebant, quoniam illa aliquid lymphæ vacuant, & impediunt quominus cumuletur: balnei abstinentia quo sanguis fluidior redderetur & vasa aperirentur: epithymum album utpote hydragogum: ambulationes & diæta exsiccans, quia totum corpus scatens pravis humoribus, moderato motu & victu exsiccante liberari postulat.

LXXVI.

De Affect.

Τῇ χολέρῃ ξυμφέρει, ἢν μὲν ὀδύνη ἔχῃ, τὰ ἀνώδυνα, τλῆτε κοιλίην θεραπεύειν τὴν ἄνω κ̃ τ̃ κάτω διυγραίνοντα πόμασι.

Choleræ morbo conferunt, siquidem dolor adsit, anodyna: venter autem superior, tum inferior potionibus humectantibus curandus.

Hæc est methodus ab eruditissimo Anglo Thoma Sidenham usurpata. Hic enim pullum gallinaceum in tribus aquæ mensuris elixat; adeò ut carnis vix perceptibilem saporem habeat. Hujus decocti capaciores aliquot cyathos ægro propinat, & ex eodem clysteres frequentes præcipit: quibus subinde syrupos portulacæ aut nympheæ admiscet: sicque ventriculo insigni liquoris quantitate quasi subverso, & intestinis enematum ope elutriatis, humores acres vel foras eliminantur, vel retusâ acrimoniâ ad debitam temperiem revocantur:

vocantur : quo exantlato eluvionis penso narcotica exhibet, quæ verè anodyna funt, at periculosa si initio porrigantur. Eadémque methodo ægrum graviter cholerâ morbo laborantem nuper intra aliquot horas curavi, sed jusculo illo confecto ex libra una carnis vitulinæ in aquæ quatuor mensuris elixata, quod eundem sortitum est effectum.

LXXVII.

Τὸν ἴκτερον ὧδε χρὴ θεραπεύειν, τἠυ κοιλίαν διυγραίνειν, ⁊ τ κύςιν, ⁊ τ διαφιλικῶν διδόναι.   Ibid.

Icterum hoc modo curare oportet, alvum & vesicam humectare, & diuretica præbere.

Ideóque commendantur à Galeno inter icterica præsidia, adiantum, ciceres, cynorrhodon, rubiæ radix, similiáque diuretica. Et in hodierna praxi feliciter utimur jusculis rubris ex diureticis paratis, decoctis filicis, rubiæ tinctorum, aliorúmque similium. In hoc enim morbo ad-

Aphorismi novi.

sunt obstructiones à viscidis humoribus, quæ feliciter hisce remediis aperiuntur.

LXXVIII.

Ibid. Εἰλεὸς ὅταν λάβῃ, τοῦτον χρὴ δ᾽ συγραίνειν κ᾽ ἔσωθεν καὶ ἔξωθεν, λύειν δὲ πολλῷ & θερμῷ, καὶ πίνειν ὅσα τ᾽ κοιλίων κινέει, καὶ τὸ οὖρον ὑπάγει, καὶ ὑποκλύζειν.

Cùm volvulus corripuerit, hunc intus & extra humectare, & multâ calidâ lavare, bibere quæ alvum & urinam movent, & clysteres infundere oportet.

Sive oriatur Ileus ex inflammatione intestinorum à materia acri irritatorum, sive ab excrementis induratis & viam obstruentibus, ut accidit in bubonocele, prompta humectatio maximè conferet; balnea, semicupia, potus frequens & multus, clysteres frequentes quibus diluitur materia acris aut indurata, quibúsque lubrica fit intestinorum via.

LXXIX.

Ἢν εἰδὼς ἰκτερώδης ὄχῃ, διδόναι τὸ ἀπ' ἐρεβίνθων λευκῶν ὕδωρ ἑψῶν πίνειν, κᾳ ἐν τῷ αὐτῷ διακαρτῶν, κᾳ πλει κεφαλίω αὐτῶν καθαίρειν τῷ τετραγώνῳ.

De int. affect.

Si convolvulus ictericius accidat, cicerum alborum decoctum potui exhibendum vino permistum, & caput purgandum tetragono.

Antimonium fuisse ab Hippocrate usurpatum asserere ausi sunt Chymici initio hujus sæculi, cùm stibium Parisiis magnas turbas excitaret: *tetragonúmque*, cujus hîc mentio, nil aliud esse quàm stibium, quod Græci στίμμι vocabant, *quódque ustum*, inquiebat Gorræus, *formabatur in pastillos, quibus quia forte Hippocratis tempore erat quadrata tesserarum figura, ipse stibium* τετράγωνον *appellat*. Ratio afferebatur, quia Galenus in exegesi vocum Hippocratis hæc habet: τετραγώνῳ [τινὲς μὲν ᾖ εὐρισκομθύᾳς κ̄ τὸ στίμμι πλάξι : τινὲς ᾖ αὐτὸ τὸ στίμμι : Id est, Tetragono]

Quidam, putant esse crustas quæ circa stibium reperiuntur, quidam etiam ipsum stibium. At contrà insurrexit Savotius, qui peculiari & erudito libello *de Tetragono Hippocr.* inscripto, ostendit capitis purgationem ab Hippocrate celebratam fuisse per errhina & sternutatoria, nequaquam per interna purgantia aut emetica: quod adductis multis textibus evincit. Itáque *Tetragonum* Hippocratis nil aliud videri quàm compositionem apud Ægyptios celebrem, quæ à Plutarcho *Tetragonum Cyphi* vocatur, & à nostris Pharmacopœis *Trochisci Cyphi*: quæ ideò Tetragonum vocabatur, quòd ex sedecim ingredientibus constaret: numerus autem XVI. ex quatuor quaternitatibus: ideóque verè sit quadrangulus seu *Tetragonus*. Subdit vocem illam ςίμμυ in Exegesi Galen. esse corruptã, legendúmq; vel ςίμμα, quod Unguentariis odoris species erat, quæ nonnisi confusa & calore exsuscitata exhalat, cujus generis erant Trochisci *Cyphi*: vel fortè etiã legendũ κύφι loco ςίμμι. Attamẽ superest difficultas, quid crustæ illæ circa cyphi repertæ sibi velint. Quid autem morbus ille *convolvulus ictericius* dictus, non minùs obscurum : an complicatus ex ileo & ictero ? An icterus colicis doloribus comitatus ? Ileus enim sumi aliquando videtur pro colica passione, veluti lib. de Glandulis. Cuicunque tandem ictero apprimè convenit cicerum alborum rubrorúmve decoctum, utpote aperitivum & diureticum : cujus generis ad icterum & volvulum potiones commendat, in Aphorismis duobus immediatè hunc præcedentibus.

LXXX.

Φροντὶς νοῦσος χαλεπὴ : τούτον πιπίσκειν ἑλλέβορον, καὶ τὴν κεφαλὴν καθαίρειν, ἢ κάτω πῖσαι φάρμακον, ἢ μῆ ταῦτα πίνειν ὄνου γάλα. De morb. l. 2.

Sollicitudo, morbus difficilis: veratrum huic propinato, & caput purgato, & purgans exhibeto, posteáque lac asininum.

Φροντὶς *sollicitudo*, nil aliud esse videtur quàm melancholiæ morbi species, ex nimia *follicitudine* & animi contentione orta, quòd ex symptomatis affidentibus ab Hippocr. enumeratis patet. *Viscera*, inquit, *veluti spinarum aculeis pungi videntur, anxietudo ægrum invadit, lucem hominéſque refugit, tenebras amat, metus corripit, diaphragma extus intumeſcit, ad contactum dolet, expaveſcit, in somnis terriculamenta & formidanda cernit, quandoque & cadavera. Morbus his interdum plurimos vere prehendit.* Ideóque helleborum potentiſſimum melanagogum huic exhibet, reiteratáque aliâ purgatione lactis afinini potum, à quo ſpes eſt temperatum iri acrem atrabilariúmque humorem : ſicuti idem Hippocr. in alia melancholiæ hypochondriacæ ſpecie, quam *morbum nigrum* vocat, γαλακ]οποσίας pariter præſcribit.

LXXXI.

Epid. 6. Ὑδρωπιώδια ταλαιπωρίην, ἱδροῦν, ἄρτον ἐσθίειν, πίνειν μὴ πολύ, οἴνῳ λδικῷ, ὕπνῳ μὴ πολλῷ χρῆσθαι, καὶ φάρμακα δύναι ὑφ' ὧν ὕδωρ καὶ φλέγμα καθαίρεται.

Hydrope laborantem convenit exercitationibus defatigari, sudare, panem edere, parum bibere, vino albo, nec multo somno uti, & purgantia assumere quibus aqua & phlegma vacuetur.

Ὑδέρου non una est species: licèt enim utplurimum à serosæ illuviei copia procedat, quâ in ventrem effusâ tumet abdomen, sítque hoc malum soboles depauperati sanguinis, exhaustorum spirituum & diminuti caloris, imò & aliquando ruptionis vasorum lymphaticorum, tamen non infrequenter in praxi occurrit alia species hydropis, quæ largo potu, sero lactis, sanguinis missione feliciter tollitur: contrà verò solitis aliàs artibus exacerbatur. Vidimus hydropem viginti curatum venæ-sectionibus, qui ab exhibitis hydragogis & diureticis cujusvis generis magis ac magis intumuerat. In hac siquidem specie calor exuperans fundit & liquat sanguinem, ac fere totum in serum convertit; ac proinde dum diagrydiatis aut salibus diureticis res peragitur, morbus ingravescit; cedit è contrà benignioribus & refrigerantibus præsidiis. De prima itaque, non de secunda hydropis specie intelligendus venit Hippocrates. Exercitiis enim corpus evadit magis transpirabile; sudore pars materiæ morbificæ avolat; panis non serosum, sed laudabilem chylum suppeditat; potus abstinentia multùm prodest, tum quia *crescit indulgens sibi dirus hydrops, nec sitim pellit, nisi causa morbi fugerit venis*, tum quia aucto per sitim calore humiditates superfluæ dissipantur; nec infrequentes sunt historiæ hydropicorum qui solâ potûs abstinentiâ per annum integrum convaluere omnino. Vinum album urinas movet. Somnus humiditates auget; deinde ex contrariorum lege, quandoquidem exercitia prosunt, somnus immodicus noceat necesse est. Hydragoga medicamenta sacra hujusce morbi auchora sunt, utpote è directo causæ ipsius opposita.

LXXXII.

Ἢν δὲ μὴ, ταμὼν ἀφεῖναι τ̃ ὕδατος: De
τέμνῃ δὲ ἢ παρὰ τ̃ ὀμφαλον, ἢ ὄπισθεν Affect.
κ̃ τ̃ λαγόνα: διαφεύγουσι καὶ ἐντεῦθεν
ὀλίγοι.

Si verò medicamentis non juvetur, sectione factâ aquam educito : fit autem sectio vel juxta umbilicum, vel retrò juxta ilia; inde verò pauci evadunt:

Tentanda sunt primò omnia medicamenta interna, veluti ea quæ in superiori Aphorismo præscribebat. At quia illa sæpe inutilia sunt ubi confirmatus est hydrops, si æger robustus sit, & illæsa judicentur viscera, paracentesis locum habere potest, apertio nempe abdominis sive juxta umbilicum, sive retrò juxta ilia, quæ ultima planè obsolevit. At effugiunt pauci, tum ratione morbi, tum ratione operationis. Ratione morbi, quia sæpe viscera læsa sunt, sive à morbi origine, sive ab aqua in abdomine effusa, quæ hepar, aliásque partes corrumpit & exulcerat. Ratione operationis, quæ olim scalpello, & hoc sæculo acu triangulari fiebat, unde ulcus incurabile & gangræna sæpe oriebatur, aut aqua simúlque spiritus citò nimis vacuabantur. Primo infortunio nullum est medicamen in hortis. Etenim ubi internas partes & præcipuè nobiles ulcus aut abscessus insedit, consultius est suo ægrum fato relinquere, quàm paracentesim experiri. Ad secundum verò, sæculum nostrum inventis fœcundum, cantelam attulit, abdomen aperiendo non scalpello acuto, aut acu triangulari, aut rotunda majori, sed acu subtili, tereti, cannulam itidem exilem subintrante, vel solâ cannulâ ex argento aut chalybe ad latera perforata, & acumen ex chalybe cannulæ ferruminatum habète, quibus pungitur abdomen & aqua educitur. Hoc inventum debetur Domino Thouvenot natione Gallo, primario Principum Sabaudiæ chirurgo, qui ante triginta quinque annos hanc operationem sæpe felici succeſſu executus eſt. Idem ferè proponitur & acûs figura exhibetur in Chirurgia Barbettiana, cujus Autor eam ſe vidiſſe peractam ſcribit, à Chirurgo qui Italiam frequentaverat. At malè ni fallor aliquot digitis ſub umbilico punctionem iſte exequebatur. Meliùs enim eſt vitare rectum muſculum in multis locis nervoſum, & punctionem adminiſtrare in muſculo obliquo quatuor aut quinque digitis ab umbilico. Hac operatione Lugduni his ultimis annis factâ aliquot evaſerunt aliàs deſperati, aliquot mortui ſunt poſt ſecundam aut tertiam punctionem, fortè ratione morbi: etenim ex operatione nullum ulcus fit, nulla virium diſſipatio, nec gutta ſanguinis exit. Qui de ea plura velit adeat Chirurgiam Barbettianam, & Ephemerides Eruditorum Gallicas, anni, ni fallor, 1678.

LXXXIII.

Ἐν τῷ ὑδέρῳ ἢν τὸ οἴδημα καθι- De Int.
ϛήκῃ ἐν τῇ ὄσχῃ καὶ τοῖσι μηροῖσι καὶ Affect.

τῆσι κνήμῃσι, κατασχᾶν χρὴ ὀξυτάτῳ μα-
χαιρίῳ πολλὰ πυκινὰ, καὶ ταχὺ ὑγίεα
ποιήσεις.

In hydrope, si in scroto &
femoribus ac tibiis tumor œde-
matosus ortus fuerit, acuto
scalpello multis & crebris vul-
nusculis tundere oportet,& citò
sanabitur.

Tres sunt hydropis species, as-
cites, tympanites,& anasarca seu leu-
cophlegmatia : & licèt in his omnibus speciebus scrotum & partes in-
feræ tumeant, maximè tamen in
ascite, qui sit ab extravasato in abdominis cavitatem sero, & arteriarum osculis in partium carnosarum
insterstitia effuso. Si recens sit nec
foventem causam agnoscat, sed vel
criticè contigerit, vel uti evenit
post longas febres exhaustis ardore
febrili spiritibus, & tono partium
nonnihil fracto, sanguis semicrudus
& aquosus quousque sibi natura re-
stituatur, serositates suas in abdomen deponens & partes inferiores,
fecerit

fecerit afcitem, tum fanè pertufo fcroto & vulneratis tibiis ac femoribus, aperto oftio fluit aqua & liberatur æger ; nequaquam verò hac arte curabilis, fi caufam aliquam foventem, veluti vifcerum principum κακοπραγίαν, jecoris fchirrum, fimilémve agnofceret hydrops.

LXXXIV.

Ἢν φλέγμα λόυκὸν ἔχῃ, ϗ ἡ γαςὴρ μὴ ταράχθη, φάρμακον διδόναι κάτω, ὑφ' οὗ ὕδωρ καθαίρεῇ, ϗ τίω ὀσχίω ἀπολύπλεῶ ἐπὴν πιμπρηθῇ.

De morb.

Leucophlegmatico, fi alvus libera non fit, purgans hydragogum exhibeto, & fcrotum, ubi inflatum fuerit, pertundito.

Id expreffis verbis etiam docet Hippocrates ubi fuprà ait hydropicis exhibenda effe hydragoga. Ultima verò pars hujus Aphorifmi convenit cum fuperiori. Cæterùm leucophlegmatiâ laborantes diarrhœa fuperveniens sæpissime curat, quâ aqua multa vacuatur: unde naturæ imitatione concludenda est purgantium hydragogorum utilitas.

LXXXV.

De diæt. in acut.

Τέτανος ἰσφύος, ἢ ἀπὸ μελαγχολικῶν δζὰ φλεβῶν πνθυμάτων ἀπολήψις, φλεβοτομίη λύει.

Nervorum circa lumbos distentiones, & à melancholicis humoribus per venas spirituum interceptiones, phlebotomia solvit.

Tetanum circa lumbos & interceptionem spirituum per venas inferre potest plethora. Copiosa enim & insignia sunt circa lumbos sanguifera vasa, & copiâ sanguinis in medullam spinalem irruente potest illa convelli ac tendi. Multus verò & crassus sanguis arterias, quæ venarum nomine semper apud Hippocratem exprimuntur, obstruere potest; ita ut libera non sit sanguinis circulatio, nec spiritus per arterias unà cum sanguine volvi, aut per compressos à tumentibus venis nervos ferri queat: quod quidem in atrabilariis crasso donatis sanguine facilè fieri potest. Quibus omnibus tutissimum, citissimúmque præsidium est venæ sectio, quâ plethora tollitur.

LXXXVI.

Τοῖσι δὲ ἰσφυῶ, ἢ ἰσχίον, ἢ σκέλεα Ep:d.7. ἀλδήμασιν ἐκ πόνων, θαλάσση, ὄξει, θερμοῖσι καταρνᾶν καὶ σπόγγες βάπτοντα πυελίω.

Lumborum, coxendicum, aut crurum dolores ex laboribus ortos, aquâ marinâ & aceto calidè perfundere oportet, & intinctis spongiis fovere.

Aqua marina & acetum exteriùs perfusum humores inter cutem retentos, & dolores lumborum aut crurum procreantes exsiccant & absorbent, & si tepidè iis foveantur partes, resolvunt & per poros evocant.

LXXXVII.

De nat. hom.

Δεῖ τὰς φλεβοτομίας τὰς ἐπὶ τ̄ ἀλγη-
μάτων τ̄ ἐν τῷ νώτῳ κỳ τοῖσιν ἰσχιοῖσιν
ὐπὸ τ̄ ἰγνύων, ἓ ὐπὸ τῶν σφυρῶν ἔξωθεν
ποιεῖοϑς.

In dorsi & coxendicum doloribus, ex poplitibus & malleolis externis venæ sectiones fieri debent.

Sic enim venæ sectio fit κατ᾽ ἴξιν, & celeriùs vacuatur morbificus humor; has quippe externas partes irrigant venæ & arteriæ quæ ad poplitem & malleolum externum feruntur.

LXXXVIII.

De Affect.

Δεῖ δὲ τὰς φλεβοτομίας πρὸς τὰς ὀδύνας
ποιεῖοϑς τὰς ὑπὸ τ̄ ψόων κỳ ὀρχίων, ὑπὸ
τ̄ ἰγνύων κỳ ὑπὸ τῶν σφυρῶν ἔσωθεν.

In lumborum verò & testium doloribus, sanguis ex poplitibus & malleolis internis mittendus.

Simili ac superiùs ratione secandæ sunt internæ venæ, quia quæ lumbos & testes perreptant venæ, eædem ad interna poplitis & malleoli feruntur.

LXXXIX.

Ὁκόσοι σπλῆνα ἔχουσι μέγαν, τοῖσι μὲν φλεγματώδεσι ξυμφέρει ξηραίνοντα, καὶ ἰσχιαίνοντα σιτίοισι, καὶ ποτοῖσι, καὶ ἐμέτοισι, καὶ γυμνασίοισι, καὶ περιπάτοισι. *De Affect.*

Lienosis qui pituitosi sunt confert diæta exsiccans & extenuans cibis & potibus, vomitibus, exercitationibus & deambulationibus.

Lien obstruitur & intumescit à crudis tartareisque humoribus, quibus vacuandis & absorbendis conveniunt diæta exsiccans & tenuis, vomitus, & exercitia, præcipuè in pituitosis qui ex his meliùs habent, utpote superfluitatibus plurimùm scatentes.

XC.

Ibid. Ὁκόσοι ἢ χολώδεες διυγραίνοντα τῇ διαίτῃ ὑπάγειν τὴν κοιλίην ἢ τὴν κύστιν, ἢ τοῖσι διυρητικοῖσι χρῆσθς.

Qui verò ex iis biliosi sunt, humectans diæta alvum & vesicam subducens, & diuretica remedia.

In biliosis lienis obstructio ex retorrida & exsiccata bile oritur, cui convenit humectans diæta bilem hanc diluens, alvum & vesicam inoventia quæ ejus partem vacuant.

XCI.

Ibid. Τῶν φαρμάκων ὅσα διδόναι τ̅ σπλίωός, τὰ μὲν διὰ τ̅ κύστιος καθαίρει ἢ ποιεῖ λαπαρώτερον : τὰ ἢ καθαίρει ὅτι διὰ τ̅ κύστιος οὐδὲν, ὅ, τι ἢ φανερώτερον, ἤτ᾽ ἄλλη ούδαμῇ, λαπάσσει ἢ τ̅ σπλίωα.

Ex medicamentis quæ ad lienem exhibentur, alia quidem per vesicam purgant., & eum molliorem efficiunt : alia.

Sect. V. Therapeutica. 379
verò nequicquam manifestum per vesicam aut per aliam partem vacuant, lienem tamen emolliunt.

Prioris generis sunt cappares, bruscus, ciceres, tamariscus, vinum album : hæc enim tartaream materiam lienem obstruentem incidunt & per urinas exturbant. Posterioris sunt ammoniacum, verbena, sal tartari, chalybs & cortex Peruvianus, quæ acidum lienis alcali suo corrigendo & amaritie sua dulcificando, ex acido enim & amaro mixtis fit dulce, impactum & quasi coagulatum in liene sanguinem dissolvunt, fluidioremque reddunt.

XCII.

Δυσεντερικῷ ὑῤῥοποτήσαντι ἡ γαλακτο- Epid. ποτήσαντι ἐν γάλακτι, πεπυρωμένῳ λίθῳ, μετριώ- τερα τὰ ἀλγήματα ἡ ὕφαιμα.

Dysenterico epotis sero lactis & lacto in quo candentes lapides extincti, dolores & cru- li. iiij.

entæ dejectiones moderatiores fiunt.

Dysenteria est frequens & cruenta alvi dejectio cum ventris dolore ac torminibus, ab intestinorum exulceratione dependens. Tergendis ulceribus convenit serum lactis, detersa glutinat & cicatrice obducit lac ipsum caseosâ suâ parte, si præsertim corporis alicujus igniti extinctionem sit expertum. Vel enim ex ferro lapidibúlve ignitis, lac ingrediuntur aliqua corpuscula calcis naturam referentia, atque ideo alcalia, quæ possunt acidorum humorum exulcerantium aculeos infringere, inde dolores mitescunt & parcior fluit sanguis: Vel ab ignitorum extinctione pars lactis magis aquea consumitur, & lac crassius redditur, ut postea obducendis intestinorum ulceribus,& implicandis acribus humoribus aptius sit.

XCIII.

De Affect.

Δυσεντερίη, λεϊεντερίη κỳ διάρροια παραπλήσιαί εἰσι, κỳ δὴ αὐτὰς ὅτως ἴης.

Sectio V. Therapeutica.

τῇ μβὺ κάθαρρον ἀπὸ τῆ κεφαλῆς καὶ τῆ ἄνω κοιλίης ἀποτρέπειν: ἔπειτα σιτίοισι ἢ ποτοῖσι ὑφ' ὧν ξηραθεῖς ἡ κοιλίη καὶ τὸ σῶμα πᾶν.

Dysenteria, lienteria & diarrhœa inter se affines sunt, sicque curandæ, ut fluxionem à capite & superiore ventre avertas, dein cibis ac potionibus quibus alvus & totum corpus exsiccatur.

Dysenteria qualis sit affectus modò dictum fuit. Lienteria est species alvi fluxus in qua cibus non immutatus, sed prout fuerat assumptus, per alvum celeriter excernitur. Diarrhœa est alia alvi fluxus species in qua humores excrementitij sine sanguine aut alimento, & sine exulceratione intestinorum procedunt. Affines itaque sunt affectus, quia in multis conveniunt, non autem in omnibus: sic enim non affines, sed similes essent affectus. Conveniunt in parte affecta, quæ eadem est nempe intestina, & nonnunquam ventriculus; in ratione morbi qui symptoma est in excretis toto genere præter naturam. Differunt in multis, ut ex eorum uniuscujusque definitione patet. Ubi ergo quis medicam manum iis satagit admovere, arceat primò fluxionem à partibus superis in intestina; frustra enim conjunctam aggrediaris causam, ni antecedens tollatur. Rivus permanente scaturigine exsiccari non potest. Sublatâ autem causâ antecedenti, conjuncta tollitur exsiccantibus, omne enim ulcus postulat exsiccari.

XCIV.

Ibid. Τεινεσμὸς ἢν λάβῃ, ξυμφέρει τὴν κοιλίην διυγραίνειν ἢ, λιπαίνειν, ἢ ὑπάγειν τὰ ἐνεόντα, & λύειν θερμῷ, πλὴν ἢ κεφαλῆς.

Si prehenderit Tenesmus, convenit alvum humectare, pinguem reddere ac lævigare, quæ intus sunt subducere, & calidâ excepto capite lavare.

Assidua desidendi cupiditas cum torminibus tenesmus vocatur, oriturque ab humore acri & tenaci irritante, imò & exulcerante rectum intestinum. Igitur huic humori demulcendo, diluendo ac subducendo, non parum conferent alvum humectantia & lubrificantia, veluti clysteres anodyni, humectantes, ac ut ita dicam pinguefacientes, ex decocto malvæ, seminis lini, seminum frigidorum majorum, ficuum, cum saccharo, vitello ovi & sevo hircino. Quibus dein offerenda per. os purgantia levia, manna, catholicum rheo duplicato: potiones lenitivæ ex oleo amygdalino & syrupo capillorum Veneris: tandem balneum antiquis usitatissimum, à quo tum dolores mitigantur, tum subtilior acrium humorum pars per cutis spiracula foras evocatur, & somnus omnium dolorum placidissimum nepenthe procuratur.

XCV.

Ἢν τὰς αἱμορροΐδας μήτε βουλῆς καίειν, μήτε ἀπολάμπειν, προαιονήσας ὕδατι *De hæmorrh.*

πολλῷ, κὴ ἐκτρέψας τἰω ἴδριω, σμύρ-
ναν τρίψας, λεῖω κὴ κηκίδα, κὴ ςυπλη-
ρίω καζακαύσας, κὴ μελανθερίω, κὴ ὑπο-
ςήσε] ἡ αἱμοῤῥοῒς, καζακεκαυμβῴθ.

Hæmorrhoïdes fi nec urere, nec fecare velis, fedes multâ aquâ calidâ priùs fovenda & invertenda, tum myrrha lævigata, galla, alumen uftum, & melanteria applicanda funt, & ufta decidet hæmorrhoïs.

Hæmorrhoïdum primò tentanda curatio remediis internis, quæ fanguinem contemperent, & acribus falinífque humoribus imprægnatum repurgent. At fi fruftra fuerint adhibita, ægérque ex continuo hæmorrhoïdum fluxu debilis admodum fiat, impendeátque hydrops, tunc fi nec urere actuali cauterio, neque fecare velis, quod promptum eft, fed crudele præfidium, exficcatio & curatio fieri poteft remediorum propofitorum ope, quæ ex ftypticis & caufticis mixta funt, quibus uftulatum hæmor hæmorrhoidale vas claudetur & decidet.

XCVI.

Ὁκόταν ἀρχὸς ἐκπίπτῃ, ὕδατι θερμῷ περιπλύναι σίδια, ἢ ξυπληρίξαι τρίψας ἐν οἴνῳ καταχέαι τ' ἀρχῦ: ἔπιτα ῥάκεα ἐμβαλεῖν ἢ τὰς μηρὺς ξυνδῆσαι ἡμέρας τρεῖς, ἢ νῆς δυέτω. *De Fistul.*

Cùm anus prolabitur decocto malicorij calido, & alumine vino dissoluto anus fovenda: postea fasciis femora tribus diebus inter se vincienda, & inedia imperanda.

Anus prolabens aptissimè coërcebitur hisce adstringentibus medicamentis, decocto malicorij, hoc est corticis granatorum, & alumine vino dissoluto. Postea per aliquot dies fasciis femora revinciantur, ne egressui iterum locus detur; & ne alimentorum fæcibus exturbetur, inedia seu victus admodum tenuis imperandus.

XCVII.

De Affect.

Στραγγυρίη ξυμφέρει ἔξωθεν τὸ σῶμα μαλάσσειν λυτροῖσι θερμοῖσιν, ἔσωθεν διυγραίνειν; τὴν μὲν κοιλίην σιτίοισιν ὑφ' ὧν εὔροος ἔςαι, τὴν δὲ κύςιν ποτοῖσιν ὑφ' ὧν τὸ οὖρον διαχεῖται.

Stranguriæ confert balneis calidis foris emollire, intus alvum humectare cibis laxantibus, vesicam verò potionibus diureticis.

Sive oriatur stranguria ab arena, sive à viscido phlegmate, alióve acri humore vesicam irritante, balneum tepidum juvat, quia vias emollit & lubrificat: conferunt & cibi laxantes, quia materiam antecedentem à vesica avertunt; & potiones diureticæ, quia vias detergunt, & materiam conjunctam foras propellunt.

XCVIII.

Epid. 2.

Παρωνυχίης κηκὶς μέλαινα ἐν μέλιτι.

Ad paronychiam galla nigra cum melle.

Sect. V. Therapeutica.

Paronychia eſt inflammatio in digitorum extremis orta, quæ ob partis exactam ſenſibilitatem admodum dolorifica eſt; & ſi ſuppuret periculoſum ulcus & aliquando gangrænam accerſens: cui affectui ubi in principio adhuc eſt, non malè conveniet cataplaſma ſtypticum ac repellens ex galla nigra cum melle, non neglectis remediis univerſalibus, præcipuè venæſectione.

XCIX.

Ἄλφȣ καὶ λέπρης τιτάνȣ ἐν ὕδατι, ὡς μὴ ἑλκώσῃς.   Ibid.

Ad impetiginem & lepram, aquam calcis adhibe, ita temperatam, ut non ulceret.

Impetigo & lepra Græcorum, quæ ſcabiei ſpecies etiam pſora vocatur, à ſero ſalſo & acido, ſeu, ut Hippocrates loquebatur in ſect. II. à pituita humoribus acribus permixta, originem ducit. Iis ergo conferre debet aquæ calcis admotio, quæ alcali donata ſal acidum mortificat, & ulcuscula illa potenter exsiccat. Ideóque optimum est vulnerarium, omnique ulcerum putredini maximè adversum. Quinimò quod magis mirum, ulceribus internis, diarrhœæ, dysenteriæ, aqua illa cum lacte aut sero lactis pota mira præstat, ut ex Domino de la Closure, celeberrimo inter Santones ac Vascones Practico, addidici.

C.

Epid. 6. Χειμέτλων κατασχᾶν, ἁλιαίνειν, τὲς πόδας ὡς μάλιςα ἐκθερμαίνειν πυρὶ καὶ ὕδατι.

Pernionum medela scarificatio, tepefactio, ita ut pedes quàm maximè igne & aquâ excalefacias.

Tumoribus à frigore ortis, quos perniones vocamus, non putem convenire parti quidem scarificationem, sed fortè in partibus vicinis aut oppositis ad seri derivationem aut revulsionem, sic inflammationi à frigore in extremo naso, cucurbitulæ

Sect. V. Therapeutica.

scapulis scarificatæ utiles esse possunt.

C I.

Ἰσχιας ὅταν γένηται, συμφέρει μαλάσσειν ἐν λυτροῖσι ᾗ χλιάσμασι, καὶ τὴν κοιλίην ὑπάγειν: ὅταν ἢ λωφήσῃ ἡ ὀδύνη, φάρμακον δοῦναι κάτω, καὶ μετὰ ταῦτα πίειν γάλα ὄνου ἑφθόν.

De Affect.

Ischias ubi accidit, confert balneis & fomentis emollire, alvúmque subducere : cúmque levatus fuerit dolor, purgans exhibere, & postea lac asininum coctum potare.

Ischias est coxarum dolor ab humoris tenuis acris decubitu in partes ischio vicinas. Huic affectui ratione causæ conjunctæ conferunt balnea & fomenta emollientia, quibus seri illius acris transpiratio promovetur, & dolor mitigatur : ratione causæ antecedentis quæ cumulationem aliquam impurorum succorum in primis viis agnoscit, à quibus chylus serosus & acris redditur, conducit alvum clysteribus aut levibus eccoproticis, mannâ, cassiâ alvum subducere: dein ubi dolor mitior fuerit redditus fortius purgans exhibere, quo & impuri isti succi & serosa illuvies vacuentur: postea lac asininum per aliquod tempus potare, quo sanguinis acrimonia mitescat; & præcipuè coctum, quo seri in lacte contenti pars absumatur, sicque crassiorem massæ sanguineæ consistentiam conciliare possit, ne ampliùs serum acre & tenue suppeditet.

CII.

Ibid. Ἀρθρῖτις ὅταν ἔχῃ, ξυμφέρει ψύγματα προσφέρειν· καὶ ἐκ τῆς κοιλίης ὑπάγειν τὰ ἐνεόντα· κλύσμασιν ἢ βαλάνῳ, κ̀ φάρμακον κάτω πίσαι, κ̀ μετ̀ τοῦτο πίνειν ὀρρὸν ἑφθὸν καὶ ὄνε γάλα.

Arthritidi confert admovere refrigerantia, alvum clysteribus aut suppositorio solvere, & purgans exhibere, tandémque serum coctum & lac asininum propinare.

Arthritis est articulorum dolor sæpe inflammatione comitatus, unde ratione doloris & inflammationis conferunt ψυκτικα seu refrigerantia & anodyna admota, qualia sunt lac, aqua spermatis ranarum. At ratione causæ antecedentis, quæ ut jam de ischiade arthritidis specie diximus, serosa est colluvies, stomachi vitio sæpè collecta, conveniunt clysteres & suppositoria, diminutâ fermentatione purgantia benigna, tandémque serum coctum & probè defæcatum, & γαλακτοποσία, tum lactis asinini cujus hîc meminit, tum lactis bubuli, quod in hocce affectu mira præstat, ut experientia & Autores plures testantur, atque inter hos Greiselius de cura lactis in arthritide, Sachs in Miscellaneis naturæ Curiosorum. Neque est hoc recens inventum, ut quidam putarunt. *Sunt inter exempla*, inquit Plinius, *qui lac asininum bibendo liberati sint podagrâ, chiragrâve*. At hîc antiquiorem Præceptorem in hoc præsidio administrando Hippocratem habemus.

C I I I.

Ibid. Ποδάγρη βιαιότερον μὲν τ̣ τοιούτων, καὶ πολυχρονιώτατον καὶ δυσαπαλλακτότατον, θανατῶδες δὲ ου: ξυμφέρει δὲ καὶ ταύτῃ τὰ αὐτὰ, ἃ καὶ τῇ ἀρθρίτιδι.

Podagra vehementior quidem horum dolorum & maximè diuturnus, quíque difficillimè solvitur, minimè verò lethalis: huic eadem quæ arthritidi conferunt.

Podagræ dolor vehemens est ob partium sensibilitatem; maximè diuturnus, quia cùm pars affecta sit pedum extremitas, non ita celeriter illic resolvitur causa morbifica ac in alia parte calidiori. Huic autem cùm sit arthritidis species, non alia quàm ipsi conferunt remedia.

C I V.

De Flat. Ὅσα μὲν χειρουργῆσαι δεῖ χρὴ συνεθιθλῦναι: τὸ γὰρ ἔθος τῇσι χερσὶ κάλλιστον διδασκαλεῖον.

Sect. V. Therapeutica.

Quæcunque Chirurgiam poſtulant ea in uſum à Medico revocanda : eſt enim manuum uſus optimus docendi magiſter.

Chirurgia olim à Medicis exercebatur, præſertim tempore Hippocratis, cujus in hac arte peritiam teſtantur libri varij Chirurgici quos nobis reliquit. Nunc autem etiamſi à Medicina veluti diſcerpta ſit, præſidere tamen ſemper Chirurgo debet Medicus, atque adeò & in Chirurgia peritus eſſe, & paratus præcipuè in locis ubi ſolus eſt, manuum operationes ipſemet exequi.

C V.

Ἕλκεσι τοῖσι πλείστοισιν ὥρη ἡ θερμοτέρη ξυμφορωτέρη ἢ χειμῶνος, πλὴν τοῖσιν ἐν κεφαλῇ κ̣ κοιλίῃ. — De ulceribus.

Ulceribus pleriſque calida tempeſtas anni magis conducit quàm hyems, præterquam iis quæ fiunt in capite & ventre.

Calida anni tempestas transpirationem auget, à qua pars seri acris ulcera procreantis & foventis foras pellitur & exsiccatur. At in partibus quas multa sanguifera penetrant vasa, quale est caput, & venter medius ac inferior in quibus viscera, febris & inflammatio maximè metuendæ, quæ citiùs æstate quàm hyeme accidunt. Etenim observat Hippocrates libro de capitis vulneribus, in his hyeme plerumque ante decimumquartum diem febrem ptchendere, æstate verò post septimum.

Ibid.

CVI.

Ἕλκεα ξύμπαντα, ἃ χρὴ τέγξεν πλὴν οἴνῳ, ἃ μὴ ἐν ἄρθρῳ ἔῃ τὸ ἕλκος· τὸ γδ ξηρὸν τ̂ ὑγιεῖ ἐγγυτέρω ἐστί, καὶ τὸ ὑγρὸν τ̂ μὴ ὑγιεῖ.

Ulcera quæcunque præterquam vino madefieri non debent, nisi articulos occupent: quod enim siccum est ad sanum, quod humidum ad morbosum propiùs accedit.

Sect. V. Therapeutica.

Rationem subjunctam habet hæc sententia. Humidæ sunt partes ulceratæ, sanæ & integræ siccæ sunt, ideoque ut ad sanitatem ulcera deveniant, siccantibus sunt curanda. At articuli humido quodam naturaliter donati sunt, atque ideo humectandi, ne sicca nimis fiat carnis regeneratio, & cicatrix, quibus eorum motus impediretur: aut saltem exsiccantia moderatiora esse debent.

CVII.

De fract.

Οὐδὲ τοῖσι νεοτρώτοισιν ἕλκεσι ξυμφέρει ἔλαιον, οὐδὲ μαλθακώδεα, οὐδὲ στατώδεα φάρμακα.

Recentibus ulceribus nec oleum, nec mollientia, nec pinguia medicamenta conveniunt.

Ea enim inflammationem & putredinem accersunt, sed potius detergentia conveniunt, quæ ulcus sordidum fieri impediunt.

CVIII.

De ulcer. & de cap. vulner.

Τὰ κυκλότερα τῶν ἑλκέων, ἐὼν ὑπόκοιλα ᾖ, κατὰ μῆκος τοῦ σώματος μακρὰ ποιεῖν.

Rotunda ulcera si cava fuerint longa facere oportet, secundùm corporis longitudinem.

Ulcera longa faciendo approximantur eorum labia, ut possint ad cicatricem perduci. Sectio autem secundùm corporis longitudinem fieri debet, ne musculorum fibræ transversim secentur.

CIX.

Epid.2. Sect.5.

Ὅσα σφακελίζει ἀπολαβόντα τῶν φλεβῶν ἑλκῶσαι κ᾽ ὑγιῶσαι.

Quibus gangræna incipit, ea venâ interceptâ ulcerare & curare oportet.

Id est, ubi jam in ulcere incipit gangræna, ne partes vicinas inficiat,

Sect. V. Therapeutica.

ciat, eæ circum ulcus, & præcipuè circa venas quæ illud irrigant, causticis, sive ut nunc invaluit usus, scarificationibus utendum.

CX.

Ἐπὶ τὰ καύματα ὠράσα τρίψας πολ- De int.
λὰ καταπλάσειν εὐθὺς μ() τὴν καῦσιν, affect.
καὶ καταλιμπάνειν μίαν ἡμέραν.

Partibus ambustis porrum multum tritum statim post ustionem ex cataplasmate imponito, & diem unum sinito.

Calidarum rerum applicatio, veluti porri, in partibus ambustis, evocat particulas igneas in iis contentas, sicque dolorem mitigat & sanitatem procurat. Ita alia calidiora, veluti fotus ex spiritu vini, non parùm in hoc casu juvant.

CXI.

Τὰ λιπαρὰ πρὸς τὰ φλεγμαίνοντα, ὐ De
ξυμφέρει, ὐδὲ πρὸς τὰ ἀνάβασια, ὐδὲ Affecti
πρὸς τὰ σηπόμενα.

L l

Pinguia inflammatis minimè conveniunt, neque sordidis, aut putrescentibus.

Pinguia enim & oleosa facilè inflammantur, curísque poros occludunt, unde neque inflammatis partibus, neque sordidis ulceribus conveniunt, cùm inflammationem & putredinem hoc pacto adaugeant.

CXII.

Ibid. Πρὸς μὲν τὰ φλεγμαίνοντα ξυμφέρει τὰ ψυχρά; πρὸς δὲ τὰ ἀκάθαρτα, ᾗ τὰ σηπόμενα τὰ δριμέα καὶ ὅσα δῆξιν παρεχόμενα, καθαίρει.

Ad inflammata quidem conferunt frigida; ad sordida verò & putrescentia, acria & quæ morsum excitando, detergunt.

Inflammationi præcipuè in principio refrigerantia applicata conveniunt, quia repellunt. Sordidis verò ulceribus ac putredinem contrahentibus, acria quæ partes nonnihil mordendo ac irritando, detergunt

& ad fordidi puris expulsionem incitant, veluti lixivium cineris sarmentorum, decoctum absynthij, aristolochiæ, centaurij minoris in vino albo, aut aquâ.

CXIII.

Τὰ φάρμακα ὅσα ποῖα πρὸς τὰ τρώματα προσφέρεται μανθάνειν χρή : ἄξιον γὸ ἅπαντος.   Ibid.

Quæ exhibentur potiones vulnerariæ, eæ perdiscendæ, & plurimùm æstimandæ.

Hæ potiones ab Hippocrate commendatæ & experientiâ comprobatæ, nimis à nostris Chirurgis negliguntur, etsi sæpius topicis præponendæ. Earum vis est ut per urinas exturbent salsum & acre sanguinis serum, quod ulcera & abscessus generat aut fovet. Parantur autem præcipuè ex Pyrolâ, Saniculâ, Virgâ aureâ, Pede Leonis seu Alchymillâ, Angelicâ Sylvestri, Betâ rubrâ, atque Artemisiâ, in vino albo puro aut lymphato decoctis in Balneo Mariæ, quibus si foetus mortuus, ossa fracta, aut aliquid præternaturum in corpore retentum sit, additur Sabina.

CXIV.

De officin. Med.

Ἐπιδέσματα καθαρὰ, κοῦφα, μαλθακὰ, λεπτά: ἰλίσσειν ἀμφοτέροισιν ἅμα ᾗ ἑκατέροισι χωρὶς ἀσκεῖν.

Vincula munda, levia, mollia & tenuia sint: eáque ambabus simul manibus tractare, aut alternis invicem uti oportet.

Fascia munda esse debent, ne si sordida sint, prohibeant quominus vis infusorum liquorum ad corpus possit penetrare, leves ne locum affectum gravent, molles ne pars comprimatur, tenues quia quæ ejusmodi sunt leviores & molliores esse solent. Manifestum est præterea, unumquodque horum ad id etiam conferre, ne inflammatio aliqua ea in parte excitetur. Galen. in hunc loc.

CXV.

Νάρθηκες ᾖ λεῖοι, ὁμαλοὶ, σιμοὶ κατ᾽

ἄκρα, σμικρῷ μείως ἔνθεν κ̀ ἔνθεν τ̃ ἐπιδέσεως.

Ferulæ autem læves, æquales, circa extrema resimæ sint, & ab utraque parte deligatione paulò breviores.

Ad minima descendit Hippocrates, sed minima non censet, quæ ad hominis sanitatem quomodocunque conferunt. Ferulæ quæ fractis membris apponuntur læves esse debent, ne suâ asperitate partem lædant; æquales ne suâ inæqualitate ei sint incommodæ; circa extrema resimæ, ne acumine cutem pungant; & fasciis paulò breviores, ut firmiter contineantur.

CXVI.

Εὐρύθμως ἐπιδέσιας κ̀ θεητρικὰς μηδ᾽ ἐν ὠφιλῦσας ἀπογινώσκειν, φορτικὸν γδ̀ τὸ τοιοῦτον κỳ πανίελῶς ἀλαζωνικόν. De Med.

Deligationes concinnæ & ad pompam comparatæ, nihilque conferentes repudiandæ. Sunt enim molestæ & ad ostentationem factæ.

Utilitas in Medicina & Chirurgia quærenda primùm. Molestum est quod inutile & ad pompam comparatum, quales sunt quædam deligationes & Chirurgo & ægro molestæ, etiamsi concinnæ. Simplicitas potiùs colenda, quàm concinnitas ad ostentationem facta.

CXVII.

Ibid. Ἐν αἷς δεῖ διὰ μιᾶς τομῆς ἡ χειρουργία χρὴ ποιεῖσθαι ταχεῖαν τὴν διαίρεσιν: ὅπου δὲ πολλαὶ ἀναγκαῖαι γίνονται τὰς τομάς βραδείη χρηστέον τῇ χειρουργίᾳ.

Quibus unicâ sectione chirurgicâ opus est, ea celeriter fieri debet: at ubi multas fieri necesse est, tardâ manuum operâ utendum.

Ubi unicâ sectione opus est, ea celeriter fieri debet, ut scilicet celeriùs æger dolore liberetur: ubi

Sect. V. Therapentica.

verò pluribus, illæ sensim faciendæ, ne à vehementi & continuo dolore animo deficiat. Sic verbi gratiâ, adsunt ulcera sinuosa in brachiis aut cruribus, dilatanda sunt pluribus in locis ac simul unienda; id non est unâ vice, eadémque die tentandum, alioquin doloribus in lipothymiam decideret æger, & fortè pars nimis irritata inflammaretur: at hodie partem aliquam scalpello vel forfice dilatabis, aliam aliâ horâ, vel die sequenti, donec intentum habeas.

CXVIII.

Ἥκιϛα χρὴ τῇ τρίτῃ κ̀ τετάρτῃ ϛυφελίζειν πάντα τὰ τρώματα: τὸ ἐπίπαν γδ τότε τίκτουσι τὰς παλιγκοτησίας: καὶ ὅσα ἐς φλεγμονὴν κ̀ ἀκαθαρσίην ὁρμᾷ, κ̀ ὅσα ἂν ἐς πυρετὸς ἴῃ.

De Fract.

Tertio & quarto die, duriter & asperè minimè tractari debent vulnera; tunc enim recrudescere solent, tum quoad inflammationem & sordes, tum quoad febres.

Adnexam habet rationem Aphorismus : ideóque in eo explicando minimè desudandum. Nullus quippe melior Hippocrati commentator est, quàm Hippocrates ipse.

CXIX.

Epid.6. Ὅσα πεπαίνεϑαι δεῖ καταπεπλεῖσϑαι δεῖ, τἀναντία ἢ ξηραίνειν καὶ ἀνεῶχϑαι.

Quæ maturationem postulant, ea occludi convenit, contraria verò exsiccari & aperta esse.

Suppurationem promovent gummata & emplastica omnia, quia poros occludunt, sícque partibus calidis ac subtilioribus exitum denegantia calorem & fermentationem adaugent. Igitur si exsiccare & resolvere velimus, non verò maturare, abstinendum ab illis emplasticis, & potiùs utendum iis quæ poros aperiunt, veluti sunt fotus chalastici, cataplasmata resolventia, spiritus vini, aliáque id genus.

CXX.

Πολλὰ τ̃ δοκεόντων ἐκπυιῶδς ἀναπί-   De
νεται πότε κἂν μηδέν τις καταπλάσῃ.   Artic.

Multa quæ suppurare videntur, quandoque etiam nullo adhibito cataplasmate resorbentur.

Etsi hic Aphorismus ad Semeioticen referri possit, non tamen parvi usus esse potest in Therapeutica, ne scilicet nimiùm festinemus tumores aut ad suppurationem adducere, aut aperire, siquidem eos discuti sæpius accidat.

CXXI.

Τὰ νεότρωτα ἕλκεα πάντα ἥκιστα ἂν   De ul-
φλεγμήναιεν, εἴ τις διαπυήσαι ὡς τάχιστα,   cerib.
ἢ εἴ τις ἀποτρέποι ὅπως μηδὲ μέλλοι
διαπυῆσαι, πλὴν τ̃ ἀναγκαίη πύα ὀλίγη.

Recentia omnia vulnera minimè inflammantur, si quis quàm celerrimè ad suppurationem adducat, aut si quis prohibeat ne suppurent, nisi pure necessario admodum pauco.

Exinde cognoscere licet Neotericorum quorundam praxim, Hippocratis etiam fuisse, quâ scilicet aliquando vulnera sine suppuratione curentur, idque paucis post lineis confirmat dum ait: *quod verò ulcus acuto telo incisum aut dissectum fuerit, medicamentum quod cruentis protinus imponitur, & siccans quoddam quod suppurare vetet, admisit.*

FINIS.

INDEX

Rerum præcipuarum.

Bortus periculosus. pag. 83
Abstinentiæ consideratio. 221
Aceti usus & noxæ. 63. 64. 216. & 244
Acidorum vis. 216
Acidum & Alcali. 11. 62
Acidum morbi causa. 60. & seqq.
Acria, amara, austera. 256
Aëris turbatio vitanda. 277
Æsculapij oraculum. 332
Ætatum consideratio. 22
Alæ curatu difficiles. 186
Alimenta quæ bona. 207. alvum laxantia. 212. constipantia. 213. diuretica. 214. & 215
Alimenti circulatio. 44
Allij vires. 250. 348
Alopeciæ causa. 94
Alvi fluxus futuri signa. 131
Amarum morbi causa. 59
Ambustionis remedium. 397

Index rerum præcipuarum.

Anginæ causa. pag.74.*& seqq.* prognost. 132.309.310
Animantia ex igne & aqua constant. pag. 10
Ani prolapsus cura. 385
Antidotus ad quartanarios. 347
Antimonium an antiquis notum? 364
Apoplexiæ causa. 55.70.125. futuræ signa. 125. cura.308
Aqua vorax. 64
Aquæ calcis usus. 387
Aquæ minerales. 215.& 217
Aquarum consideratio. 227.*& seqq.* usus in febribus. 339.*& seqq.*
Aquilinus nasus quid significet. 101
Arthritidis causa. 61. cura. 390
Astronomia Medico utilis. 49
Atra bilis quid efficiat. 116
Auris dolor ut curandus. 320. sordes mutatæ quid portendant. 98
Aurum potabile. 51.& 52

Balbus & calvus quibus morbis tententur. 65
Balnei usus. 268
Bilis fons ad hepar. 14

Calidum frigido nutritur. 12. non est febris causa. 60
Capitis

Index rerum præcipuarum.

Capitis consideratio ad Physiogno-
niam. pag. 99. 100. ejus ulcus ut
tractandum. 317. contrafissura.
pag. 319
Caput glandulosum. 20. morborum
radix. 57. morbosissimum. 58. pi-
tuitæ fons. 14
Cardialgiæ præsidium. 338
Carnium consideratio. 224. salita-
rum. 226
Carnis nimius esus Choleræ causa.
pag. 88
Cava, solida, rara, spongiosa, quæ
in corpore. 81. 82
Causi cura. 339
Cephalalgiæ cura. 315. ab utero. ibid.
ex crapula. 316.
Cerebrum frigidi metropolis. 19. 20.
glandulæ simile. ibid.
Choleræ causa. 88. cura. 360
Chirurgia Medico necessaria. 393
Chymia an antiquis nota. 52. 80
Ciborum consideratio. 201. *& seqq.*
Circulatio sanguinis. 44. *& seqq.*
lactis. ibid. spiritus. ibid.
Clysterum usus. 300
Columellæ inflammatæ cura. 322
sectio. 170

Index rerum præcipuarum.

Conceptio quibus non fiat. 36
Confluxus unus. 13
Continentia, impetum facientia &
　contenta. 18
Contraria contrariis curantur. 281
Cor sanguinis fons. 14. arteriarum
　radix. 15. musculus est. 22.& 23
Corporis nullum principium. 13
Corpus totum perspitabile. 12
Coryzæ prognostica. 132.& 133
Cutis raritas & densitas quid effi-
　ciant. 78

Deambulationum utilitas. 264
Deligationes quales esse debent. 401
Delirij prognostica. 171. 173
Dentes plures vitæ longæ signa. 106
Dentitionis morbi. 111. 112
Diæta calida & frigida quæ.259.263
Diarrhœæ cura. 381
Dulcium consideratio. 256
Dysenteriæ curæ. 379. *& seqq.*

Empirica apud Hippocratem. 285
Empyematis signa. 140. cura. 333
Epilepsia quibus contingat. 67. ejus
　causæ. 68. *& seqq.*
Erysipelatis prognostica. 169

Index rerum præcipuarum.

Facies Hippocratica. 97
Fames morborum causa. 57
Fauces ulceratæ. 170
Febres inconstantes. 349. malignæ. 86. earum signa. 128
Febrium causæ 60. & seqq. 86. remedia febrifuga. 339.342.& 346
Ferulæ quales esse debent. 401
Flatuosa quæ. 217.218
Fluoris species. 156. & seqq. cura. 358.
Fluxiones unde. 72. à capite. 73
Fœtus nutritio per os. 26.27. motus in utero 30. & 31. respiratio per os. 39 & 40
Fomenta varia. 326
Formæ & mores hominum. 19
Frigiditas & caliditas quid agant. 59
Fructus horarij choleram gignunt. 88

Gangrænæ cura. 396
Glandularum morbi. 89
Graviditatis signa. 155

Hæmorrhagiæ remedia. 324. signa. 106. & seqq.
Hæmorrhoïdum consideratio. 161 cura. 384

Index rerum præcipuarum.

Hemitritæi prognostica. 174
Hepar venarum radicatio. 15. gratiosi succi fons. 16
Homo à natura morbus. 53
Hordei vires. 249
Hydatides quid. 91
Hydromelitis vires. 252.*& seqq.*
Hydrops ab hydatidibus. 90. ab hepate. 91. à liene & omento. 67. ab utero. 152
Hydropis cura. 367. *& seqq.* prognostica. 247. *& seqq.* Hydropis pectoris signa. 245. *& seqq.*
Hysterica. 350.*& seqq.*

Icteri cura. 361
Jejunij noxæ & usus. 222
Ignis & aqua omnium principia. 12
Ilei cura. 362. Ileus Ictericius. 363
Imperitia malus thesaurus. 3
Impetiginis causa. 94. remedium. 387
Inflammationis cura. 98
Intemperies in sanguine, non in partibus solidis. 59
Intermittentes malignæ evadunt. 86
Iræ noxæ. 273. 274
Ischiadis cura. 389

Laborum utilitas. 265

Index rerum præcipuarum.

Labra exulcerata quid portendāt. 173
Lac ex Chylo. 28.& 29. ejus ufus in arthritide. 390. 391
Lactis confideratio.223. & ſeqq. 255 defectus 34.323.tardius apparens. 37. & 38. vomitus. 110
Laſerpitium quid. 344.& 349
Lateris dolor. 325
Leguminum qualitates. 251
Lentis vires. 250
Lepræ cauſa. 94. remedium. 387
Lethargi ſigna. 127. cura. 314
Leucophlegmatiæ cura. 373
Levia in levibus morbis. 295
Lien morboſiſſimum. 58. fiſco comparatum. 66. unde intumeſcat. 67. deorſum pendens. 165. melancholiæ fons. 14
Lienes magni quid. 162
Lienoſorum remedia. 377 & ſeqq.
Lienteriæ cura. 380 & ſeqq.
Linguæ confideratio. 123.& 124
Lochiorum confideratio. 153.355
Lumbrici lati ſigna. 160
Luxatio articulorum. 177. femoris. 179. maxillæ. 83. vertebrarum. 189.
Lymphæ uſus. 44

Mm iiij

riæ, quibus si foetus mortuus, ossa fracta, aut aliquid præternaturam in corpore retentum sit, additur Sabina.

CXIV.

De officio. Med.

Ἐπιδέσμαλα καθαρὰ, κῦφα, μαλθακὰ, λιπία: ἑλίσσειν ἀμφοτέροισιν ἅμα κὶ ἑκατέροισι χωρὶς ἀσκέειν.

Vincula munda, levia, mollia & tenuia sint: eáque ambabus simul manibus tractare, aut alternis invicem uti oportet.

Fascia munda esse debent, ne si sordida sint, prohibeant quominus vis infusorum liquorum ad corpus possit penetrare, leves ne locum affectum gravent, molles ne pars comprimatur, tenues quia quæ ejusmodi sunt leviores & molliores esse solent. Manifestum est præterea, unumquodque horum ad id etiam conferre, ne inflammatio aliqua ea in parte excitetur. Galen. in hunc loc.

CXV.

Νάρθηκες ἢ λεῖοι, ὁμαλοὶ, σιμοὶ κατ'

άκρα, σμικρῷ μείως ἔνθεν κὶ ἔνθεν τ ἐπιδέσεως.

Ferulæ autem læves, æquales, circa extrema resimæ sint, & ab utraque parte deligatione paulò breviores.

Ad minima descendit Hippocrates, sed minima non censet, quæ ad hominis sanitatem quomodocunque conferunt. Ferulæ quæ fractis membris apponuntur læves esse debent, ne suâ asperitate partem lædant; æquales ne suâ inæqualitate ei sint incommodæ; circa extrema resimæ, ne acumine cutem pungant; & fasciis paulò breviores, ut firmiter contineantur.

CXVI.

Εὐρύθμως ἐπιδέσιας κὶ θεητρικάς μηδ' ἰν ὠφελῆσας ἀπογινώσκειν, φορτικὸν γδ τὸ τοιοῦτον κỳ παντελῶς ἀλαζωνικόν. De Med.

Deligationes concinnæ & ad pompam comparatæ, nihilque conferentes repudiandæ. Sunt enim molestæ & ad ostentationem factæ.

Utilitas in Medicina & Chirurgia quærenda primùm. Molestum est quod inutile & ad pompam comparatum, quales sunt quædam deligationes & Chirurgo & ægro molestæ, etiamsi concinnæ. Simplicitas potiùs colenda, quàm concinnitas ad ostentationem facta.

CXVII.

Ibid. Ἐν αἷς ἄρα δή μιᾶς τομῆς ἡ χειρυργία, χρὴ ποιεῖσθαι ταχεῖαν τὴν διαίρεσιν: ὅπε ἢ πολλαὶ ἀναγκαῖον γίνεσθαι τὰς τομὰς βραδείη χρηστέον τῇ χειρυργίᾳ.

Quibus unicâ sectione chirurgicâ opus est, ea celeriter fieri debet: at ubi multas fieri necesse est, tardâ manuum operâ utendum.

Ubi unicâ sectione opus est, ea celeriter fieri debet, ut scilicet celeriùs æger dolore liberetur: ubi verò pluribus, illæ senſim faciendæ, ne à vehementi & continuo dolore animo deficiat. Sic verbi gratiâ, adſunt ulcera ſinuoſa in brachiis aut cruribus, dilatanda ſunt pluribus in locis ac ſimul unienda ; id non eſt unâ vice, eadémque die tentandum, alioquin doloribus in lipothymiam decideret æger, & fortè pars nimis irritata inflammaretur : at hodie partem aliquam ſcalpello vel forfice dilatabis, aliam aliâ horâ, vel die ſequenti, donec intentum habeas.

CXVIII.

Ἥκιϛα χρὴ τῇ τρίτῃ ϰ̀ τετάρτῃ ϛυϛιλίζειν πάντα τὰ τρώματα : τὸ ἐπίπαν γὰ τότε τίκτϒσι τὰς παλινκοτήσιας : ϰ̀ ὅσα ἐς φλεγμονίω ϰ̀ ἀκαθαρσίω ὁρμᾷ, ϰ̀ ὅσα ἂν ἐς πυρετὸς ἵῃ.

De Fract.

Tertio & quarto die, duriter & aſperè minimè tractari debent vulnera, tunc enim recrudeſcere ſolent, tum quoad inflammationem & ſordes, tum quoad febres.

Adnexam habet rationem Aphorismus : ideóque in eo explicando minimè desudandum. Nullus quippe melior Hippocrati commentator est, quàm Hippocrates ipse.

CXIX.

Epid. 6. Ὅσα πεπαίνεσθαι δεῖ καταπλεῖσθαι δεῖ, τἀναντία δὲ ξηραίνειν καὶ ἀνεῷχθαι.

Quæ maturationem postulant, ea occludi convenit, contraria verò exsiccari & aperta esse.

Suppurationem promovent gummata & emplastica omnia, quia poros occludunt, sicque partibus calidis ac subtilioribus exitum denegantia calorem & fermentationem adaugent. Igitur si exsiccare & resolvere velimus, non verò maturare, abstinendum ab illis emplasticis, & potiùs utendum iis quæ poros aperiunt, veluti sunt fotus chalastici, cataplasmata resolventia, spiritus vini, aliáque id genus.

CXX.

Πολλά τ̃ δοκούντων ἐκπυεῖος ἀναπίνεται ποτὲ κἢν μηδέν τις καταπλάσῃ.

De Artic.

Multa quæ suppurare videntur, quandoque etiam nullo adhibito cataplasmate resorbentur.

Etsi hic Aphorismus ad Semeioticen referri pssiot, non tamen parvi usus esse potest in Therapeutica, ne scilicet nimiùm festinemus tumores aut ad suppurationem adducere, aut aperire, siquidem eos discuti sæpius accidat.

CXXI.

Τὰ νεότρωτα ἕλκεα πάντα ἥκιστα ἂν φλεγμήναιεν, εἴ τις διαπυίσει ὡς τάχιστα, ἢ εἴ τις ἀποτρέποι ὅκως μηδὲ μελλήσει διαπυῆσαι, πλὴν ἢ ἀναγκαίη πύον ὀλίγον.

De ulcerib.

Recentia omnia vulnera minimè inflammantur, si quis quàm celerrimè ad suppurationem adducat, aut si quis prohibeat ne suppurent, nisi pure necessario admodum pauco.

Exinde cognoscere licet Neotericorum quorundam praxim, Hippocratis etiam fuisse, quâ scilicet aliquando vulnera sine suppuratione curentur, idque paucis post lineis confirmat dum ait: *quod verò ulcus acuto telo incisum aut dissectum fuerit, medicamentum quod cruentis protinus imponitur, & siccans quoddam quod suppurare vetet, admittit.*

FINIS.

INDEX

Rerum præcipuarum.

Bortus periculosus. pag. 83
Abstinentiæ consideratio. 221
Aceti usus & noxæ. 63. 64. 216. & 244
Acidorum vis. 216
Acidum & Alcali. 11. 62
Acidum morbi causa. 60. & seqq.
Acria, amara, austera. 256
Aëris turbatio vitanda. 277
Æsculapij oraculum. 332
Ætatum consideratio. 22
Alæ curatu difficiles. 186
Alimenta quæ bona, 207. alvum laxantia. 212. constipantia. 213. diuretica. 214. & 215
Alimenti circulatio. 44
Allij vires. 250. 348
Alopeciæ causa. 94
Alvi fluxus futuri signa. 131
Amarum morbi causa. 59
Ambustionis remedium. 397

Index rerum præcipuarum.

Anginæ causa. pag. 74. & seqq. prognost. 132. 309. 310
Animantia ex igne & aqua constant. pag. 10
Ani prolapsus cura. 385
Antidotus ad quartanarios. 347
Antimonium an antiquis notum? 364
Apoplexiæ causa. 55. 70. 125. futuræ signa. 125. cura. 308
Aqua vorax. 64
Aquæ calcis usus. 387
Aquæ minerales. 215 & 217
Aquarum consideratio. 227 & seqq. usus in febribus. 339. & seqq.
Aquilinus nasus quid significet. 101
Arthritidis causa. 61. cura. 390
Astronomia Medico utilis. 49
Atra bilis quid efficiat. 116
Auris dolor ut curandus. 320. sordes mutatæ quid portendant. 98
Aurum potabile. 51. & 52

Balbus & calvus quibus morbis tententur. 65
Balnei usus. 268
Bilis fons ad hepar. 14

Calidum frigido nutrimur. 12. non est febris causa. 60
Capitis

Index rerum præcipuarum.

Capitis consideratio ad Physiognomiam. pag. 99. 100. ejus ulcus ut tractandum. 317. contrafissura. pag. 319
Caput glandulosum. 20. morborum radix. 57. morbosissimum. 58. pituitæ fons. 14
Cardialgiæ præsidium. 338
Carnium consideratio. 224. salitarum. 226
Carnis nimius esus Choleræ causa. pag. 88
Cava, solida, rara, spongiosa, quæ in corpore. 81. 82
Causi cura. 339
Cephalalgiæ cura. 315. ab utero. ibid. ex crapula. 316.
Cerebrum frigidi metropolis. 19. 20. glandulæ simile. ibid.
Choleræ causa. 88. cura. 360
Chirurgia Medico necessaria. 393
Chymia an antiquis nota. 52. 80
Ciborum consideratio. 201. *& seqq.*
Circulatio sanguinis. 44. *& seqq.* lactis. ibid. spiritus. ibid.
Clysterum usus. 300
Columellæ inflammatæ cura. 322 sectio. 170

M m

Index rerum præcipuarum.

Conceptio quibus non fiat. 36
Confluxus unus. 13
Continentia, impetum facientia &
  contenta. 18
Contraria contrariis curantur. 281
Cor sanguinis fons. 14. arteriarum
  radix. 15. musculus est. 22.& 23
Corporis nullum principium. 13
Corpus totum perspitabile. 12
Coryzæ prognostica. 132.& 133
Cutis raritas & densitas quid effi-
  ciant. 78

Deambulationum utilitas. 264
Deligationes quales esse debent. 401
Delirij prognostica. 171. 173
Dentes plures vitæ longæ signa. 106
Dentitionis morbi. 111. 112
Diæta calida & frigida quæ. 259. 263
Diarrhϙæ cura. 381
Dulcium consideratio. 256
Dysenteriæ curæ. 379. & seqq.

Empirica apud Hippocratem. 285
Empyematis signa. 140. cura. 333
Epilepsia quibus contingat. 67. ejus
  causæ. 68. & seqq.
Erysipelatis prognostica. 169

Index rerum præcipuarum.

Facies Hippocratica. 97
Fames morborum causa. 57
Fauces ulceratæ. 170
Febres inconstantes. 349. malignæ. 86. earum signa. 128
Febrium causæ 60. *& seqq.* 86. remedia febrifuga. 339. 342. & 346
Ferulæ quales esse debent. 401
Flatuosa quæ. 217. 218
Fluoris species. 156. *& seqq.* cura. 358.
Fluxiones unde. 72. à capite. 73
Fœtus nutritio per os. 26. 27. motus in utero 30. & 31. respiratio per os. 39 & 40
Fomenta varia. 326
Formæ & mores hominum. 19
Frigiditas & caliditas quid agant. 59
Fructus horarij choleram gignunt. 88

Gangrænæ cura. 396
Glandularum morbi. 89
Graviditatis signa. 155

Hæmorrhagiæ remedia. 324. signa. 106. *& seqq.*
Hæmorrhoïdum consideratio. 161
cura. 384

M m ij

Index rerum præcipuarum.

Hemitritæi prognostica. 174
Hepar venarum radicatio. 15. gratiosi succi fons. 16
Homo à natura morbus. 53
Hordei vires. 249
Hydatides quid. 91
Hydromelitis vires. 252. *& seqq.*
Hydrops ab hydatidibus. 90. ab hepate. 91. à liene & omento. 67. ab utero. 152
Hydropis cura. 367. *& seqq.* prognostica. 147. *& seqq.* Hydropis pectoris signa. 149. *& seqq.*
Hysterica. 350. *& seqq.*

Icteri cura. 361
Jejunij noxæ & usus. 222
Ignis & aqua omnium principia. 12
Ilei cura. 362. Ileus Ictericius. 363
Imperitia malus thesaurus. 3
Impetiginis causa. 94. remedium. 387
Inflammationis cura. 98
Intemperies in sanguine, non in partibus solidis. 59
Intermittentes malignæ evadunt. 86
Iræ noxæ. 273. 274
Ischiadis cura. 389

Laborum utilitas. 265

Index rerum præcipuarum.

Labra exulcerata quid portendāt. 173
Lac ex Chylo. 28.& 29. ejus usus in arthritide. 390. 391
Lactis consideratio.223. & seqq. 255 defectus 34.323.tardiùs apparens. 37. & 38. vomitus. 110
Laserpitium quid. 344.& 349
Lateris dolor. 325
Leguminum qualitates. 251
Lentis vires. 250
Lepræ causa. 94. remedium. 387
Lethargi signa. 127. cura. 314
Leucophlegmatiæ cura. 373
Levia in levibus morbis. 295
Lien morbosissimum. 58. fisco comparatum. 66. unde intumescat. 67. deorsum pendens. 165. melancholiæ fons. 14
Lienes magni quid. 162
Lienosorum remedia. 377 & seqq.
Lienteriæ cura. 380. & seqq.
Linguæ consideratio. 123.& 124
Lochiorum consideratio. 153.355
Lumbrici lati signa. 160
Luxatio articulorum. 177. femoris. 179. maxillæ. 83. vertebrarum. 189.
Lymphæ usus. 44

Mm iij

Index rerum præcipuarum.

Lymphatica vasa. 41
Malignorum remedia. 307
Maxillæ luxatio 83
Medicamenta vehementia stomachum exulcerant. 297
Medicinæ definitio. 9
Medici reipsa perpauci. 1
Medico necessaria. 4. *& seqq.*
Medulla quid. 43
Mel & mellita. 217. mellis vires. 251
Melancholia morbus. 166
Melancholiæ fons lien. 14. melancholia vorax. 64
Melopepones choleram gignunt. 99
Menses moventia. 356
Menstruorum consideratio. 85. 86
Monositia. 220
Morbi autumnales. 119. vernales. ibid.
Morbi ex nervis. 115. ex venis. ibid.
Morbi derepente non accidunt. 54
Unde oriantur. 55
Morbus niger. 166
Mulierem venâ sectâ non abortire. 37
Musculorum colliquatio. 187. usus. pag. 17.
Musti vires. 241
Mutationes morbos pariunt. 56

Index rerum præcipuarum.

Narcotica quæ. 275. & 276
Nasi consideratio physiognomica. 100. *& seqq.*
Natura quid. 10. morborum medicatrix. 180
Nervorum usus. 17. idem ac tendo Hippoc. 17. 188

Octimestris an vitalis. 32.& 33
Oculorum consideratio ad Physiognomiam. 99. *& seqq.*
Olerum vires. 250
Ophthalmiæ cura. 309. & 311
Opsonia. 257
Ossa quid conferant. 16
Ossium fracturæ. 183. brachij, claviculæ, costarum, cubiti, femoris, maxillæ, nasi.188. spinæ. 191. tibiæ. 184
Otij noxæ. 262
Oxymelitis vires. 254

Panis usus & noxæ. 222
Paracentesis nova. 370. & 371
Paralyseos causæ.125. signa.ibid.quæ curabilis. 126
Paronychiæ remedium. 386
Partus tempora. 36.*& seqq.*

Mm iiij

Index rerum præcipuarum.

Peripneumoniæ causa 87. Signa. 135.
  137.138. cura. 33
Pernionum medela. 388
Phthisis prognostica. 141. & seqq.
Pinguedo unde. 217
Pinguium vires. 217
Pituita quid. 93.94
Plethoræ signa. 117.118
Pleuritidis prognostica. 134. cura. 328.
Podagræ causa & prognosis. 175
  cura. 392
Polypi cura. 321
Pomorum qualitates. 250
Potus glacie refrigeratus. 338.341
Potuum consideratio. 201
Prægnantium remedia. 353. & seqq.
Principium magnum quid. 46
Pruriginis causa. 94
Puerorum morbi. 113.&114
Puerperæ labores. 38
Pulmonis alimentum quod. 25
Purgantia initio. 289. qui non purgandi. 291. quæ purgantia singulis conveniant. 294
Puris laudabilis signa 196. pus ad articulum accedens. 197

Index rerum præcipuarum.

Quartanæ prognoſtica. 172. cura. 345
Rachitidis ſigna. 167
Recidivæ quibus fiant. 159
Regionis mutatio in longis morbis. 278
Renes glanduloſi. 21
Reſpiratio magni ad vitam momenti. 103
Rheumatiſmi cauſa. 61

Sacra ſacris communicanda. 1
Salia lixivioſa cauſtica. 95. volatilium ſalium uſus. 308
Sanctorij Medicina ſtatica non nova. 122
Sanguis ſpumans unde. 145
Scorbutus. 162. *& ſeqq.*
Semen unde veniat. 42
Septimeſtris an vitalis. 34
Silphium quid. 344. 349
Similitudines Medicis imponunt. 287
Sitis ſigna. 109
Sollicitudo morbus. 365
Somniorum præſagia. 198. & 199
Stranguriæ cura. 386
Sudor unde oriatur. 80. Sudoris conſideratio. 104

Index rerum præcipuarum.

Superpurgationis remedium. 299
Suppositoriorum usus. 300
Suppurantia quando adhibenda. 404
   & seqq.
Suturæ capitis sanitati conferunt. 21

Tabis dorsalis cura. 334. *& seqq.*
Tempora non secanda. 313
Tenesmi cura. 382
Transpirationis utilitas. 121
Tusses hyeme frequentiores. 87

Vacuationes magnæ periculosæ. 290
Venæ lacteæ. 42.& 43
Venæsectio copiosa Parisinorum. 88
Venæsectionis cautiones. 309. ejus
  usus in angina. 309. cephalalgia.
  315. coxédicum & dorsi doloribus.
  376. lumborum doloribus. ibid.
  nervorum distentionibus. 374
  ophthalmia. 309. pleuritide. 328.
  testium doloribus. 374. venarum in-
  terceptionibus. ibid. vertigine. 317
Veneris usus & noxæ. 267
Venter ut terra. 41
Ventriculi calidi quid efficiant. 102
Ventris torpor quid efficiat. 78. ejus
  obstructio flatus retinet. 79
Vertiginis cura. 317

Index rerum præcipuarum.

Vigilia vorax. 64. Vigiliæ noxa. 261
Vincula qualia esse debent. 400
Vini vires & noxæ. 119. 233. *& seqq.* 299. Vini ingurgitatio choleræ morbi causa. 38
Virium prostratio mala. 108
Visionis deperditæ remedium. 312
Vita septem dierum est. 48
Vitiliginis causa. 94
Ulcerum causæ. 93. & 95. diæta. 258 tempestas contraria. 393. remedia & cautiones. 394. & 395. prognostica. 192
Volvuli cura. 362
Vomitoriorum usus & remedia. 304 *& seqq.*
Vomitus consideratio. 104. futuri signa. 131
Urinæ signa. 157
Uteri affectuum causa. 84
Uteri prolapsus cura. 357
Uvarum vires. 244
Vulnera quæ lethalia. 180. Capitis. 181. & 183. Vulnerum cura. 401. *& seqq.* sine suppurantibus. 406
Vulnerariæ potiones. 399

F I N I S.

Extrait du Privilege du Roy.

LOVIS par la grace de Dieu Roy de France & de Navarre, A nos Amés & Feaux Conseillers, &c. Nostre Amé IACOB SPON Docteur en Medecine, nous a fait remontrer qu'il a composé un livre intitulé *Aphorismi novi Hippocratis*, &c. lequel il desiroit faire imprimer, auquel effet il nous a tres-humblement fait suplier de luy accorder nos lettres sur ce necessaires. A ces causes voulant favoriser ledit SPON, permettons par ces presentes de faire imprimer ledit livre pendant le temps de six années. Faisons defenses à tous Imprimeurs & Libraires de l'imprimer ou debiter sans son consentement, à peine de confiscation des exemplaires, & de mille livres d'amande. *Comme plus amplement est porté par ledit Privilege du 28. Lanvier 1683.* Signé par le Roy en son Conseil.

IVNQVIERES.

Et ledit Spon a cedé son Privilege pour la premiere Edition à Messieurs Anisson & Posuel.

Registré sur le livre de la Communauté des Libraires de Paris, le 1. Fevrier 1683. Signé.

ANGOT.

www.ingramcontent.com/pod-product-compliance
Lightning Source LLC
Chambersburg PA
CBHW032010300426
44117CB00008B/970